그때   이렇게   말했더라면

그때   이렇게   말했더라면

A Good Apology

관계의 벽을 허무는
하버드 심리학자의 대화 수업

몰리 하우스 지음 | 박슬라 옮김

웅진 지식하우스

나와 마주 앉아 진솔한 이야기를 나눠준 용감한 분들께,

이 감사의 선물을 바칩니다.

일러두기

ㅇ 페이지 하단 각주는 모두 옮긴이 주이며, 미주(참고 문헌)는 숫자로 처리했다.

'상처는 치유될 수 있다'는 오랜 믿음

나는 사과에 집착하고 있다. 심리학자인 나는 인간관계에서 사과가 얼마나 중요한지 알고 있기에 사과를 다루는 수많은 책들을 읽고 종교 문헌을 연구한다. 사과와 관련된 이야기나 기사들도 수집하는데, 조금 구식이긴 해도 신문 기사를 오려 책상 아래에 있는 상자에 모아둔다.

그리고 최근에 이 상자는 빠른 속도로 증식 중이다.

#미투 운동이 발발했을 때, 언론과 소셜 미디어에는 성추행으로 고발당한 수많은 유명 인사들의 유감스런 고백이 줄줄이 이어졌다. 사과문의 진실성을 파헤치고 분석하는 일은 전 국민의 오락거리가 되었고, "미안합니다"라는 말에는 정치적 행위의 중압감이 씌워졌다. 국가 정부의 과거사에 대한 공식적 사과든, 유명 인사의 기만적 행위나 성추행 또는 다른 신뢰를 무너뜨리는 행동에 대한 공

개 사과와 반성이든, 우리는 그런 공식 사과문의 진실성과 유효성에 대해 트윗하고 블로그에 글을 올리고 토론하고 분석한다. 심지어 사과가 일종의 스포츠가 된 나머지 《뉴욕 타임스》에서는 '여러분의 공개 사과문을 작성해보세요'라는 빈칸 채우기 칼럼을 게재했을 정도다.[1] 그러나 우리의 일상 대화에서 사과의 완성도는 그다지 나아지지 않은 것 같다.

지금 우리가 "미안합니다"라는 말에 대중의 이목이 집중되는 시대에 살고 있긴 하지만 실제로 사과의 가치는 보편적이며 시대마저 초월한다. 또한 우리는 공개 담론에서 사과가 필요한 만큼 개인적인 삶에서도 좋은 사과를 해야 하고 또 받아야 한다. 용기를 내어 겸손한 태도로 다른 사람의 상처를 직시한다면 우리 자신의 개인적 상처도 치유할 수 있다. 사과를 하면 손상된 관계를 회복하고, 외로움과 수치심을 달래고, 다른 사람과 더 돈독한 관계를 맺을 수 있다. 보다 친절하고 문명적인 사회를 이룩할 수 있다.

사과가 이토록 중요하고 유용한데도 우리는 어째서 사과를 하는 데 서투른 걸까?

나는 수백 명이 넘는 환자들을 상담하면서 많은 이들이 좋은 사과를 하는 데 애를 먹고 있음을 알게 되었다. 상담실 바깥에 있는 수많은 사람들은 물론이요, 심지어 나조차도 기회를 놓치고 서툴게 실수를 바로잡으려다 실패한 경험이 수두룩하다. 다양한 문화 및 심리적 이유는 사과를 건네기 어렵게 만들고, 인간이 지닌 지각 및 인지 편향은 본인의 실수와 타인에게 끼친 영향을 알아차리기 힘들게 만든다. 많은 사람들이 사과에 관한 근거 없는 믿음이나 오해를 품고 있고 그중에는 무슨 짓을 하든 의도가 제일 중요하다는 믿음도 있다. 상대방의 마음을 상하게 할 의도가 나에게 없었다면 그 사람은 마음이 상할 리가 없다는 것이다. 아니면 '사랑이란 결코 미안하다는 말을 해서는 안 되는 것'이라는 할리우드식 감성에 젖어있는지도 모른다. 뿐만 아니라 요즘에는 공인으로서 좋은 사과의 모범을 보여주는 사람도 드물다.

많은 사람들이 사과가 필요할 때에도 하려 들지 않거나, 사과를 하더라도 상황을 외려 악화시키거나 부분적인 치유에 그치는 경우가 많다. 그러나 좋은 소식이 있다면 누구나 효과적인 사과를 할 수 있다는 점이다. 좋은 사과를 하지 못하는 가장 크고 보편적인 이유는 바로 그 방법을 모르기 때문이다. 이 책의 목적은 바로 그런 사과의 기술을 알려주는 데 있다.

사과의 기술을 개발하는 여정은 내가 어릴 적부터 시작되었다. 고아원에서 지낸 3년을 포함해 혼돈과 무관심 속에서 자란 나는 그러한 환경에 평범한 어린아이답게 대처했다. 내가 통제할 수 있는 것들만이라도 최대한 통제하려 했던 것이다. 주변을 에워싼 예측불허의 세상을 바로잡는 것이 불가능했기에 나는 사물을 고치는 법을 배웠다. 떨어진 단추를 달고 깨진 접시 조각들을 접착제로 붙였다. 나는 어렸을 때부터 뭔가가 쓸모없이 낭비되는 걸 참을 수가 없었다. 인간관계 또한 포기하지 않는다면 바로잡고 되돌릴 수 있다는 사실을 깨닫기 훨씬 전부터 망가지는 것을 복구하는 데 매달렸다.

그때는 몰랐지만 어린 시절의 그런 노력들은 심리학자가 되는 데 훌륭한 토대를 마련해주었다. 상처가 치유될 수 있다는 믿음은 내 개인적인 인생철학은 물론 심리치료에 대한 방법론마저 뒷받침해주었다. 나는 '희망을 파는 상인'이다. 나는 어떤 좋은 결과가 나타날 수 있는지 예측할 수 있고, 사람들이 가시덤불을 헤치고 그 결과에 도달하도록 도울 수 있다.

그러나 이 일을 막 시작했을 때에는 사람들 사이의 봉합되지 못한 상흔을 어떻게 다뤄야 할지 몰라 애를 먹었다. 대학을 갓 졸업했을 때 나는 한 여성을 상담하게 되었다. 그녀는 가족을 너무 많이 실망시켜 그들을 볼 낯이 없다며 극단적으로 고립된 삶을 살고 있었다. 나는 내담자의 반응에 어리둥절했고, 가족들의 부단한 시도에도 그녀가 연락을 거부해 좌절감을 느꼈다. 몇 달 뒤에 그녀는 스스로 목숨을 끊었다. 그때 내가 느낀 거대한 허탈감을 아직도 잊을 수가 없다. 그녀는 자신이 망가뜨린 것을 똑바로 대면하고 바로잡을 수 없었기에 목숨마저 잃게 된 것이다.

그 뒤로 얼마 지나지 않은 대학원 시절에는 30년 동안이나 그다지 행복하지 못한 결혼생활을 해온 한 부부를 상담하게 되었다. 부인이 첫 임신을 했을 때 남편이 다른 여자와 바람을 피운 일이 불화의 원인이었다. 나는 두 사람의 소통 방법을 개선하는 데에는 성공했지만, 어떻게 하면 그들이 서로에 대해 품고 있는 완강한 반감과 원망을 직시하고 상처를 치유하게 도울 수 있는지는 알아낼 수 없었다.

전공의 수련 중에도 과거의 상처를 극복하지 못한 커플들, 남에게 상처를 입힌 것만큼 자신의 잘못된 행동을 괴로워하는 개인들을 수없이 만났다. 심리치료는 보통 개인이 입은 내면의 상처를 치유하는 과정이지 다른 사람을 다치게 한 고통이나 죄의식을 다루는 게 아니다. 게다가 나는 내담자 본인의 실수와 잘못에 초점을 맞춰 문제를 해결하기 위해 상의하거나 의지할 스승이나 문헌을 찾을 수가 없었다.

나는 인간관계에서 치유되지 못한 상처가 냉소와 비판으로 다져지고 강화되는 과정을 수없이 접했다. 풀리지 않은 죄의식이 만성적인 수치심과 낮은 자존감으로 이어지는 것을 보았다. 감정의 골이 깊어질 대로 깊어져 결국 서로에게 닿지 못하고 비참함과 외로움 속에 침전되는 것을 보았다. 그러다 최악의 경우에는 관계를 개선하지 못하고 위험한 수준의 고립 상태에 빠질 수도 있었다.

공공보건연구에 따르면 사회적 연결의 부족은 과도한 흡연만큼 수명에 악영향을 끼치며 비만보다도 해롭다. 친밀한 관계에서 비롯되는 사회적 지지와 감정적 지지는 스트레스 관리와 폐 기능[2], 관상성 심장병[3]에 이르기까지 모든 부문의 건강을 향상시킨다. 이처럼 인간관계가 우리의 신체 및 심리적 건강에 직접적인 영향을 미치는데도 많은 사람들이 친밀한 관계를 맺거나 유지하는 데 소홀하다. 2018년에 영국 정부는, 언제나 또는 자주 외로움을 느낀다고 보고한 상당수 국민들을 위해 사상 최초로 외로움부 장관을 임명했다.[4] 미국의 경우에는 45세 이상 인구 중 40퍼센트 이상이 만성적인 외로움에 시달리고 있는데,[5] 전前 미국 공중보건위생국장이었던 비벡 머시Vivek Murthy는 이런 만성적 외로움을 "점점 심각해지고 있는

공중보건 전염병"이라고 표현하기도 했다.[6]

　내 사과 모델의 토대가 될 발상을 접한 것은 1980년대 하버드 의학대학원에서 전공의 수련을 받을 때였다. 당시 심리학계에는 변혁의 바람이 불고 있었다. 기존 학계에서는 오랫동안 '보편적 윤리 원칙(내면화되고 추상적인 행동 규범)'에 따라 행동할 때 가장 높은 수준의 도덕성에 이르게 된다는 로런스 콜버그Lawrence Kohlberg의 이론이 지배적이었으나 여러 새로운 발견들이 도전장을 내밀며 파란을 일으키기 시작했다. 하버드 대학에서 콜버그 박사와 함께 연구한 바 있던 캐럴 길리건Carol Gilligan은 여성들이 콜버그 박사의 주요 연구 대상이었던 남성들과는 도덕적으로 다른 기준을 갖고 있다는 연구 결과를 발표했다. 길리건 박사의 연구대상이었던 여성들은 어떤 행동이 타인에게 도움이 되는지 해가 되는지에 따라 옳고 그름을 판단했고, 길리건은 이를 '배려 윤리ethic of care'라고 불렀다.[7] 도덕성은 순전히 개인적이고 내적인 현상이 아니라 타인과의 연결에 기반한 사회적 현상이었다.

　그와 동시에 자기심리학 이론이 정신분석학계에 폭풍처럼 몰아치기 시작했다. 나치 치하의 오스트리아에서 탈출한 난민 출신의 정신과 의사 하인즈 코헛Heinz Kohut은 상담치료 과정에서 상담자는 내담자가 경험한 마음의 상처에 철저히 공감해야 한다는 이론을 세웠다. 그는 환자들의 상처가 실제로 존재하며 이를 치유함으로써 심리치료에 중요한 진전을 이룰 수 있다고 주장했다. 심리치료사의 역할은 치유를 돕기 위해 그들의 이야기를 듣고 공감하는 것이었다.[8]

당시는 또한 정신과의사 진 베이커 밀러Jean Baker Miller와 웰슬리 칼리지Wellesley College의 스톤 여성 연구 센터Stone Center for Research on Women의 동료들이 사람들 사이의 연결성에 초점을 맞춘 심리발달 및 심리건강에 관한 새로운 이론을 구성한 시기이기도 했다. 이들의 '관계 모델'은, 인간의 발달 목표는 개체화이며 대부분의 타인을 잠재적 경쟁자로 간주한다는 기존 이론에 이의를 제기했다.[9]

이런 발상들은 인간관계가 어떻게 사람들을 상처 입히고 또 치유할 수 있는지 탐구하는 여정에서 임상적 지표가 되어주었다. 그 과정에서 나는 손상된 관계를 회복하는 데 필요한 적극적 용기와 배려심에 강한 매력을 느꼈다. 수십 년 동안 수백 시간에 달하는 상담을 진행하며 나는 사람들이 남에게 입힌 상처를 인식하고 건너편 절벽에 있는 상대에게 닿기 위해 다리 위로 용감하게 발을 내딛는 순간을, 그 기회를 알아보기 시작했다. 대인관계에서 비롯된 고통이 회복될 희망이 보이기 시작하면 나는 그 가능성에 대해 직설적으로 질문을 던졌다. 부친과 사이가 멀어진 딸은 기본적으로 부친의 잘못이 원인이긴 해도 자신의 무심한 반응이야말로 두 사람의 틈을 더욱 벌려놓았음을 깨달았다. 얼마 전 친구와 갈등을 겪은 내담자는 친구의 관점에서 사건을 다시 생각하기 시작했다.

우리는 인간관계에 그어진 깊은 상처에 접근할 수 있고, 때로는 그 골을 메울 수도 있다. 나는 사람들에게 먼저 그런 상처를 발견하고, 치유할 수 있는 과정을 실천하도록 독려하는 법을 배워나갔다. 한 남편은 배우자에게 반박만 늘어놓는 것을 그만두고 진심 어린 사과를 할 수 있게 되었다. 한 여성은 여동생의 생일을 깜박 잊어버린 일을 사과하고 만회할 방법을 찾았다. 서로에 대한 신뢰를 잃은 커플은 다시 신뢰를 쌓아나가기 시작했다.

사과를 회피함으로써 어둡고 우울한 결과로 이어지거나 부적절한 사과 때문에 엉망진창 역효과가 나는 것과는 대조적으로, 나는 사람들이 용기와 겸손한 마음으로 기존의 상처를 마주함으로써 정신적인 짐을 덜고 마음의 문을 여는 모습을 목격했다. 그들의 인간관계 역시 단순히 과거의 상태를 회복하는 것을 넘어 한층 더 강하고 견고해졌다.

사과는 일상생활에서 늘 발생하는 소소한 일일지도 모르지만 엄청나게 강한 힘을 지니고 있다. 사람들은 누구나 남에게 실수를 저지르거나 모욕적인 행동을 한 적이 있다. 설령 고의가 아니었더라도 말이다. 또한 우리 모두는 마음의 상처를 입고 그 상처를 치유하기 위해 남들의 도움을 필요로 한 적이 있다. 어쩌면 당신도 아직까지 해결 못 한 가족 간의 불화가 있거나 형제자매 또는 부모님이나 자녀들과 사이가 벌어졌는지도 모른다. 배우자와 화해하지 못하고 늘 분노로 팽배한 긴장관계를 유지하고 있는지도 모른다. 예전에는 친한 사이였지만 터놓고 이야기하기엔 다소 불편한 마음의 상처 때문에 더는 가까이 지내지 않는 친구가 있을지도 모른다. 아니면 사랑하는 사람이 문화적 또는 정치사상적으로 너무나도 멀리 떨어져 있어서 불안하고 상처 입은 마음으로 바라만 보고 있는 수많은 사람 중 한 명인지도 모른다. 실제로 폭력적인 학대가 발생하고 있는 경우만 아니라면 이 같은 상황은 대부분 정면으로 부딪치면 바로잡을 수 있다.

　의외로 느껴질지도 모르겠지만, 진짜 문제는 관계의 단절이 아니다. 그것을 바로잡을 수 없는 것이야말로 문제의 진짜 원인이다. 우리 자신의 잘못과 서로를 통해 배우지 못하는 태도야말로 우리가 갈망하고 필요로 하는 탄력성 있는 관계를 발전시키지 못하게 가로막는 장애물이다. 배우자와 자녀, 동기간, 부모와 동료, 친구들 사이에 금이 간 관계를 회복하지 못한다면 그게 어떤 방식으로든 우리에게 나쁘게 작용하리라는 것을 알기 위해 학술 논문이나 정부 관료가 필요하지는 않다. 우리는 그저 문제를 어떻게 해결해야 할지 모르고 있을 뿐이다. 적어도 지금까지는 말이다.

　무너진 신뢰를 회복하고 나 자신과 다른 사람과의 관계, 내가 속한 사회를 치유하려면 어떤 말과 행동이 필요할까? 다시 말해, '좋은 사과'란 무엇인가? 이 책은 바로 이 질문에 대한 답이다.

　나는 수십 년에 걸친 임상 활동과 종교 문화, 법사상法思想, 사회 정의 개념, 그리고 심리학을 결합해 누구나 활용할 수 있고 직설적인 4단계 사과 모델을 개발했다. 이 과정은 유능한 CEO부터 수감자에 이르기까지 다양한 사람들을 대상으로 한 연구 조사와 인간의 실수 빈도에 관한 이론, 스트레스 상황에서 뇌의 작동 방식에 관한 연구 등을 기반으로 하고 있으며, 동시에 이 모든 것만큼이나 중요한 평범하고 상식적인 행동양식에 바탕을 두고 있다. 사과를 하는 것이 식은 죽 먹기처럼 쉽다는 말이 아니다. 다만 관련된 모든 이들의 기분이 나아질 수 있게 관계를 개선할 방법은 분명히 존재한다.

이 단순한 4단계 사과 모델은 다른 사람의 상처를 이해하고, 후회와 반성의 마음을 표명하고, 남에게 입힌 피해를 바로잡고, 나아가 다시는 그런 일이 일어나지 않게 방지하는 방법을 알려줄 것이다.

이 책에서 독자 여러분은 삶의 여러 영역과 다양한 인간관계에서 손상된 관계를 치유하고 바로잡기 위해 실제로 사람들이 했던 용기 있고 진술한 노력을 접하게 될 것이다. 어쩌면 당신이 이 책에서 가장 알고 싶은 것도 이런 것들일지 모른다.

- 타인과의 관계를 치유하는 법
- 가정불화를 해소하는 법
- 일터에서 업무 성과 개선을 위해 갈등을 중재하는 법
- 정치적 이견 때문에 단절된 인간관계를 회복하는 법
- 사회정의 실현에 기여할 수 있는 최선의 방법
- 아이들에게 좋은 사과를 하도록 가르치는 법

당신이 이중 무엇에 관심이 있든, 이 책은 사과가 어째서 그토록 중요하고 또 실천하기 힘든지 이해하게 도울 것이다. 관계를 회복하기 위해 노력하는 개개인의 일화들과 설득력 있는 연구들은 4단계 사과 모델의 긍정적 위력을 보여줄 것이다. 사례들 속에서 각각의 단계들은 잘못을 정정하고, 서로에 대한 분노와 원망을 줄이고, 연결성을 회복하고, 친밀감을 강화한다. 이는 당신의 수치심을 낮추고, 자존감을 높이고, 당신을 더욱 건강하고 행복한 사람이 되도

록 도울 것이다. 궁극적으로 당신은 삶에서 중요한 사람들에게 친절하고 인간적인 배려를 유지하는 한편 잘못에 대한 자기 자신과 다른 사람의 책임을 인정하는 온정적 책임의식을 기를 수 있게 될 것이다.

Contents

지금이라도   말해야   할까

Part 1

다시 대화를 시작합니다

Part 2

최악의　순간을　현명하게

Part 3

나는 수천 시간 동안 그들과 마주 앉아 과거를 극복하지 못해
제자리걸음을 유지하고 있는 관계에 대해 들었다.
풀리지 않는 매듭은 대부분 오래전에 치유하지 못해 곪은 상처 때문에 생긴 것이었다.
하지만 그들은, 아무리 오랫동안 죄책감과 후회에 함몰돼 있었더라도
이야기를 바꾸는 법을 배울 수 있다는 증거를 수없이 보여주었다.
나 자신을 위해, 그리고 사랑하는 사람들을 위해,
우리는 언제든 이야기의 결말을 바꿀 수 있다.

지금이라도 말해야 할까

Part 1

Chapter 1

미안하다는 말

사과는 개인적으로 친한 사이에서 소소하게 주고받을 수도 있고 국제 무대에서 정치적 교환으로서 작용할 수도 있다. 사과가 중요한 이유는 친구나 연인, 가족, 국가, 단체나 종교, 민족 집단 등 어떤 관계에서든 즉각적으로 또는 오랫동안 큰 영향을 미치기 때문이다. 효과적인 사과는 안정적이고 균형적인 관계를 회복하고, 바람직하지 못한 패턴을 수정하고, 새로운 가능성을 창조한다. 성공적인 해결방안이 기존의 경험을 바탕으로 구축되듯이, 피해를 복구하는 데 드는 비용 역시 관계를 회복할 기회를 놓칠 때마다 점점 가중된다. 상대방에게 "미안해"라고 말할 효과적인 방법을 모른다면 장기적인 불신과 불화로 이어질 수 있다. 잘못을 바로잡으면 심리적·정신적 건강을 개선할 수 있지만, 속죄 없이 죄책감만 쌓인다면 마음의 짐이 된다. 인간관계에 난 상처를 치유하지 못할 경우 서로를 원망하다 점차 소원해지는 부정적 패턴이 나타날 수 있다.

리사와 필립이 처음 내 상담실을 찾아왔을 때, 두 사람이 나란히 앉아있는 빨간 안락의자 사이에는 널찍한 강이라도 흐르고 있는 것 같았다. 그들은 서로에게 눈길도 주지 않고 말도 걸지 않았다. 두 사람이 안고 있는 문제는 끊임없는 말다툼이었다. 심지어 내 앞에서도 언제든 재현할 준비가 되어있었고, 상대방을 3인칭으로 지칭하기까지 했다. 이런 습관적 말다툼이 확실한 결론에 이르는 경우는 드물었다. 짜증스럽고 불만으로 가득한 언쟁은 이제 두 사람의 기본적인 대화 형태가 되어있었다.

리사와 필립은 둘 다 30대 중반이었으며 각자 폭넓은 교우와 안정적인 대인관계, 대가족, 그리고 대체로 만족스러운 직장생활을 영위하고 있었다. 원래는 아이를 가질 계획이었지만 진짜 새 가정을 시작하는 데 필요한 중요한 결정을 아직 내리지 못한 상태였다. 그러다 얼마 전부터 말다툼 중간에 '이혼'이라는 단어가 등장하기 시작했고, 이쯤 되자 두 사람도 겁이 덜컥 나서 나를 찾아온 것이다. 그들은 어쩌다 이렇게 서로에게 쌀쌀맞고 불만스러워졌는지 이해할 수가 없었다.

나는 4년 전 결혼식을 올리기 전에는 두 사람의 관계가 어땠느냐고 물었다. 부부의 얼굴이 밝아졌다. 필립은 자기네 부부가 볼링과 라인댄싱을 얼마나 좋아했는지 신이 나서 설명했다. 필립이 말하는 동안 리사는 옆에서 미소를 띠고 있었고 한번은 중간에 끼어들어 처음으로 필립에게 말을 걸기도 했다. "맞아. 우리 둘 다 똑같이 실없는 짓을 좋아한다는 걸 알았을 때 기억 나?"

필립이 고개를 끄덕였다. 두 사람이 동시에 입을 모아 말했다. "정말 끝내줬지!"

다음 순간, 방 안에 정적이 내려앉았다. 방금 전까지 서로 쳐다보지도 않던 두 사람이 순간적으로 한 마음 한 뜻이 되었던 것이다.

나는 언제부터 변화가 나타났느냐고 물었다. 두 사람 다 알지 못했지만, 이야기가 결혼 초기로 돌아가자 다시 목소리에 긴장감이 어리기 시작했다.

리사가 말했다. "뭘 하든 의견이 안 맞았어요. 심지어 벽에 사진을 걸 때도요."

필립이 재빨리 받아쳤다. "맞아요. 뭐든 나한테 꼬투리만 잡고."

"내 의견은 묻지도 않고 멋대로 못부터 박기 시작했다니까요."

필립이 얼굴을 찡그리며 리사에게 말했다. "하지만 당신은 도와준 적도 없잖아."

"망치질은 나도 할 수 있어. 나한테 물어본 적이나 있어?"

"사진에 관심이 있기는 했고?"

"아니, 필립. 관심 없었어." 리사의 음성이 착 가라앉았다. "그런 건 아무래도 상관없었다고."

무겁고 우울한 침묵이 내려앉았다. 리사가 한숨을 지으며 내게 말했다. "그래서 체념하고는 맘대로 하라고 했어요."

"하지만 그래 놓고 또 맨날 투덜거린다고요."

내가 끼어들었다. "전에도 비슷한 대화를 나눈 적이 있다는 것처럼 들리네요. 벽에 사진을 거는 일 말고도요."

필립: "항상 이래요."

리사: "우리가 대화라는 걸 한다면 말이지."

필립: "맞아. 사실 한동안은 서로 말도 안 했어요. 입만 열면 싸워서요."

리사가 조금 느릿한 말투로 입을 열었다. "왜 결혼하기 전처럼 안 되는지 이해할 수가 없어." 두 사람은 결혼 전에 긴 연애 시절을 거쳤고, 대부분의 시간을 행복하게 보냈다.

리사와 필립의 결혼생활은 모든 면에서 비슷한 패턴을 지니고 있었다. 두 사람은 갈등이 일어날 때마다 문제를 해결하지 않고 그저 포기해버렸고, 분노와 좌절감은 쌓여갔다.

둘의 관계가 어떻게 변화하게 되었는지 깊이 파고들기 시작하자 리사가 안절부절못하며 손에 쥔 티슈를 쥐어짰다. 그러다 필립이 결혼식 이야기를 꺼냈을 때에는 리사가 오른손을 들어 눈을 가렸다. 뺨 위로 눈물이 흘러내렸다. 필립이 나를 쳐다보며 당혹스럽다는 듯이 어깨를 으쓱했다. 리사가 슬퍼하고 있다는 건 명백했지만, 두 사람 다 그녀가 왜 우는지 알 수 없었다.

부부는 상담을 계속해보기로 했다. 우리의 목표는 두 사람의 관계가 어떤 점에서 바뀌게 되었는지, 그리고 그것이 결혼식과 무슨 관계가 있는지 파악하는 것이었다.

다음번 상담시간에 리사는 시작부터 손에 얼굴을 묻으며 울음을 터트렸고, 스스로도 그런 격렬한 감정적 반응에 당혹해했다. 그녀는 조금씩 머뭇거리며 결혼식을 올린 주말에 무슨 일이 있었는지 이야기하기 시작했다. 그리고 마침내 필립의 행동에 얼마나 실망했는지 자세히 털어놓게 되었다. 특히 문제가 된 사건은 총각파티가 있던 밤에 일어났다. 그날 밤 필립은 온통 헝클어진 모습으로 향수 냄새를 풍기며 호텔로 돌아왔다. 리사는 그날 밤 늦게, 그리고 다음 날 아침에 다시 필립에게 그 일을 물어보려 했지만 필립은 그때까지도 숙취에 시달리고 있었다. 두 번 모두 필립은 리사의 질문에 짜증을 냈다. 피로연 때 신랑 들러리들이 유독 크게 낄낄거리거나 히죽이는 모습이 눈에 들어오자 리사는 점점 더 불쾌해졌다. 신혼여행 때 다시 말을 꺼내봤지만 필립은 대수롭지 않게 넘기며 리사에게 예민하게 굴지 말라고 말했다.

필립은 대체로 조용히 리사의 이야기를 들었지만 그녀가 잠시 말을 멈추자 큰 소리로 말했다. "그 일 때문에 지금까지 꽁해있었다고? 근데 왜 이제껏 아무 말도 안 한 건데?"

리사는 그의 말에 깜짝 놀란 듯이 보였다. 그녀는 천천히, 자신이 그 일을 생각하지 않으려고 지금까지 일부러 노력했다는 사실을 방금 전에야 깨달았다고 대답했다. 그러고는 그 이후 결혼 앨범을 주문하지도 않았고 웨딩드레스도 남에게 줘버렸다고 힘주어 말했다.

필립이 느릿느릿 고개를 저었다. "세상에."

"그래, 또 그 뒤로 친구들 결혼식에 갈 때마다 과음을 한 것 같기도 하고."

"같기도 하다고?"

"그래." 리사는 필립의 비아냥을 무시했다. "그리고 최대한 필립에게서 떨어져 있으려고 했죠."

서글픈 깨달음 속에서 또다시 정적이 내려앉았다.

"온갖 걸로 별별 시비를 걸었으면서 이 얘기는 안 했단 말이지?" 필립의 말투에는 알지도 못하는 일 때문에 부당한 비난을 받고 있다고 생각하는 사람 특유의 쓸쓸함이 묻어있었다.

내가 끼어들었다. "어쩌면 필립 말이 맞을지도 모르겠어요. 이게 바로 두 사람이 계속 충돌했던 이유였던 거죠." 두 사람의 습관적 말다툼은 의사소통을 대신해 발전시킨 일종의 대안이었다. 부부의 상황이 좋지 않다는 신호이자, 인간관계에 나타나는 수많은 다른 경고 신호처럼, 그 자체로 하나의 낯설고 새로운 언어였다.

나는 말을 이었다. "하지만 이 오래 묵은 상처는 어떨까요? 두 분은 이 상처를 치유하지 못했고 진지한 대화도 나누지 않았어요. 처음에는 작은 찰과상에 불과했지만 치료를 하지 않고 내버려둔 까닭에 계속 곪고 덧나게 된 거예요."

"그럼 이제 어떡하죠? 뭘 어떻게 해야 해요?" 아직도 혼란스러워하고 있는 필립이 아내를 돌아보며 말했다. "지금이라도 미안하다고 말해야 하나?"

리사는 난처하다는 듯이, 천천히 어깨를 으쓱했다.

내가 아직 초보 상담사였다면, 사과할 기회는 이미 떠나갔고 우리가 할 일은 리사가 과거를 극복하고 앞으로 전진할 수 있게 돕는 것이라는 의견에 찬성했을 것이다. 하지만 필립과 리사를 만났을 무렵 나는 사과를 하기에 결코 늦은 때란 없다는 사실을 알고 있다. 잘못된 습관과 패턴 때문에 유대감이 훼손되었더라도 금이 간

관계를 진심으로 치유하고 싶다면 대화는 항상 시도할 가치가 있다. 이 부부의 경우, 필립이 불화의 원인을 모르고 있었다는 데 침울해하긴 했지만 두 사람 모두 문제성 있는 행동을 고치고 싶은 마음이 간절했다.

"그래요." 나는 필립의 질문에 대답했다. "말씀하신 대로 지금 필요한 건 사과를 하는 거랍니다." 두 사람에게는 치유하지 못한 오래 묵은 상처가 있었다. "그러면 어떻게 사과를 해야 할지 지금부터 함께 그 방법을 알아볼까요."

나는 이 부부가 가진 문제가 신체적 상처와 비슷하다고 본다. 상처가 생겼을 때 의료계에서 권장하는 치료 방법은 내가 자라는 내내, 심지어 내 아이들이 크는 동안에도 계속 변해왔다. 옛날에는 상처를 건조하게 하고(우리 때는 '상처가 숨을 쉴 수 있게'라고 했다) 빨리 딱지가 앉게 했다면, 요즘에는 상처를 촉촉하게 유지해 안에서부터 낫게 하는 게 대세다. 요즘에는 상처 표면이 지나치게 빨리 덮이면 세균이 상처 안쪽에 갇혀 결과적으로 치유 속도가 느려진다고 믿는다. 그래서 요즘 의사들은 이른바 '습윤 치료'를 하라고 권한다. 사과를 적시에 하지 못했을 때 일어나는 일도 이와 비슷하다. 출혈은 멈췄을지 몰라도 상처가 완전히 아문 것은 아니다. 문제가 해결될 수 있게 열어둬야만 진정한 치유로 이어질 수 있다.

다만 필립이 그동안 사과를 의도적으로 회피한 건 아님을 짚고 넘어가야겠다. 필립도 리사도 상대방이 무엇을 필요로 하는지 완전히 이해하지 못한 상태였다. 두 사람은 부부로서 해묵은 상처를 어떻게 함께 바로잡아야 할지 기본적인 틀과 방법을 알지 못했다.

만일 필립이 수년 전에 리사가 얼마나 실망하고 화가 났는지 알았다면 처음 문제가 불거졌을 때 리사의 대화 시도를 일축하지 않았을 것이다. 만일 그가 신혼여행 때 리사의 질문을 방어적으로 거부하지 않았다면, 결혼식 날 그녀가 어떤 심정이었는지 신경 써서 듣지 않아 미안하고 전날 밤 아무 일도 없었으니 걱정할 필요 없다고 설명했을 수도 있다. 그랬다면 리사는 더는 그 문제를 고민하지 않았을 것이다. 그러나 필립이 그렇게 행동하지 않았기에 고통은 사라지지 않았고 표면 아래 계속 남아있었다. 마치 고름이 가득 찬 종기처럼 말이다. 그리고 그들이 내게 찾아왔을 즈음 그 종기는 부부관계의 모든 측면에 악영향을 끼치고 있었다.

가까울수록 해야 한다

사과와 관련해 가장 해로운 믿음 중 하나는 '가깝고 우호적인 관계에는 사과를 할 필요가 없다'는 것이다. 이런 근거 없는 믿음을 가진 사람들은 친한 사이에는 실수나 오해, 의견 차이가 있더라도 아무런 해가 안 된다고 믿는다. 설사 마음이 상하더라도 상대의 의도를 이해하고 넘어가야 한다는 것이다. 굳이 옛날 일을 들춰볼 필요도 없다.

그러나 실상 제대로 사과하는 것은 가까운 관계일수록 중요하며, 그러지 못했을 때의 대가도 크다. "사랑은 미안하다고 말하는 것이 아니야"라는 말은 틀렸다. 사랑한다면 미안하다는 말을 잘하는 법을 배워야 한다.

내 경험으로 볼 때, 적절한 때 적절히 치유하지 못한 상처는 인간관계의 기반을 깎아먹을 수 있다. 마음의 상처는 감쪽같이 치유되기 힘들다. 리사와 필립의 경우처럼, 올바르게 치유하지 못한 마음의 상처는 이후 반복적인 패턴으로 드러날 수 있다. 관계가 지속될수록 상처는 더욱 굳게 자리 잡고, 결과적으로 관계 자체가 전반적으로 회복되지 않은(때로는 잊힌) 상처를 닮아가게 된다.

그렇다면 그 결과는 어떻게 될까. 리사는 필립의 언행에 상처를 입었고 두 사람은 문제를 함께 해결하지 못했다. 심지어 진지한 대화를 나누지도 못했다. 리사의 상처는 마음속 깊은 곳에 남아, 그가 아무리 사소한 것이라도 또 다른 상처를 입힐 때마다 저도 모르게 곪아간다. 필립이 무정하게 굴 때마다 리사는 전에 느낀 감정을 되새기고 익숙해진 슬픔을 재차 경험한다. 리사의 입장에서 필립은 단순히 벽에 액자를 걸 때만 그녀를 소외시킨 게 아니다. 결혼생활 전반에서 그녀를 소외시키는 잔인한 패턴을 반복하고 강화하고 있다. 리사는 치유되지 못한 상처의 그림자 속에서 이전의 사건과 똑같은 관점으로 그의 행동을 보게 되고, 필립의 작은 실수도 평범하게 참고 넘길 수가 없다. 액자를 둘러싼 사소한 다툼은 결혼식 전날 밤 있었던 일처럼 그녀가 중요하고 걱정스러운 일에서 배제될지도 모른다는 두려움을 되살린다. 리사는 친구들에게 남편이 점점 멀어지고 — 혹은 지나치게 지배적이거나 자기중심적이 되어가고 — 있으며, 더는 그 사람을 모르겠다고 토로할지도 모른다. 부부는 깨닫지 못하고 있지만, 이런 패턴은 리사가 처음 상처를 입었을 때 느꼈던 외로움을 재생시킨다.

처음에 필립은 리사의 불평이 터무니없거나 적어도 과장됐다는 생각에 방어적으로 대응한다. 예상하겠지만 그런 반응은 즉시 리사의 상처를 자극하고, 언쟁으로 이어지게 된다. 그리고 같은 상황에 대한 서로 다른 인식과 반응은 점점 더 답답하고 불만스러워지며 대화와 관계의 단절을 초래하게 된다. 문제의 원인을 만족스럽게 해결할 때까지 그들은 새로 출발할 기회를 얻을 수 없다.

'미안하다고 말하기'는 《허프포스트》의 기사 「행복한 커플이 항상 서로에게 말하는 11가지」의 여섯 번째 항목이다.[1] 연인에게 얼마나 진솔한 사과를 할 수 있는지에 따라 갈등은 사소한 의견 차이로 끝날 수도, 장기적인 불화로 이어질 수도 있다. 인간관계에서 비롯된 마음의 상처를 제대로 치료하지 않으면 곪아 터지게 된다. 리사와 필립의 관계도 무너질 수 있었다. 두 사람은 문제를 제때 해결하지 못해 정서적 친밀감과 신뢰에 손상을 입었고, 이로 인해 서로의 관계 존중감relationship esteem이 낮아졌다. 지금 경험하는 괴로움 때문에 이제까지 간직해온 행복한 추억이 시들어버릴 수도 있었다.

많은 커플들이 너무 오랫동안 비생산적인 패턴을 반복한 끝에 만성적인 상태에 이르고 만다. 무슨 일이냐고 물으면 그들은 '항상 하는 다툼'이라고 대답한다. 시간이 지나면 마치 눈을 감고도 움직일 수 있는 근육 기억처럼 말다툼이 거의 자동 반응이 되고, 안타깝게도 이런 자동적 습관은 상대가 대화를 통해 실제 어떤 감정을 느끼고 있고 어떤 의도를 전달하고 싶어 하는지 알아차리지 못하게 가로막는다. 눈을 감으면 앞에 있는 사람을 못 알아보는 것처럼 말이다. 과거 진심으로 사랑했던—그리고 충분히 관심만 기울인다면 지금도 그럴 수 있는—사람과 판에 박힌 언쟁을 일삼다 보면 결국 남는 것은 외로움뿐이다.

커플 전문 치료사이자 저술가인 대프니 드 마네프Daphne de Marneffe는 이런 장기적 불화를 예방하려면 결혼 전에 미리 갈등 해결 방법을 배워두는 게 좋다고 조언한다. 결혼식 초대 손님 명단을 챙기듯 갈등이 발생할 때 어떻게 대처할지를 미리 생각해두라는 것이다. 솔직한 태도와 주의 깊은 경청으로 지금의 작은 문제들을 해결하면 미래에 보다 큰 갈등을 관리하는 방법을 연습할 수 있다. 이런 기술은 결혼 피로연의 좌석 배치만큼 복잡하지는 않지만 그보다 훨씬 중요하다.[2]

상처와 오해를 해결하는 연습을 하면 연인 사이에 발생할 수 있는 문제성 있는 패턴을 파악하고 바로잡을 수 있다. 이는 운동요법을 실행하는 것과 비슷하다. 상태가 좋아질수록 점점 더 강해지고 어려운 순간을 버텨낼 수 있다. 필립과 리사처럼 상대의 좋은 점을 새로 발견하면서 바람직하지 못한 패턴에 다시 빠지는 것을 예방할 방법을 생각해낼 수 있다. 지금의 관계를 더욱 개선하는 것은 물론 미래에 발생할 문제에도 자신 있게 대처할 수 있게 된다.

물론 오래도록 지속돼 곪은 상처는 부부나 연인들 사이에만 있는 게 아니다. 친구나 가족 사이에서도 오랜 상처를 정면으로 해결할 방법을 찾지 못하는 경우가 많다. 치유되지 못한 상처와 풀리지 않은 오해는 가족들 간에 균열을 만들고 사람을 고립시킬 수도 있다. 그러나 어떤 불화나 상처도 열린 마음으로 직시하면 봉합할 수 있고, 나아가 더 깊은 관계로 이어질 수도 있다. 효과적인 사과를 하는 사람과 받는 사람 모두 서로 간의 관계에 대해 마음의 짐을 덜고 행복해질 수 있다. 사과는 거의 언제나 관련된 모두에게 이득이 된다.

나에게 도움이 된다

내 상담실은 '세속적인 고해소'라고도 할 수 있는데, 다른 곳에서는 차마 말할 수 없는 이야기를 털어놓는 좌담회 자리와 비슷하다. 많은 사람들이 자신이 입은 정신적 상흔 때문에 심리치료사를 찾아오지만, 반대로 타인에게 상처나 피해를 입힌 데 대한 후회나 죄의식 때문에 찾아오는 사람도 많다. 남편을 여읜 한 부인은 25년 전에 남편을 두고 부정을 저질렀다는 죄책감에서 벗어나고 싶어 했다. 한 남성은 중요한 자격증 시험에서 커닝을 했기 때문에 자신이 일군 성공을 인정하지 못했다. 한 여성은 회사에서 상사의 압박 때문에 불법적인 일을 한 뒤로 오래도록 죄의식에 시달렸다. 그들은 모두 다른 사람이나 자기 자신, 또는 양쪽 모두에게 저지른 잘못을 바로잡길 원했다.

　문제는 사람은 누구나 실수를 저지를 뿐만 아니라 어떤 형태로든 나쁜 일을 한다는 것이다. 다른 사람의 실수에서 명백하게 잘못된 점이나 잔인성, 범법행위, 악의적 경시 등을 발견하면 자신과는 거리가 먼 일이라고 생각하기 쉽다(어쩌면 당신도 지금 "휴! 나는 안 그래"라고 생각하고 있을지도 모른다). 하지만 판단 미스나 칠칠 치 못한 실수, 상황에 맞지 않는 과민반응, 습관적인 하얀 거짓말, 보이지 않는 실수나 사소한 기만행위는 어떨까. 고의로 한 일이든 실수로 일어난 일이든 간에 타인에게 피해나 고통을 준 일 때문에 죄의식을 느낀 적이 없는 사람은 거의 없을 것이다. 간단히 말해 우리는 자신이 세상에 보였으면 하는 모습과 항상 일치하지는 않는다.

때로는 인정하고 싶지 않아도 내가 실수를 저질렀다는 사실을 안다. 도덕적 나침반을 따르지 못했을 때, 또는 화살이 과녁을 엉뚱하게 빗나갔을 때 우리는 그것을 느낄 수 있다. 실제로 그리스어와 히브리어에서 죄악sin을 뜻하는 단어는 과녁을 놓쳤다는 의미를 담고 있다.[3]

나는 문화적 배경이나 고정관념에 갇혀 어떻게 반성을 표현하거나 문제를 해결해야 할지 몰라 우왕좌왕하는 사람들을 많이 만났다. 무언가를 바로잡아야 한다는 사실을 자각하고 있을 때 죄책감은 유용하다. 그러나 상황을 바로잡지 못한다면 죄책감은 계속해서 축적될 수 있다. 마치 강물에 침전물이 쌓여 물줄기를 막아버리는 것처럼 말이다. 해소되지 못한 죄책감은 자괴감으로 점점 두터워지고, 자아감을 왜곡한다. 죄책감의 원인을 해결하지 못하거나 혹은 너무 쉽게 용서받았다는 느낌이 들면 다른 사람들을 피하거나 비슷한 상황과 거리를 두게 된다. 그렇게 되면 결국 자신은 아무 잘못이 없다고 해버리거나, 원치 않는 피해자나 가해자의 역할에 사로잡혀 반복적으로 불화에 시달릴 수도 있다.

현대의 문화나 대중 미디어는 자신을 있는 그대로 받아들여야 하며 실수를 후회하기보다 스스로를 용서해야 한다고 말한다. 나는 이 '용서의 남용'이 인간관계에서 문제를 일으킬 뿐만 아니라 개인적인 문제까지 유발한다고 생각한다.

철학 교수 고든 마리노Gordon Marino는 "지난 일을 잊는 법을 배울 수는 있지만, 그 전에 먼저 뉘우치는 법을 배워야 한다"고 했다.[4] 후회할 일을 저지른 후 양심의 가책을 해결하려면 어떤 형태로든 속죄나 보속의 행위가 필요하다. 다시 말해 어떻게든 그 일을 바로잡을 때까지는 잘못의 무게를 짊어져야 한다는 뜻이다.

죄책감의 무게에 대해 말할 때 우리는 흔히 종교나 영적 언어와 비슷한 표현을 쓰곤 한다. 우리는 잘못된 행위를 죄와 비슷하다고 여기거나 적어도 과녁에서 벗어났다고 느낀다. 공식적으로 잘못됐든 아니든 실수는 보다 높은 자아(어떤 이들은 '신'이라고 생각하는 것)와 실제로 행동하는 나 사이에 커다란 간극이 있음을 강조하는데, 내가 이 책에서 말하는 도덕적 곤경과 가슴 아픈 반성은 바로 이 공간에 있다. 우리는 잘못된 것을 바로잡지 못했을 때 괴로움을 느낀다.

한편 심리치료사 겸 저술가인 애비 클라인Avi Klein의 말에 따르면, 나 자신과 내가 저지른 행동을 직면하면 안도감과 존중감, 그리고 목적의식이 생긴다. 심리치료사는 후회스러운 행동을 한 사람들이 스스로에게 느끼는 진실되고 부정적인 감정을 직면하게 도와야 하며, 환자는 오직 그러한 감정을 직면할 때에만 성장할 수 있다. 자신이 남에게 입힌 상처를 직접적으로 해결하길 거부한다면 결코

치유될 수 없다.[5]

　손상된 관계를 바로잡을 수 있을 때, 우리는 인간으로서 한층 더 성장한다. 자신의 책임을 인정하면 다소 아플 수는 있어도 동시에 자아감을 확장하고 정신적으로 성장할 수 있다. 대부분의 사람들은 종교적 맥락 외에서는 속죄나 뉘우침이 얼마나 중요한지 자주 이야기하지 않는다. 세속적인 의미에서 개인의 발전을 이야기할 때의 죄의식은 망가진 것을 고치는 중요한 추동력이 아니라 에너지를 좀먹는 감정으로 취급되곤 한다.

　서양 문화권에서는 개인적, 정치적인 관계를 포함해 어떤 맥락에서든 자신의 잘못을—다른 개인에 대한 것이든, 큰 집단과 관계된 것이든 간에—정면으로 받아들이는 행위가 얼마나 중요하고 강력한 일인지 잘 깨닫지 못하는 경우가 많다. 내가 사랑하는 작가인 앤 라모트Anne Lamott는 그녀가 가장 중요하다고 생각하는 기도문을 책의 제목으로 붙인 적이 있다. 『도와주세요, 고맙습니다, 와!Help, Thanks, Wow: The Three Essential Prayers』°라는 책인데, 나는 그녀가 중요한 한 가지를 빠트렸다고 생각한다. '미안합니다.'[6]

　이미 끝난 관계라고 해도 늦게나마 후회스러운 일을 바로잡기 위해 노력하는 것은 보람 있는 일이다. 대학을 졸업한 후 다이애나는 오래 사귀었던 남자친구 토미가 헤어지자고 말했을 때 적절하게 반응하지 못했다. 나는 토미도 그리 바람직하게 행동하지 못했다는

○　한국에서는 '가벼운 삶의 기쁨'이라는 제목으로 번역 출간되었다.

느낌을 받았지만 다이애나는 그보다 훨씬 극단적이었다. 그녀는 가짜 소셜 미디어 계정을 만들어 토미의 새 여자친구에게 접근했다. 그녀가 알고 있던 모든 사적 정보를 동원해 토미를 나쁜 사람으로 만드는 거짓 이야기를 인터넷에 올렸다. 다이애나는 분노가 수그러들 때까지 자그마치 2년이 넘게 그런 행동을 지속했다.

그 뒤로 몇 년이 흐른 후 다이애나도 다시 데이트를 시작했지만 토미와 있었던 일을 머릿속에서 떨칠 수가 없었다. 처음에는 토미와 지저분하게 헤어진 기억 때문에 다른 사람과 가까워지지 못한다고 생각했지만, 결국 그녀가 깨달은 것은 자기 자신을 신뢰하지 못한다는 사실이었다. 자신이 그런 악의적인 행동을 했다는 사실을 인정하고 받아들일 수 없었던 것이다.

서른을 앞두고 다이애나는 1년 남짓 심리치료를 받고 있었고, 그때 토미가 유독 사랑하던 삼촌이 세상을 떠났다는 소식을 들었다. 그녀는 토미에게 돌아가신 안토니 삼촌에게 조의를 표하는 편지를 보냈다(말하자면 '미안해'와 '유감이야'가 섞인 버전이었다). 그녀는 거듭 사과했다. "우리가 헤어졌을 때 그런 식으로 행동해서 미안해. 그때 너한테 상처 준 걸 진심으로 후회하고 있어. 네가 잘 지냈으면 좋겠다. 물론 삼촌이 돌아가시긴 했지만."

토미의 답변은 너그러웠다. "우리 둘 다 별로 좋은 상태가 아니었지. 안토니 삼촌을 기억해줘서 고마워." 다이애나는 수년 동안 토미에 대한 죄책감과 비열한 스토킹 행각에 대한 후회에 시달렸지만 토미와 서신을 교환하고 나자 이미 오래전에 두 사람의 관계가 끝났음에도 마음이 가벼워지는 것을 느꼈다.

마음의 상처에 시효가 없는 것처럼, 다른 사람에게 상처를 입힌데 대한 죄책감에도 시한이 없다. 《뉴욕 타임스》에서 남성 독자들에게 고등학생 때 저지른 성추행이나 잘못을 고백해보라고 했을 때, 수백 명이 수십 년이 지난 지금까지도 자책감에 시달리는 사연을 보내왔다.[7] 비슷한 사건으로 30년 전 주차 중에 남의 차를 훼손하고 그대로 도주했다며 미네소타 주 사우스세인트폴 경찰서에 1,000달러를 보내온 익명의 제보자도 있다. 그 사람은 과거의 잘못을 뉘우치고 있다고 용서를 빌며 그 돈을 피해를 입은 자동차 주인에게 전해달라고 부탁했다. 빌 메서리히 서장은 가해자가 "양심의 가책에 시달리고 있으며, (경찰은) 올바른 일을 하려고 노력 중이다"라고 말했다.[8]

해결되지 않은 문제는 마음을 조금씩 잠식하고, 이해할 수 없는 방식으로 짓누르고, 한밤중에 숨을 헐떡이며 일어나 앉게 만든다. 남에게 해를 끼친 실수를 바로잡고 피해를 정산한다면 삶에도 엄청난 변화가 찾아올 것이다. 물론 결코 쉬운 일은 아니지만 시도하지 않는다면 허무와 고통으로 인생을 낭비하게 될 것이다.

사람에게는 사람이 필요하니까

인간관계에 난 균열을 메우지 못할 경우 당신이 잃을 것 중 가장 큰 것은 바로 다른 사람과의 관계 그 자체다. 삶에서 잃고 싶지 않은 특별한 사람들 말고도 우리는 생각보다 많은 이유로 다른 사람을

필요로 한다. 아마 당신도 관계의 상실과 고립에는 감정적인 고통
과 외로움이 수반된다는 사실을 이해할 것이다. 그러나 그런 심리
상태가 신체적 건강에 미치는 영향 또한 간과할 수 없다. 지난 수십
년간 많은 심리학자들이 사회적 연결성이 건강에 미치는 중대한 영
향에 대해 연구해왔다. 2010년의 한 연구 분석에 따르면 사회적 관
계의 부족은 흡연 및 음주에 버금가는 수준으로 사망 위험에 영향
을 끼친다.[9]

사회적 연결과 건강과의 관계는 미국심리학회American Psychological
Association가 친밀한 인간관계가 건강에 긍정적 영향을 끼치는 여러 가
지 방식에 관해 두 편의 특별호 학술지를 발간할 정도로 활발한 연
구가 이뤄지는 분야다.[10] 이 풍부한 연구들은 2018년 비벡 머시가 말
한 '외로움 전염병'으로 유발될 수 있는 문제들을 강조하고 있다.[11]

모든 사회적 고립이나 관계성 부족이 뒤틀린 관계를 효과적으
로 바로잡지 못해 발생한 일이라고 주장하는 게 아니다. 다만 내가
알게 된 사실은 해결되지 못한 갈등은 만성적 불만으로 이어질 수
있으며, 그 결과 다른 사람과 반목하거나 인간관계가 소원해질 수
있다는 것이다.

리더의 자세, 건강한 조직

2013년, 베냐민 네타냐후 이스라엘 총리가 레제프 타이이프 에르
도안 터키 대통령에게 전화를 걸어 개인적인 사과를 전했다. 이스

라엘군이 민간 구호선을 습격해 9명의 터키 민간인이 목숨을 잃고 두 국가 사이가 급격히 냉각된 지 3년 만의 일이었다. 3년 동안 긴장 상태가 이어지면서 터키는 이스라엘군의 비행 훈련을 제한하고 외교 단절을 선언했으며, 에르도안 터키 대통령은 유대 민족주의 운동에 대해 비판적인 발언도 서슴지 않았다. 버락 오바마 미 대통령과 긴 회담 끝에 네타냐후 총리는 터키 대통령에게 전화를 걸어 국민들의 목숨을 잃게 하고 양국 관계를 악화시킨 실수에 대해 후회와 유감을 표시했으며 터키인 희생자들에 대한 손해배상을 제안했다. 대화를 마친 두 국가 정상은 수세기 동안 지속되어 온 양국 간 우정과 협력 교류의 중요성을 강조했다.

만일 이스라엘 총리가 기존의 입장을 철회하지 않았다면 두 국가의 관계는 악화일로를 걸었을 것이다. 그러나 이 사과로 인해 양국의 관계는 실제로 크게 개선되었다.[12] 네타냐후 총리는 터키 국민들이 입은 상처를 되돌릴 수는 없었지만 대신 다른 희망적인 미래를 만들어나갈 수 있었다.

국가 지도자들은 과거의 상처를 치유하고 세상을 바꿀 수 있는 힘을 갖고 있다. 효과적인 사과가 지닌 긍정적인 힘을 깨달았을 때, 나는 그 힘을 오해와 상처, 더 나은 미래를 가로막는 장애물과 관련된 다른 상황에서도 보고 싶다는 마음이 들었다.

그러나 공개 사과를 하지 않거나 불완전한 사과를 했을 때에는 오히려 고통을 되살리고 치유를 방해한다. 2009년 미국 상원 결의안으로 시작된 미국 원주민에 대한 사과는 다소 미흡했다. 복잡한 법률용어가 가득했고 수많은 문장들이 "~한 사실에 근거하여whereas"

라는 표현으로 시작되고 있었다.[13] 오바마 대통령이 서명을 했을 즈음 이 김빠진 결의안은 심지어 국방예산지출법안의 일부로 포함됐다. 이 사과문은 미국 선주민에게 공식 사과를 했다는 점에서 역사적으로 중요한 의미를 지녔지만 제대로 주목받지 못했다. 실제로 미국 선주민들을 비롯해 많은 사람들이 이런 게 존재한다는 것조차 알지 못했다.[14] 이렇게 피상적이고 불만족스러운 사과는 많은 고통과 혼란을 자아냈는데, 오글랄라 수Oglala Sioux족인 라일리 롱 솔저Layli Long Solider는 그녀의 시집 『사실에 근거하여Whereas』에서 정부가 하지 못한 말을 받아들이기 위해 통렬하게 몸부림친다. "나를 연결하는 최소한의 접속사도 없이. 질문을 주고받는 과정도 없이, 정중한 대답도 없이. 해소하는 것은 내 몫이다."[15]

정부의 사과 안에는 사과받아야 하는 사람들이 없었고, 사과가 널리 퍼지지도 못했다. 역사적 상처는 조금도 치유되지 못했다.

리더십 저술가인 존 케이더John Kador는 "좋은 사과가 어떻게 자주 분노를 누그러뜨리고, 호의를 유발하고, 오해와 실망으로 깨진 관계를 전보다 더 친밀하고 오래 유지되는 관계로 탈바꿈할 수 있는지"[16] 설명한 적이 있다. 케이더는 사과를 나약함의 증거가 아니라 오히려 강인함과 투명성, 책임감의 신호라고 말한다. 사적인 관계와 마찬가지로 일터에서도 사과는 "우리를 확장하는 일이다. 왜냐하면 우리는 완벽하게 행동하는 것보다 인간관계를 더 가치 있게 여기기 때문이다."[17] 현대사회에서 사과는 매우 중요한 리더십 기술이며, "인간이 불완전성에 대해 할 수 있는 완벽한 반응이다."[18]

시장에서 기업이 고객이나 고객사의 불만에 긍정적이고 민감하게 대응하지 못한다면 평판에 손상을 입고, 부정적 영향이 미친다. 잘못을 인정하고 솔직하게 사과하는 것이 효과적임을 입증하는 증거는 많다. 불만을 만족스럽게 해소한 고객은 불만을 한 번도 제기하지 않은 고객보다 30퍼센트 더 높은 충성도를 보인다.[19] 뿐만아니라 보스턴 대학 경영대학원의 연구 조사에 따르면 고객들은 실수를 전혀 하지 않는 기업보다 잘못을 저지르고 이를 시정한 회사를 더욱 선호한다.[20] 인간관계에 문제가 발생했을 때 정면으로 대응하고 성공적으로 해결한다면 더욱 신뢰할 수 있는 관계가 구축되는 것도 비슷한 이치다.

업무 집단 내에서도 팀원들 간의 불화를 정면으로 해결하면 신뢰성이 강화되고 팀의 목표에 대한 책임감과 헌신하는 마음이 커진다. 비즈니스 리더들은 감정적 갈등을 비롯한 논쟁과 의견 차이를 팀원들이 회피해야 할 문제가 아니라 새로운 기회로 접근할 수 있게 도와야 한다.[21] 비즈니스 전략가인 리사 얼 맥리오드Lisa Earle McLeod는 실제로 갈등을 회피한다면 영원히 거기에 정체될 수 있다고 말한다. 조직에서도 사적인 관계와 마찬가지로 갈등과 오해, 개인적인 모욕은 정면으로 해결하지 않는 한 사라지지 않는다.[22]

하버드 경영대학원 교수인 에이미 에드먼슨Amy Admondson은 팀내 협업에 대해 다른 각도로 접근하고자 했다. 그녀는 병원의 유능한 의료팀이 다른 팀보다 정말로 실수를 덜 하는지 궁금했다. 결과는 뜻밖이었다. 팀워크가 좋은 팀은 오히려 실수를 더 많이 보고했다. 그러나 연구에 따르면 그들은 실제로 더 많은 실수를 하는 게 아니었다. 다만 그들이 한 실수에 대해 솔직하게 터놓고 이야기할 수 있는 능력과 의지를 갖추고 있었을 뿐이다. 에드먼드슨은 솔직하게 의문을 제기하고 실수에 대해 말할 수 있는 팀은 '심리적 안전감'이 높다고 분석했다. 에드먼드슨과 동료 연구진은 이러한 심리적 안전감이 많은 벤처 기업 및 사업체에서 성공적인 성과와 밀접한 연관성을 지닌다는 사실을 밝혀냈다.[23] 그녀는 최근의 한 인터뷰에서 심리적 안전감이라는 용어가 잘못된 인상을 줄 수 있다고 시인했는데, 여기서 안전감이란 '편안함'이 아니라 '솔직함'을 뜻한다.[24] 직장에서 잘잘못을 가리기보다 문제의 해결에 집중한다면 심리적 안전감을 증진시킬 수 있다. 나는 이처럼 실수와 잘못에 직접적으로 대처하는 일이 단순히 일터뿐만 아니라 어디서든 성공적인 관계를 유지하는 데 매우 중요하다고 말하고 싶다. 먼저 잘못을 인식하지 못한다면 바로잡을 수도 없다. 제임스 볼드윈James Baldwin의 말처럼 "직면한 모든 것을 바꿀 수는 없지만 직면하지 않고서는 아무것도 바꿀 수 없다."[25]

이 모든 이야기에는 기본 전제가 깔려있다. 실수를 인정하지 않고 사과하지 않는다면 끊임없는 갈등과 상처로 이어진다. 반대로 상황의 규모와 맥락을 불문하고 자신이 저지른 잘못을 직시하고 반성한다면 심오한, 나아가 가히 혁신적인 변화를 경험할 수 있을 것이다.

일이 잘못됐을 때 다 자신의 탓이라는 비난을 듣고 싶은 사람은 없다. 사람들은 대부분 잘못을 인정하기 꺼리는 경향이 있다. 행동의 목표가 지당하거나 행동에 비난받을 이유가 없다면 당연히 자기주장을 하거나 스스로를 변호하고 싶을 것이다. 그러나 언쟁을 하면서까지 자기가 옳다고 주장하다 보면 대부분의 인간관계에서는 갈등이 잘못된 방향으로 흐르기 쉽다. 애정 관계에서 이런 종류의 싸움은 지는 것이 곧 이기는 것이다. 실제로 당신이 옳을 때에도 유대감을 잃게 되기 때문이다. 다툼이 지속되면 결국 두 사람이 같은 편이라는 느낌을 받지 못하고, 상대방을 더 깊이 이해하지 못하게 된다.

비즈니스 컨설턴트 겸 작가 주디스 글레이저Judith Glaser가 《하버드 비즈니스 리뷰》에 쓴 글에 따르면, "당신의 뇌는 자신이 옳다는 데 중독되어 있다." 그녀는 격렬한 언쟁을 할 때면 우리 뇌를 흠뻑 적시는 아드레날린의 위력에 대해 설명한다. 반면 다른 사람에게 애착을 품을 때 분비되는 옥시토신에 대해서도 언급하는데, 이 호르몬은 쾌감을 느끼게 하고 전두엽 피질 신경망을 개방해 신뢰하는 능력을 높인다.[26] 또한 심리학자들은 옥시토신이 실제 생활에서 얻는 사회적 지지처럼 스트레스가 신체에 미치는 부정적 영향을 완화시킨다는 사실을 발견했다.[27] 이처럼 생리적인 작용에서도 사람과 사람의 연결성은 내가 늘 옳아야 한다는 아집보다 더 나은 선택이다.

이 모든 증거들은 우리가 타인과의 연결을 통해 개인적, 사회적, 신체적으로 이득을 얻도록 설계되어 있음을 가리킨다. 따라서 인간관계가 손상되거나 금이 갔을 때 이를 치유하는 것은 무엇보다 중요하다. 직장 동료 사이에서든 의사와 환자 사이에서든, 어떤 관계에서나 마찬가지다.

미국의 경우 의료사고를 낸 의사들은 일반적으로 실수를 부인하고 방어하는 전략을 취하곤 한다. 그 결과 피해 환자와 가족들은 어디서 무엇이 잘못되었는지 정확한 정보를 얻을 수가 없으며 때로는 사망에까지 이르는 심각한 피해를 입고도 문제를 어떻게 해결해야 할지 도움을 얻지도 못한다. 의사는 항상 옳다고 믿기 때문에 환자들은 종종 죄책감과 두려움, 고립감을 느끼게 된다. 대개는 의사도 죄책감과 고립감을 느낀다. 피해를 수습하고 치유하기는커녕 이런 의료사고에 대해 어떻게 이야기를 꺼내야 할지조차 아무도 모른다.[28]

사과를 받지 못하면 "마음의 위안을 얻고 진심으로 이해받기를 원했던 환자의 욕구는 앙심으로 변한다."[29] 의사가 실수를 직면하고 환자의 회복을 도울 해결책을 함께 궁리하는 대신 "침묵과 회피로 일관하면 불신을 낳는다."[30] 그 결과 의료과실 소송이 발생하고 이는 결국 모두에게 불필요한 비용을 야기한다.

2001년, 미시간 대학병원은 변호사이자 임상안전 책임자인 리처드 부스먼Richard Boothman의 지휘 아래 보다 인간적이고 책임감 있는 의료사고 수습 절차를 목표로 야심 찬 변혁을 꾀하기 시작했다. 병원은 환자들에게 의료사고에 관한 정보를 투명하게 공개하고 필요할 경우에는 사죄의 표시와 손해배상을 제의했다. 의사들이 과실에 대한 책임을 부인하는 가장 큰 이유가 법적 소송 때문이라는 점은 상당히 역설적이다. 2010년에 미시간 대학병원은 병원에 대한 의료사고 기소율이 감소했을 뿐만 아니라 병원 측의 손해배상 책임 및 법률 비용 또한 줄었다고 발표했다. 더불어 의료사고 피해가 보고된 후 문제가 해결되기까지의 기간도 줄었는데, 이는 환자와 가족들에게도 이로운 일이었다.[31]

제니퍼 와그너라는 한 환자가 유방에서 혹이 느껴져 병원을 찾았다. 처음에 그녀는 아무 문제도 없다는 말을 들었지만 나중에야 유방암이 상당히 진행되었다는 진단을 받았다. 와그너는 유방을 완전히 절제하고 화학 치료와 방사선 치료를 받아야 했다. 그녀는 아직 어린 자식들에 대한 걱정을 떨칠 수가 없었다. 와그너가 변호사와 함께 소송을 준비하기 시작하자, 병원 측은 다섯 명의 의사에게 와그너의 기록을 공정하게 검토해줄 것을 요청했다. 의사들은 그녀의 주치의가 실수를 저질렀다는 판결을 내렸다. 와그너와 미시간 대학 측은 두 시간 동안 '매우 허심탄회한' 면담을 가졌다. 그들은 만일 병세가 더 악화됐다면 어떻게 되었을지 상세히 논의했고, 의료팀은 와그너의 현 상태와 예후에 대해 설명해주었다. 면담을 마친 후 와그너는 이렇게 말했다. "드디어 의사들이 내 말을 들어준 것 같았어요. 회의가 끝났을 때는 얼마나 감격했는지 몰라요." 이후 와그너는 건강을 회복하고 직장에 복귀했으며 아들의 대학교 등록금으로 40만 달러의 배상금을 받았다. 병원은 장기간의 의료과실 소송에 비해 훨씬 적은 비용을 치렀고, 와그너 역시 더욱 인간적인 대우를 받을 수 있었다.[32] 피해에 대한 금전적 배상을 받았을 뿐만 아니라 감정적 만족까지 얻을 수 있었기 때문이다.

우리는 옳은 일을 하고 싶어 한다. 그러나 무엇이 옳은 일인지 늘 명확한 것은 아니다. 사람들은 안타까운 실수를 저질렀을 때 정면으로 대화하고 해결책을 찾기보다 때때로 자기를 보호하고 방어하고 싶어 한다. 그러나 오히려 신속하고 책임감 있는 정면 대응이 심각한 부정적 결과를 예방할 수 있다. 2018년, 미국 경찰이 흑인 시민들에게 과도한 폭력을 행사한다는 비난이 전국적으로 고조되던 시기에 보스턴 경찰BPD이 진짜처럼 생긴 장난감 총을 갖고 노는 두 명의 아프리카계 미국인 소년을 체포하는 사건이 발생했다. 역시 흑인이며 그 광경을 목격한 듀건은 경찰의 대응을 영상으로 녹화했는데, 보스턴 경찰 경사인 헨리 스테인스가 듀건에게 찍지 말라고 소리치며 다가와 가짜 무기를 코앞에 들이댔다. 경사의 격렬한 반응을 고스란히 담은 영상은 온라인으로 퍼져나갔고, 예상대로 시민들의 격분을 불렀다.

그러나 예상 밖의 일이 발생했다. 당시 보스턴 경찰국장이었던 윌리엄 에반스가 즉각 단호하게 대처한 것이다. 에반스는 자신이 이끄는 보스턴 경찰을 대신하여 미안하다고 사죄하며, 시민들은 경찰의 행동을 촬영할 권리를 지닌다고 분명하게 밝혔다. 이후 깊은 반성과 후회를 표명하는 스테인스 경사의 사과가 뒤따랐다. 보스턴 경찰의 신속하고 철저하고 진심이 담긴 사과는 "경찰의 위협적 행동에 대한 또 하나의 사례가 될 수 있었던 사건을 경찰의 믿음직한 책임의식을 보여주는 사건으로 바꾸었다"는 평가를 받았다.[33]

이 사례의 경우, 철저하고 진심 어린 사과는 적어도 즉각적인 피해를 일부 해결하는 데 큰 도움이 되었다. 경찰 측의 사과는 지역

사회에 만연한 체제적 문제를 해결하지는 못했지만 당시의 여론에 영향을 미쳤다. 경찰이 이 사건에 잘못 대응했다면 더 큰 피해가 발생했을 것이다. 만일 보스턴 경찰이 피해를 야기한 책임을 인정하기보다 그들의 '정당성'을 주장했다면 시민들의 생명이 위험해졌을지도 모른다. 나는 좋은 사과가 피해로 인한 불길을 잠재우고 그보다 더 중요한 대화를 지속할 수 있도록 도울 수 있기를 바란다.

이 사건 이후 보스턴에서는 중요한 변화가 일어나고 있다. 보스턴 경찰은 경찰들의 바디캠 소지를 확대했고, 경찰의 과도한 공권력 행사와 수감률을 줄이겠다는 공약을 내세운 레이첼 롤린스가 유색인종 여성 최초로 지방검사에 선출되었다.[34] 매사추세츠 주는 2018년에 수감률을 감소시키기 위한 형사사법 개혁안을 통과시키기도 했다.[35] 이러한 긍정적 움직임도 순간적인 실수가 발생하거나, 특히 잘못을 바로잡는 데 실패한다면 빛을 잃을 수 있다.

앞선 사건보다는 가볍지만 훨씬 유명한 사례로는 〈새터데이 나이트 라이브Saterday Night Live〉의 코미디언 피트 데이비드슨Pete Davidson이 아프가니스탄에서 네이비실로 복무하다 한쪽 눈을 잃은 공화당 정치인 댄 크렌쇼Dan Crenshaw에 대해 그리 유쾌하지 못한 농담을 한 일을 들 수 있겠다. 그가 크랜쇼의 안대에 대해 한 말—"알죠, 그 사람이 전투에서 눈을 잃었다는 거. 뭐, 건 됐고"—은 엄청나게 부정적인 반응을 일으켰고, 결국 그는 해당 프로그램에 크렌쇼를 초대했다. 데이비슨은 먼저 "마음속 깊이 후회하고 있다"는 말로 시작해 "이 사람은 전쟁 영웅이며, 온 세상의 존경을 받아 마땅합니다"

라고 말했다. 그런 다음 이렇게 덧붙였다. "이 일로 좋은 일이 하나 있다면, 드디어 좌파와 우파가 의견 일치를 봤다는 겁니다. 바로 내가 멍청이라는 거요."

그날의 초대 손님은 기회를 놓치지 않고 실제로 정치적 좌우도 의견 일치를 볼 수 있다고 강조했다. 크렌쇼는 우리가 누군가에게 상처 입히는 행동을 한 후에도 서로를 용서하고 장점을 찾을 수 있음을 보여주었다. 이 경우에는 사과도 효과적이었을 뿐만 아니라 사과를 받는 사람이 그 기회를 유용하게 활용했다는 점에서 매우 건설적이었다.[36]

지금까지의 이야기들은 한 가지 사실을 알려준다. 사과를 하지 않으면 많은 비용과 대가를 치러야 할 수 있다. 그러나 제대로 사과함으로써 신뢰를 회복하고 재건하려 한다면 개인과 인간관계뿐만 아니라 조직, 나아가 국가적인 회복에도 기여할 수 있다.

이처럼 사과라는 겸손한 과정은 개인적, 영적 삶과 인간관계에 중대한 영향을 끼칠 수 있다. 그럼에도 불구하고 사과는 어째서 그토록 어려운 것일까?

좋은 사과의 힘

인간관계에서,
* 마음의 상처를 치유한다.
* 사람들 사이에서 긍정적 감정과 깊은 친밀감을 조성한다.
* '관계 존중감'을 증진시킨다.
* 향후 갈등이 발생했을 때 보다 자신 있게 대처할 수 있다.
* 미래에 대한 폭넓은 가능성을 열어 보일 수 있다.
* 건강한 관계를 유지할 수 있다.

나 자신에게는,
* 개인적인 성장을 경험하고 스스로 가치를 높일 수 있다.
* 기분 좋은 감정을 일으키고 스트레스를 낮추는 옥시토신이 분비된다.
* 사회적 연결이 확장되면서 결과적으로 건강에 좋은 영향을 준다.

의료 분야에서,
* 환자와 가족들의 만족도가 높아진다.
* 모든 관련 당사자의 회복 가능성이 높아진다.
* 의료사고 소송이 감소한다.

비즈니스에서,
* 실수에 바람직하게 대처하는 조직에 대해 높은 신뢰감이 쌓인다.
* 일터에서의 '심리적 안전감'이 높아진다.
* 조직에 대한 신뢰도와 헌신도가 높아지며 창의성이 향상된다.

공동체에서,
* 큰 집단 간에 생기는 긴장이나 갈등을 해소한다.
* 역사적으로 부당하게 입은 피해가 치유된다.
* 지역사회는 경찰과 신뢰할 수 있는 관계를 맺을 수 있다.

Chapter 2

말을 꺼내기가 어려운 이유

43세의 변호사 롤랜드는 여자친구 캐시의 추천으로 나를 찾아왔다. 그는 상담시간에 애정 관계와 사회생활, 직장에 관해 비교적 자유롭게 털어놓았다. 유머감각과 통찰력을 곁들이며 어린 시절에 대해 말했고, 특히 유일한 형제인 한 살 아래 남동생의 이야기를 자주 했다. 롤랜드의 양친은 5년 전에 각각 세상을 떠났는데 상심한 롤랜드가 유독 침울해하는 모습을 본 캐시가 누군가와의 대화가 필요하다고 판단한 것이었다.

롤랜드는 부모님, 특히 어머니에 대해 이야기할 때면 말투가 느릿해졌고 때로는 눈물을 글썽였지만 다른 이야기를 할 때면 말이 빨라졌다. 소송 변호사인 그는 언변을 자유자재로 구사했다. 내가 뜻밖의 질문을 던지면 좋은 질문을 했다며 칭찬만 할 뿐 현란한 화술로 직접적인 대답을 피하곤 했다. 그러나 달갑지 않은 문제를 전부 회피만 하는 건 아니었다. 그는 캐시와 말다툼을 하다가 다소 지나치게 격양되곤 한다고 고백했다. 때로는 동료들과도 그랬다. 그는 스스로를 "융통성 없는 냉혈한"이라고 묘사했고 그런 격렬한 성미 때문에 간혹 문제가 생긴다는 사실을 순순히 인정했다.

믿을 수 있는 친구가 있느냐고 묻자 롤랜드는 가깝게 지내는 사람은 캐시뿐이며 다른 사람은 아무도 없다고 대답했다. "다른 사람은 없어요"라고 말하는 투가 마치 절친한 친구를 잃은 적이 있다고 넌지시 암시하는 것처럼 왠지 애처롭게 들렸다.

"다른 사람이 있었나요?"

"아뇨! 어, 잘 모르겠습니다." 그는 이상하게 조용해졌다.

나는 기다렸다.

조금 뒤, 롤랜드는 법정에서 겪었던 흔하디흔한, 나도 들은 적이 있는 진부한 일화를 우스꽝스럽게 이야기하기 시작했다.

그가 잠시 말을 멈춘 사이, 내가 부드럽게 끼어들었다. "어머니였나요? 롤랜드와 가까웠던 사람이요."

"뭐라고요? 아뇨!"

롤랜드가 눈을 가늘게 뜨더니 자세를 고쳐 앉으며 목을 이리저리 꺾었다. "어머니는 그런 분이 아니셨어요."

정적이 흘렀다. 들리는 것이라곤 흥분한 듯한 그의 짧은 숨소리뿐이었다. 내가 말하는 도중에 끼어들어 화가 났나 생각했지만 롤랜드의 눈빛은 화가 났다기보다 슬퍼 보였다. 마치 맑은 하늘에 구름이 끼듯이 그의 얼굴 위로 일순 감정이 스쳐 지나갔다.

마침내 롤랜드가 한숨을 쉬며 어깨를 축 늘어뜨렸다. 그러고는 나를 똑바로 바라보았다. 감정이 북받친 음성은 낮게 잠겨있었고 거의 속삭임에 가까웠다.

"그 염병할 동생 놈과 한때는 가까운 사이였죠."

롤랜드는 5년 전 아버지가 돌아가신 직후 부모님의 재산을 두고 동생과 언쟁을 벌였다고 했다. 한번은 롤랜드가 화를 참지 못해 남동생을 밀쳤고, 둘은 주먹다짐을 벌였다. 난투 끝에 동생은 롤랜드의 코뼈를 부러뜨리고는 피를 흘리고 있는 형을 내버려두고 화가 나 씩씩거리며 밖으로 나가버렸다. 그 뒤로 두 사람은 다시는 말을 섞지 않았다.

어린 시절 이야기 속에서는 늘 절친한 친구이자 같은 편이었던 동생이 롤랜드의 인생에서 완전히 사라져버린 것이다.

"어머니 장례식에서 말도 걸지 않더군요." 롤랜드의 턱에 힘줄이 돋았다. 그가 고개를 가로저었다. "이젠 남남같이 돼버렸어요."

그 뒤로 몇 번의 상담을 거치며, 우리는 형제간의 갈등에 대해 이야기를 나눴다. 나는 롤랜드 역시 본의 아니게 둘의 단교를 지속시켰을지도 모른다는 가능성을 조심스럽게 제기했다. 예컨대 그 역시도 장례식 때 동생에게 말을 걸지 않았던 것이다.

"아녜요, '그 자식'이 '나'를 배신한 거라고요!"

그는 이렇게 말하기까지 했다. "그 자식이 나한테 사과해야죠. 나한테 미안하다고 했으면 좋겠네요."

인생에서 가장 중요한 관계를 잃었음에도 롤랜드는 두 사람의 거리를 좁히기 위해 동생에게 접근할 생각이 없었다. 잘못한 쪽은 롤랜드이고 롤랜드의 동생은 아무 잘못도 하지 않았다는 말이 아니다. 다만 롤랜드는 자신이 먼저 사과를 해야 할지도 모른다는 생각은 상상조차 하지 못했다.

롤랜드가 완고한 성격 때문에 사회적 고립을 자초했다고 생각할 수도 있겠지만, 나는 이것이 문화적 산물이라고 생각한다. 《사이콜로지 투데이》에 사이가 소원해진 형제자매를 인터뷰한 기사가 실린 적이 있다. 오랫동안 관계를 끊고 지냈음에도 그들은 '모두' 형제자매가 먼저 미안하다고 말한다면 화해할 준비가 되어있다고 말했다. 그러나 '아무도' 먼저 사과를 할 생각은 없었다.[1] 케임브리지 대학의 가족연구센터Center for Family Research와 비영리재단 스탠드 얼론 Stand Alone의 협동 연구에 따르면, 가족 간의 절연에는 항상 값비싼 대가가 수반되며, 설사 관계의 단절로 인해 안도감을 느낄 때조차도 그렇다.[2]

그렇다면 우리는, 그리고 롤랜드를 비롯해 사이가 멀어진 형제자매들은 어째서 관계를 회복하려 하지 않고 계속 불행한 상황에 머물러 있는 것일까?

내 경험에 따르면 금이 간 관계를 메우는 것은 양쪽 모두에게 굉장히 힘들고 어려운 일이다. 불화가 발생했을 때 대부분의 사람들은 사과를 해야 한다는 생각을 거의 하지 않는다. 어느 정도 자신의 잘못이 있다는 걸 알아도 상처를 입었다면 사과를 건네기가 힘들다. 마음속 깊은 곳에서는 갈등에 복잡한 이면이 있다는 걸 알면서도 움직이려 하지 않는다. 적어도 롤랜드는 나와 상담을 하는 동안에는 자기 이야기의 다른 면을 들여다보지 못했다.

우리 모두 주변에 롤랜드 같은 사람이 한 명쯤은 있거나 아니면 스스로 롤랜드의 입장에 있을 수 있다. 만일 당신이 일방적인 책임이 아닌 실수나 상처, 또는 불화에 대한 책임을 인정하는 데 어려움을 겪고 있다면 당신은 혼자가 아니다. 우리가 자기 잘못을 인식하는 데 한계가 있는 까닭은 인간의 두뇌가 선천적으로 그렇게 작동하기 때문이다. 우리의 사회 규범과 문화적 가치관 또한 관계를 회복하는 데 직접적으로 방해가 된다. 서구 사회, 그중에서도 특히 미국 문화는 자기 옳음과 확신을 높은 가치로 취급하며, 이는 우리가 다른 사람에게 상처를 입힐 수 있다는 사실을 깊게 생각하지 않게 만든다. 우리 사회에서는 경쟁심과 독립성을 심리적 강점으로 삼고 있기에 관계의 회복은 우리의 레이더에 잘 포착되지 못한다.

또한 우리에게는 실수나 잘못을 바로잡는 방법에 관한 가이드라인이나 모범이 될 표준이 거의 존재하지 않는다. 우리는 정치가나 유명 인사들이 곤란한 상황에서 벗어나려고 애쓰는 모습을 구경하기 좋아하지만, 우리가 보고 듣는 대부분의 공개 사과는 부적절하고 때로는 끔찍하기조차 하다. 빗발치는 비난으로부터 숨고 싶은 욕망을 이해할 수는 있으나, 우리 내면에 살고 있는 예리한 비판가라면 그런 시도가 왜 실패하는지 금세 알아차릴 수 있을 것이다. 더욱 혼란스러운 것은 우리가 보통 사과라고 생각하는 "미안합니다I'm sorry"라는 말이 실은 다른 의미를 담고 있고, 사과가 아닌 용도로 자주 사용된다는 점이다. 그래서 대부분의 사람들은 진정으로 완전하고 좋은 사과가 어떤 모습인지 알지 못한다.

이러한 한계에도 불구하고 누구든 의미 깊은 사과를 할 수 있다는 사실은 놀라운 일이다. 간단해서든 혹은 단순히 익숙해서든, 많은 사람들은 뭔가 정말로 잘못되었다면 그대로 끝이라는 슬픈 결말을 그저 받아들이곤 한다. 하지만 당신이 그렇게 받아들였다면 지금 이 책을 읽고 있지 않을 것이다. 나 역시 그런 게 당연하다고 여겼다면 이 책을 쓰지 않았을 것이다.

그러니 이제 이렇게 간단한 사과가 어째서 그토록 어려운지 이야기해보자. 먼저 인간의 신경과학적 한계에 대해 살펴보고, 사과를 어렵게 만드는 현대사회의 문화를 고찰한 다음, 참고할 만한 모범 사례가 부족한 현상에 대해서도 논해보자.

생물학적인 편향성

좋은 사과를 하는 게 어려운 이유 중 하나는 인간의 두뇌가 기본적으로 작동하는 방식 때문이다. 생물학적으로 인간의 지각 능력은 단순함을 추구하도록 설계돼 있다. 신생아의 시력은 20~40센티미터 거리 안에 있는 것밖에 보지 못하며 형상을 뚜렷하게 구분하지도 못한다. 우리는 애초에 흑백으로만 인지되는 아주 좁은 세상에서 삶을 시작한다.

두뇌의 물리적 기능이 우리의 사고방식에 어떤 영향을 끼치는지 상상하기란 어렵지 않다. 유아의 지각 능력은 매우 한정되어 있는데, 양자택일만이 가능하다고 여기거나 사물이 시야에 있을 때만 존재를 인식하는 수준에 그친다. 그러다 대상 영속성(사물이 뭔가에 가려 보이지 않아도 거기 계속 존재한다는 사실을 인지하는 능력)이 발달하기 시작하면 세상은 조금 복잡해지기 시작한다. 사물이 존재하지 않는 동시에 존재할 수 있게 되는 것이다.

도덕적 이해 역시 우리가 성장함에 따라 단순하고 절대적인 흑백논리에서 벗어나 복잡성(과 관계성)을 띠기 시작한다. 서문에서 언급한 캐럴 길리건의 배려 윤리 이론은, 우리의 행동이 타인에게 어떤 영향을 미치는지가 도덕성을 판단하는 데 중요한 렌즈가 될 수 있음을 알려준다. 다른 사람의 관점을 고려하거나 사건을 복합적으로 이해하기 위해서는 중립적 입장에서 양쪽 모두의 이야기를 받아들여야 한다.

그러나 위협이나 스트레스를 받는 상황이 되면 우리의 시야는 다시 이분법적 사고로 좁혀진다. '누군가는 옳고 누군가는 틀렸어. 그리고 옳은 사람은 바로 나야'와 같은 사고에 정착하면 세상은 훨씬 뚜렷하고 명백해 보인다.

그러다 스트레스가 극단적 수준에 이르면 우리는 투쟁-도피-경직fight-flight-freeze 메커니즘으로 치닫는다. 이 같은 반응은 뇌의 대뇌피질이 아니라 변연계의 자극으로 나타나는데, 간단히 말해 생각을 하지 않는다는 의미다. 우리는 자동적으로 반응한다.

하지만 인간의 감각은 최상의 환경에서도 높은 수준의 왜곡을 겪는다. 우리의 지각(뇌가 감각 정보를 해독하는 방법)과 인지(생각하는 방식)는 일련의 법칙을 따르는데, 여기에는 노골적인 날조와 착오가 포함된다. '틀림학wrongology'을 설파하는 저널리스트 캐스린 슐츠Kathryn Schulz는 인간이 왜, 그리고 어떻게 실수를 쉽게 저지르는지 설명해주는 산더미 같은 증거를 제시한다. 답은 우리가 정확하지 않은 것을 보거나 알고 있기 때문이다. 슐츠는 두뇌가 속고 있다는 것을 인지하고 있음에도 눈에 착각을 일으키는 착시 현상을 예로 드는데, 그중 하나가 극지방에서 신기루라고 불리는 빛의 특이한 굴절 현상이다. 1818년에 스코틀랜드 출신 탐험가 존 로스John Ross는 이 신기루를 보고 실제로는 훨씬 먼 곳에 있는 산이 그가 있는 배핀 만灣에 가까이 있다고 착각했고, 그 결과 북서항로를 발견하지 못해 경력에 치명적인 오점을 남겼다.[3] 이런 착각이 특이한 사건이 아님을 강조하기 위해 슐츠는 인류가 수세기 동안 천체가 지구 주위를 돌고 있음을 '진실'로 여겨왔음을 상기시킨다. 지구가 평평하다는 '사실'은 오랫동안 모두에게 당연한 것으로 여겨졌다.

우리는 이론상으로 모든 사람이 실수를 저지른다는 데 동의할 것이다. 그러나 순간적으로 격분에 휩싸일 때면 우리는 그 이론이 자신이나 현재 상황, 또는 특정 조건 하에서는 적용되지 않는다고 생각한다. 이처럼 자신의 실수를 보지 못하는 것은 인간의 지각 능력에 새겨져 있는 선천적 두뇌 구조에 따른 한계다. 슐츠는 대부분의 사람들이 본인의 잘못이 명백할 때조차도 자신이 옳다는 것을 확신한다고 자주 언급한다.

사실 우리는 우리가 생각하는 것보다 훨씬 자주 잘못을 저지른다. 다른 사람의 실수는 민감하게 알아차리면서도 자신의 실수에는 무심하다. 슐츠가 지적했듯이 "옳음에 대해 우리가 느끼는 무분별한 즐거움은 실제로는 '내가' 옳았을 때 느끼는 무분별한 즐거움과 거의 일치한다."[4] 주디스 글레이저가 우리가 자기 옳음에 중독되어

있다고 말하며 논쟁을 할 때 수반되는 아드레날린 분비에 대해 이야기한 것을 기억하라.[5]

여기서 분명히 말해두자면, 실수를 인식하지 못하는 것은 절대로 의도적인 일이 아니다. 그것은 우리의 두뇌 때문이다. 우리 모두에게 내재되어 있는 이 강력한 성향은 실수를 인정하고 올바른 책임을 지고 싶다면 무엇을 극복해야 하는지를 말해준다.

그러나 이를 극복할 수 없는 것은 아니다.

확증 편향: 실수를 저지르고 그것을 알아차리지 못하는 것 외에도 우리의 인지 양식은 여러 가지 문제를 유발한다. 그중 하나인 확증 편향은 자신의 믿음과 일치하는 증거를 중요시 여기고 그렇지 않은 증거는 간과하는 경향을 말한다. 이를테면 세일럼에서 벌어진 마녀사냥에서 시험 결과가 어떻든 전부 마녀라는 증거라고 주장한 것도 이런 확증 편향이다. 가령 주기도문을 외우다 단어 하나라도 실수를 하면 그건 마녀라는 증거다. 하지만 사악한 마법사로 낙인 찍힌 조지 버로George Burrogh가 주기도문을 완벽하게 읊었을 때는 악마의 농간이라는 이유로 교수형에 처해졌다.[6] 우리는 이미 알고 있거나 믿고 있는 것을 뒷받침하는 정보들은 어떻게든 찾아내 강조하지만 그에 대한 반증은 발견하지 못하거나 있어도 무시하는 경향이 있다.

3장에서 보게 되겠지만 이런 사고방식을 극복하는 것 자체는 크게 어렵지 않으나 습관을 고치는 데에는 의식적인 노력이 필요하다.

선택적 무주의: '무주의 맹시無注意 盲視'라고도 불리는 이 경향은 인지 오류나 지각 오류를 유발한다. 한 가지 또는 한 방향에만 집중하고 있으면 이제껏 잘못된 방향을 보고 있었음을 입증할 수 있는 명백한 증거를 놓치기 쉽다. 마법사나 길거리 소매치기들이 자주 쓰는 수법을 생각해보라. 뭔가에 주의를 돌리게 만든 다음(끝없이 나오는 스카프나 길 물어보기) 다른 한쪽에서 더 중요한 일(카드를 소매 속에 숨기거나 주머니에서 지갑을 슬쩍하는 것)을 하는 것이다.

사람들이 농구공을 패스하는 짧은 영상을 시청하는 일련의 연구가 있다. 실험 참가자들은 다양한 조건 속에서 패스가 몇 번이나 있었는지 세어보거나 화면 속 사람들 사이에 무슨 일이 일어나는지 집중해서 보라는 지시를 받았고, 3분의 1에서 절반에 달하는 사람들이 경기장에 고릴라 인형 옷을 입은 누군가가 들어와 가슴을 팡팡 두드리고는 퇴장하는 모습을 보지 못했다. 아마도 다른 것에 열중하고 있었기 때문일 것이다. 고릴라 인형 옷은 실험 참가자의 뇌가 영상 속에서 일어나는 일을 처리하는 방식과 일치하지 않았다.[7] 이 연구가 유명해지고 고릴라가 나타날 것임을 미리 예측할 수 있게 되자 사람들은 영상 속에서 고릴라를 발견했지만, 대신에 다른 예상치 못한 장면들을 놓쳤다.[8]

방사선과 전문의들이 폐 조직 이상을 찾아 CT 스캔을 살펴볼 때 발생하는 무주의 맹시에 관한 연구도 있다. 보스턴에 있는 브리검 여성병원Brigham and Women's Hospital에 따르면 의사들 24명 중 20명이 CT 사진에 찍혀 있는 고릴라를 발견하지 못했다. 그들이 찾아낸 폐 결절의 평균 크기보다 48배나 되고 하얀색 윤곽으로 표시까지 해두었는데 말이다! 한편 연구진이 그 사실을 지적하자 이번에는 모든 의사들이 전에 놓쳤던 이미지를 쉽게 찾아냈다.[9] 이렇게 유능한 의사들도 우리 모두와 똑같은 맹점을 갖고 있다는 사실이 반가울지도 모르겠다. 하지만 또 반대로 모든 사람이 똑같은 한계를 지니고 있다고 생각하면 조금 불안하기도 하다.

롤랜드와 남동생의 사례에서 볼 수 있듯이, 당신도 인간관계에서 상대가 잘못한 일이나 자신의 상처에만 '선택적으로' 집중하고 있을지도 모른다. 선택적 무주의는 당신이 다른 사람에게 상처를 주었을지도 모른다는 사실을 눈치채기 힘들게 만든다.

어쩌면 당신은 배우자가, 아니면 롤랜드나 사이가 소원해진 가족 친지들이 그러는 것처럼 다른 사람이 먼저 사과해주길 바라며 이 책을 집어 들었을지도 모르겠다. 원하는 사과를 받아낼 방법을 배우고, 원하는 관계를 맺거나 유지하기 위해 상대방의 행동을 고칠 방법을 고민하는 것은 결코 나쁜 생각이 아니다. 그러나 사과란 쌍방의 건설적인 노력을 통해 완성되는 과정임을 부디 명심하기 바란다. 가령 의견 차이로 인해 당신과 배우자(또는 친구나 가족)가 크고 깊은 감정의 골을 사이에 두고 서로 반대쪽에 서 있다고 상상해보자. 당신에게 필요한 것은 두 사람의 거리를 좁힐 수 있게 다리를 놓는 것이다. 거칠게 흘러가는 물줄기 위에서 이 프로젝트를 성사시킬 최상의 도구는 신뢰와 상호성이다. 계곡 양쪽을 연결할 구조물을 짓고 싶다면 저

벌어져 있는 공간, 당신이 만들었을지도 모를 어둡고 잘 보이지 않는 간극에 관심을 기울여야 한다. 그러나 보다시피, 쌍방이 영원히 가까워지지 못하게 갈라놓고 있는 것은 나만이 옳다고 주장하는 우리의 선천적 경향인지도 모른다.

<u>인지 부조화:</u>　　20세기 중반, 심리학자 레온 페스팅거Leon Festinger 와 그의 동료들이 인지 부조화라는 또 다른 인지 문제를 발견했다. 이 용어는 인간의 뇌가 서로 모순되거나 충돌하는 정보를 마주할 때 겪는 심리적 불균형 현상을 가리키는데, 이후 사회심리 분야에서 폭발적인 연구가 쏟아져 나왔다. 페스팅거 박사의 이 유명한 발견은 메리언 키치Marian Keech라는 종말론자와 그 추종자들의 이야기로 설명할 수 있다. 키치는 1964년 12월 21일에 세상이 멸망한다고 믿었고, 그날 자정이 되면 그녀를 비롯한 믿는 자들만이 우주선을 타고 지구를 탈출할 수 있다고 주장했다. 문제의 그날, 자정이 지나자 망연자실한 종말론자들은 침묵 속에 앉아 여전히 대재앙이 일어나길 기다렸다. 다음 날 아침이 밝고 평소처럼 동녘 하늘이 밝은 후에도 이 신실한 무리들은 사람들의 추측처럼 믿음을 버리거나 의문을 제기하지 않았다. 이들은 전날 밤 그들이 독실한 마음으로 밤을 지새우며 세상에 밝은 빛을 비춘 덕분에 신이 세상을 멸망시키지 않기로 결정했다고 설명했다. 종말의 날이 오기 전에는 신앙을 쉬쉬하며 숨겼다면 그이후에는 오히려 열성적으로 그들 종교를 퍼트렸다. 자신의 믿음을 의심하는 게 아니라 더 열렬한 확신을 갖게 된 것이다.[10]

인지 부조화는 모순되는 믿음이나 개념을 갖고 있을 때(세상은 멸망할 것이다, 세상은 멸망하지 않았다) 또는 생각과 행동이 일치하지 않을 때(지나친 음주는 건강에 해롭다는 걸 알지만 마트에 갈 때마다 술을 집어 드는 것) 느끼는 불편한 느낌이다. 이런 심리적 불편감에 대처하려면 생각이나 행동을 바꿔 모순을 해결해야 하지만 이는 여간 어려운 일이 아니다. 특히 종말론자들처럼 많은 열성과 노력을 쏟아부었다면 말이다. 그래서 대부분의 사람들은 신빙성이 떨어지는 잘못된 믿음이 실은 잘못된 게 아니라든가 해로운 행동이 실은 해롭지 않다고 자기 자신을 설득함으로써 부조리를 해결하려 든다.

엄밀히 말해 이는 우리가 선택할 수 있는 게 아니다. 뇌신경학에서는 우리의 뇌가 이러한 부조화를 직면하게 되면 합리적 사고를 관장하는 부위의 활동을 멈추고 감정적 회로를 자극하여 조화를 회복한다고 말한다.[11] 뇌는 본능적으로 인지 부조화를 해결하려 하고, 이에 가장 손쉬운 방법을 따르려는 경향이 있다.

자신이 남에게 해를 끼칠 사람이 아니라고 믿고 있다면 혹은 믿고 싶어 한다면, 인지 부조화는 자신이 누군가의 감정을 상하게 했다고 생각하지 못하도록 만들 수 있다. 만일 당신이 누군가의 행동 때문에 피해를 입었거나 감정이 상했는데 막상 본인은 그 사실을 모르는 것 같다면 그 사람도 이런 인지 부조화를 겪고 있을지 모른다. 자기가 남에게 해를 끼쳤을지도 모른다는 생각이 기존의 사고와 충돌하기 때문에 알아차리지 못하는 것이다. 우리는 대개 나 자신에 대해 생각하는 이미지가 실제와는 다르다거나 중요한 것에 대한 믿음이 틀렸음을 확인하고 싶어 하지 않는다. 롤랜드가 남동생과 있었던 일을 다른 관점에서 보려 하지 않은 것도 이런 이유에서다. 그에게는 자기만의 이야기가 있었고, 두 사람이 멀어진 이유는 동생이 잘못해서 관계를 망쳤기 때문이라는 확고한 믿음을 갖고 있었으며, 이를 견고하게 유지했다.

　우리는 언제나 실수로 또는 의도치 않게 누군가에게 상처를 입힌다. 그러나 그러한 행동이 우리가 가진 정보 —— 의도, 자기 자신에 대한 이미지 —— 와 모순되기에 그 사실을 알아차리기도, 헤아리기도, 믿기도 어렵다.

자기 정당화: 　인지 부조화와 연관된 자기 정당화 역시 비슷한 방식으로 작동한다. 우리는 자신의 행동은 기본적으로 당연하고 올바른 것으로 인식하는 반면 다른 사람에 대해서는 반대로 생각하는 경향이 있다. 가령 배우자와 싸우거나 말다툼을 할 때, 당신은 당신의 행동에 고유하고 중요한 특성이 반영되어 있다고 생각한다. 자기 정당화는 "내가 틀린 건가? 내가 실수했을 수도 있나?"라고 의심하지 못하게 가로막는다. 배우자가 당신의 의견에 동의하지 않으면 당신은 상대방이 틀렸거나 잘못됐다고 합리화한다. 확증 편향은 그 사람의 비난받아 마땅한 생각이나 행동을 계속해서 더 많이 찾아내고, 인지 부조화는 당신의 바람직하지 못한 행동을 발견하거나 판단하지 못하게 방해하

고,[12] 두 사람의 관계는 그렇게 눈덩이가 굴러가듯 점점 더 심하게 삐걱거리게 된다.

　실제로 발생한 가정학대 때문에 이혼하려는 경우라면 이혼을 정당화할 다른 이유가 필요하지 않을 것이다. 그러나 당신이 이혼을 할까 말까 갈등하고 있다면 인지 부조화 이론에서는 당신이 전 배우자에 대한 부정적 인식을 강화함으로써 불편한 감정을 해소할 것이라고 가정한다. 자기 정당화는 양가감정을 확신과 분노로 만드는 과정이다.

　위의 모든 인지 및 지각 편향을 관통하는 것은 두 개의 기본적인 성향이다. 우리는 '나'라는 관점에서 세상을 인식할 수밖에 없고 이는 잘못된 이해와 착오로 이어질 수 있다. 또한 우리는 전부터 생각하고 행동해온 방식대로 계속 생각하고 행동하려는 경향이 있다. 변화는 지독히도 어려운 일이다. 우리가 의도치 않게 미처 인식도 못 한 상태에서 다른 사람들에게 부당한 영향을 미칠 수 있다는 사실은 대부분의 사람들에게 완전히 새로운 정보처럼 느껴질 것이다. 새로운 접근법(사과하는 법을 배우는 것처럼)은 이미 뇌에 저장돼 있는 구조에 생물학적으로 스트레스를 줄 수밖에 없다. 진화적 압박 때문에 우리 뇌의 '원시적' 기능(대뇌변연계나 편도체에 기반)은 논리적 처리나 사고(대뇌피질에 기반)보다 두려움과 분노를 우선시하여 작동한다. 사람은 불확실한 것을 마주하면 강렬한 감정이 이성을 압도하게 되고, 그 결과 감정이 격앙되어 신중하고 사려 깊은 회복 과정을 방해할 수 있다. 흥분하여 분별력을 잃은 나머지 관계의 재결합이야말로 가장 중요한 목표라는 사실을 잊어버리는 것이다.

새로운 기술을 배울 때는 실수나 좌절을 경험하는 게 당연하다. 망가진 관계를 회복하는 일은 익숙지 않은 영역이라 낙담과 의혹, 비관주의로 이어질 수도 있다. 롤랜드가 남동생과 화해한다는 해결책을 떠올리지 못한 것도 별로 놀라운 일이 아니다. 사람들은 자주 그런다.

그렇다고 해서 변화가 불가능하다는 의미는 아니다.

문화적 요인들

문화적 규범과 요구는 숨 쉬는 공기처럼 눈에 보이지 않지만 우리들 각자의 삶 속 깊숙이 스며들어 당연한 기본 전제처럼 작용한다. 우리는 이런 사회 규범을 때로는 직접적인 교육을 통해서 또는 흔히 일상생활 속에서 관찰을 통해 배우며, 대개 이런 과정은 경험을 설명할 언어를 익히기도 전에 시작된다. 우리는 가족과 이웃, 성직자, 교사, 그리고 나중에는 직장 동료들과 상사로부터 어떻게 행동해야 할지 배운다. 그러나 서구 문화권에서 사회적으로 기대하는 인간상은 우리의 사고와 행동에 영향을 끼쳐 사과를 하기 어렵게 만든다.

예를 들어 롤랜드는 중서부 지방 교외에 거주하는 백인 대가족이라는 굉장히 전형적인 환경에서 성장했다. 그의 아버지는 엄격한 가부장이었고, 항상 내 말이 옳다는 단호한 태도로 아내와 가족들을 좌지우지했다. 아들들은 가장의 규칙에 반항해서도 안 되고 나약한 모습을 보여도 안 된다고 교육받았다. 많은 권위주의적 체제에서 남성성 — 혹은 남성다움의 특성이 드러나는 유형 — 은 높은 평가를 받는다. "계집애"라고 부르거나 여성성을 암시하는 것은('나약하다'처럼) 불쾌한 모욕이다. 사내아이로서 롤랜드와 남동생은 성실하게 일하는 법을 배웠고 슈퍼맨이나 배트맨처럼 감정을 드러내지 않는 당대의 수퍼히어로를 동경했다. 또한 신체적 역량을 중요하게 여기는 가족 분위기 때문에 롤랜드 형제는 스포츠로 기량을 겨뤘다. 롤랜드는 많은 친구들을 사귀었지만 우정은 대부분 피상적이었고 학교를 졸업한 뒤까지 지속되지 못했다. 그는 일찍부터 그에게 가장 중요한 감정적 연결 고리가 여자친구임을 깨달았고, 보이지 않는 토대에는 동생이 있었다.

롤랜드는 훌륭한 아들이었다. 그는 부모님이 자랑스러워할 법한 똑똑하고 승부욕 있는 아이였다. 두 부모님은 롤랜드와 마찬가지로 그의 학업적·직업적 성취가 개인적인 노력과 타고난 재능 덕분이라고 여겼으며 그 결과 롤랜드는 전반적으로 매우 자신감 넘치는 성인이 되었다. 롤랜드의 말에 따르면 그는 스스로를 의심한 적이 없기 때문에 좋은 소송 변호사가 될 수 있었다.

롤랜드는 문화적 표준에 따라 '독립적이고 자신감 넘치는 성공한 어른'이라는 이미지를 오랫동안 유지할 수 있었다. 우리 사회의 교육에 따르면, 이런 이상적인 사람은 무엇을 하든 항상 이겨야 하고, 자신이 옳다고 믿어야 하며, 실제로도 항상 옳아야 한다. 심사숙고하기 보다는 행동으로 실천하는 게 더 중요하며, 특히 감정은 중요하지 않다. 분노 외의 다른 감정은—자신의 감정이든 타인의 감정이든—접근하거나 받아들이기 힘들다. 왜냐하면 의심과 취약함은 피해야 하는 것이기 때문이다. 그러니 이런 관점에서 본다면 사과는 나약함의 표시이고 고려조차 하면 안 되는 옵션이다.

남성 모델: 우리가 자라며 익히는 문화적 이상 중 일부는 전형적이고 특정한 남성상, 즉 옆에 다른 사람을 필요로 하지 않는 고독한 영웅과 이어져 있다. 최근에 미국심리학회는 전통적인 남성성 문제를 해결할 방법을 제시한 적이 있다. 그들은 이러한 남성성의 특징으로 감정 절제, 지배성, 경쟁성, 공격성을 들었다.[13] 이런 남성상이 현실의 서구 문화에 존재하는 폭넓은 부류의 사람들을 반영하지 않는다는 사실조차도 이 강렬한 이미지의 힘을 손상시키지는 못한다. 20세기에 유행했던 황량한 서부를 홀로 방황하는—대개 콧수염을 기르고 말을 타고 있는—백인 남성 말보로맨°은 아직까지도 많은 사람들에게 이상적인 남성의 모습으로 여겨진다. 하지만 이런 말보로맨은 아무리 뜯어봐도 사과를 잘하는 사람은 아닐 것 같다.

사회적으로 이상적인 이미지와 다른 리더십이나 남성성을 드러내려면 굉장한 용기가 필요하다. 오바마 대통령이 취임하고 처음으로 세계를 향해 한 연설은 관타나모 수용소처럼 우리의 가치에 반하는 행위를 비롯해 미국이 저지른 실수를 인정하

○   말보로 담배 광고에 등장하는 남성으로 보통 카우보이의 모습을 하고 있다.

고 책임지겠다는 것이었다. 존경과 비난이 한꺼번에 쏟아졌다. 그는 대통령으로서 굴욕적인 사과를 해서 나약함을 드러냈다는 비난을 받았다.[14] 한편 2012년에 밋 롬니Mitt Romney는 그의 책『위대한 미국은 사과하지 않는다No Apology: The Case for American Greatness』를 통해 오바마와는 완전히 대조적인 강인한 모형을 보여주었다.[15]

그와 비슷한 시기에 '진짜 대통령은 조국에 대해 사과하지 않는다'라는 범퍼 스티커가 유행하기 시작했다. 진정 강력한 리더십이란 무엇인가를 놓고 서로 상충하는 의견의 한쪽 면을 아주 잘 보여주는 예시였다. 이는 우리 문화가 관계 회복 및 사과와 관련하여 어떤 문제점을 갖고 있는지를 잘 보여준다. 이 책을 집필하던 중에 비슷하지만 더 극단적인 사례가 등장했는데 바로 전 미국 대통령이다. 트럼프는 노골적으로 잘못을 인정하지 않고 사과를 회피한다. 어떤 이들은 강해지기 위해서는 우리가 유일하게 옳은 양 항상 우리의 행동과 관점을 고수해야 한다고 믿는다. 아무런 예외도, 의심도 없이 말이다.

가족들과 소원해진 성인들을 대상으로 한 설문조사에서 여성은 가족들과 연락을 끊는 경우가 많았지만 남성들은 오랫동안 서먹한 관계를 유지하거나 영원히 그런 관계에 머무르는 경향이 있었다.[16] 롤랜드처럼 서먹해진 가족에게 선뜻 화해의 손을 내밀지 못하기 때문일 것이다.

독립적이고 자기확신을 가져야 한다는 사회적 압력과 더불어 많은 남성들이 감정을 표현하는 데 어려움을 겪는다는 사실은 널리 알려져 있다. 이는 아마, 적어도 부분적으로는 젊은 남성들이 유년기 사회화 과정에서 어렵고 힘든 감정이나 경험을 다루는 연습을 하지 못한다는 사실에서 비롯되었을 것이다. 청소년 전문가인 로절린드 와이즈먼Rosalind Wiseman은 여자아이들이 문화적 환경에서 비롯되는 유해한 메시지에 대해 이야기할 언어를 가진 반면 남자아이들은 그렇지 않다고 말한다.[17]

다시 말하지만, 남성들은 사과하는 게 불가능하다는 말이 아니다. 다만 조금 더 어려움을 겪을 뿐이다.

성공 모델: 우리 문화에서는 대부분이 백인 남성인 리더들의 성공과 실패, 가치를 개인주의적 관점으로 보는 경향이 있다. 스포츠 팀의 전형적인 팀워크가 아니라면 대개 우리는 상호의존적 관계를 높이 평가하지 않는다. 타인과의 연결을 중요하게 여기지 않는 문화에 살고 있다면 우정을 소중히 여기거나 무너진 관계를 회복하는 것을 중요하게 여길 이유가 없을 것이다.

인간관계를 회복하는 데 방해가 되는 요인으로는 빠른 해결책을 선호하는 것이 있다. 우리는 확실하고 분명한 해결을 원한다. 그것이 불가능할 때 우리는 초조해지고, 소유물이든 인간관계든 쉽게 포기하려 든다. 나만 해도 "너무 신경 쓰지 말고 잊어버려"라든가 "지난 일은 지난 일이지" 또는 "뭐, 어쩔 수 없지" 같은 말들을 얼마나 많이 들었는지 셀 수도 없을 정도다. 한 걸음씩 필요한 단계를 천천히 밟아나가며 신뢰를 재구축하거나, 한순간에 반짝 깨닫지 않고 늘상 염두에 두는 것을 사람들은 별로 좋아하지 않는 것 같다.

그러나 내가 다른 사람에게 영향을 끼칠 수 있다는 사실을 이해하고, 실수를 인정하고, 잘못된 상황을 바로잡으려면 충분한 시간이 필요하다.

관계 모델: 관계에 대한 우리의 이해는 선천적인 지각 능력뿐만 아니라 문화적 요소에 힘입어 지나치게 단순화된 경향이 있다. 동화 속 왕자님 공주님의 "그 뒤로 오래오래 행복하게 살았답니다"는 무척 단순하다. 영화의 마지막 장면에서는 사랑하는 반쪽을 찾은 행복한 커플이 진한 포옹을 하고 그들의 앞날이 밝고 순탄할 것이라는 암시와 함께 엔딩 크레디트가 올라간다. 이런 잘못된 전제 때문에 많은 사람들이 진정한 연인관계를 유지하려면 관심과 배려가 필요한 것은 물론 서로에게 실망하고 기대에 어긋나더라도 서로 돕고 뒷받침해야 한다는 사실을 알게 되면 충격을 받는다. 우리가 다른 사람에게 상처를 입혔을 때 이를 치유하기는커녕 어떻게 접근해야 할지조차 모른다는 사실은 별로 놀랄 일도 아니다. 우리는 다른 사람의 공개적인 잘못을 목격하면 처음에는 과장된 비난을 하다가 진상은 어떻고 그게 무슨 의미인지 진실을 아는 것처럼 태도를 바꾼다. 인터넷 댓글 창은 종종 극단적이고 양극화된 반응으로 채워지며, 사람들은 너무나도 빨리 자기편을 선택한다. 이렇게 복잡하고 고통스러운 곤궁에 빠진 사람들에 대한 반사적 반응은 잘못을 행한 사람과 피해를 당한 사람 양쪽 모두에게 아무 도움도 되지 않는다. 거기다 고통스러운 감정을 과장하는 TV 프로그램

과 가짜 관계를 연기하는 리얼리티쇼는 인간관계에 대한 우리의 감각을 더욱 왜곡시킨다. 텔레비전에 나오는 감동적인 화해 장면들은 보는 사람에 따라 인상 깊게 느껴질지 모르나 비현실적이다. 우리는 인간관계에서 발생한 문제들이 현실적으로 해결되는 모습을 거의 보지 못한다. 이 모든 요소들이 한데 결합하여 자신이 초래했을지도 모를 상처를 진심으로 책임지기를 어렵게 만든다.

갈등 모델: 이미 눈치챘겠지만 위에서 언급한 한계들은 상대에게서 별로 배울 생각이 없는 정치적 담론에도 적용된다. 우리는 화합보다 분열이 더 쉬운 시대에 살고 있다. 공개 토론과 논쟁은 논리적인 대화보다는 난장판에 더 가깝다. 그 순간만큼은 큰 목소리와 자극적인 주장, 트위터, 소셜 미디어 포스팅이 사람들의 관심을 사로잡게 되고 보다 차분하고 다양한 관점을 고려하는 신중한 의견은 설 자리가 없다. 이런 맥락에서 소소한 상처를 치유하는 사과를 하는 것은 인간의 품위와 존중감이라는 커다란 댐에 난 구멍을 손가락 하나로 막으려는 것과 비슷하다.

그러나 우리가 온라인에서 목격하는 극단적인 반응 중에서도 올바른 반성과 회복을 가로막는 가장 강력한 방해물은 갈등을 정면으로 돌파하기를 꺼리는 일반적인 경향이다. 우리는 대부분의 상황에서 난처하고 곤란한 대화를 회피하는 경향이 있다. 대외적으로는 '거창한 이야기'를 해도 막상 얼굴을 맞대고 심각한 문제를 해결해야 할 때는 '잠자는 사자의 코털을 건드리지 말라'고 말한다. 가만있는 문제를 괜히 건드려 다른 사람의 감정을 해치거나 골칫거리 취급을 당하고 싶지는 않기 때문이다. 옛날이었다면 집단 내 갈등을 최대한 피하는 게 생존에 유리할 수도 있었겠지만, 지금은 그로써 치러야 할 대가가 이득을 훨씬 능가할 수 있다.

유명 경영 컨설턴트이자 강연가인 패트릭 렌시오니Patrick Lencioni는 업무 팀에 최악의 기능 장애를 초래할 수 있는 원인으로 갈등과 충돌을 두려워하는 경향을 꼽았다. 조금은 의아하게 느껴질지도 모르겠지만, 렌시오니는 갈등의 부재가 팀의 성공적인 발전을 방해한다고 말한다.[18] 공동의 과제를 앞두고 집단에 반론을 제기할 수 있는 사람만이 건설적인 방식으로 효과적인 해결 방안에 도달할 수 있다. 이처럼 직장 내 갈등의 효과적 관리에 대한 중요성에도 불구하고, 스탠퍼드 대학교의 최근 연구에 따르면 많은 리더들이 이에 관한 역량이 부족하다고 느끼고 있다. 연구 조사에 참여한 200명의 CEO 중에서 43퍼센트가 향후 가장 개선이 필요한 부문으로 갈등 관리 기술을 꼽았다.[19] 까다로운 문제를 정면으로 마주하는 것은 개인적인 관계에서나 업무 집단에서나 어렵고 중요한 일이다.

남들과 다른 의견을 소리 높여 주장하는 것이 어렵게 느껴진다면, 나에 대한 남의 의견을 듣는 것은 그보다 몇 배 더 저항감이 심할 것이다. 우리는 다양한 이유로 내가 틀렸거나 잘못됐다는 말을 좋아하지 않는다. 정말이지 안타까운 일이 아닐 수 없다. 발전과 증진을 이룩하려면 대부분 중요한 외부 피드백이 필수적이기 때문이다. 그러나 지금 우리가 살고 있는 시시비비가 중요한 문화에서는 비판을 들으면 마치 패배자가 된 듯 주눅 들고 민망함을 느낄 수 있다. 그래서 과거의 실수나 잘못에 대한 이야기가 나올라치면 정반대쪽으로 달려가고 싶어지는 것이다. 이를테면 롤랜드는 남동생과 사이가 멀어진 데 대해 본인의 잘못도 있다고는 상상조차 하지 못했다.

　마지막으로 우리는 누구나 법정 소송을 할 수 있는 문화에 살고 있다. 법률만능주의 세상에서 모든 대립과 의견 차이는 상대방이 틀렸음을 증명해야 하는 승패가 걸린 전투나 마찬가지다. 잘못을 인정하면 소송에서 패한다는 사실은 변호사의 조언이 없어도 안다. 형사 범죄의 경우라면 법정 공방이 공정한 결과를 낳을지 모르지만 가정 법정에서는 오히려 최상의 해결책이 좌절될 수 있다. 인생에서 가장 힘든 순간에 있는 이들을 더욱 궁지에 몰아넣을 수도 있다. 가령 이혼한 부부에게 아이를 공동 양육하라고 판결할 때처럼 말이다. 우리의 법률 체계는 원활한 소통과 화해를 장려하기보다 더욱 크게 반발하고 대립하게 만든다.

우리의 문화적, 사회적 압박은 후회하고 반성하는 사람들에게도 온정 있는 책임의식으로 대응할 기회를 주지 않는다. 그렇다면 우리의 잘못이나 죄책감은 물론 치유되지 못한 마음의 상처에 대한 이 복잡한 감정을 어떻게 해결해야 할까?

방법을 모른다

적절한 사과를 하고, 자기 잘못을 직시하고, 손상된 관계를 바로잡는 것은 인간이 할 수 있는 가장 용기 있는 행동이다. 사과의 힘은 강력하다. 사람이 살면서 얼마나 자주 잘못을 하는지 생각해보면, 우리가 그런 실수에 대처하는 법을 아직 고안하거나 개발하지 못했다는 사실이 신기하게 느껴질 정도다. 사람들에게 고통을 주는 것은 우리가 저지른 수많은 잘못과 실수가 아니다. 그것을 고치고 바로잡지 못하는 것이야말로 사람들의 마음과 관계를 망가뜨린다.

잘못을 바로잡고 관계를 회복하는 것이 참으로 중요한데도 우리의 문화는 물론 학교교육이나 가정교육에서도 이 소박한 과정에는 별로 신경을 쓰지 않는다. 육아는 매우 복잡하고 어려운 영역인 만큼 자신의 부족함을 느낄 절호의 기회다. 그래서 나는 양육과 관련된 조언을 할 때면 섣불리 판단하거나 비판하기보다 되도록 공감하고 지지해주려고 노력한다. 솔직히 나 자신도 모든 일을 잘했다고는 할 수 없으니 말이다.

어린아이가 다른 사람, 가령 또래 친구에게 상처를 주었을 경우, 일반적인 부모들은 아이에게 그저 "미안해"라고 말하라고 교육한다. 마치 그게 최고의 해결책이라는 양 말이다. 아이는 제대로 이해하지도 못하는 말을 하도록 배우고, 따라서 아이의 사과는 진심이 아니다. 아이가 미안하다고 사과할 때 칭찬하는 것은 부모가 할 수 있는 최악의 행동은 아니지만, 자기가 어떤 상처를 줬는지도 모르면서 "미안해"라고 말하게 해 봤자 공감이나 책임감에 대해 진짜 중요한 교훈을 가르치지는 못한다. '미안해'라는 단순한 말은 다른 사람이 입은 상처나 피해를 치유하는 데 초점을 맞추고 있지 않다. 상대의 심정이 어땠는지 묻거나 자기 반성을 표현하지도 않고, 하물며 피해에 대한 보상을 하거나 재발 방지를 약속하는 경우는 더더욱 드물다. 사과 한마디면 전부 해결된다는 흔한 믿음과는 달리 "미안해"는 효과적인 사과에서 가장 중요한 요소도 아니고 첫 번째 단계도 아니다. 더 정확히 말하자면 실은 굳이 그 말을 할 필요도 없다.

더구나 영어의 "미안해I'm sorry"에는 두 가지 의미가 있어서 우리는 사과처럼 보이지만 실은 사과가 아닌 말 때문에 자주 혼란을 겪는다. 가령 "상심이 크겠구나. 유감이야"처럼 애도를 표현할 때나 다른 사람의 고통에 공감하는 "유감이야I'm sorry"는 사과가 아니다. 다친 사람에게 "사고를 당했다며(아프다며)? 정말 유감이다"라고 말할 때 우리는 그 일에 대해 미안해하거나 반성하는 게 아니라 상대방에게 공감하고 안타까워하는 것뿐이다. 이처럼 "미안하다"라는 말은 하나 이상의 의미를 갖고 있어서 수많은 혼란스러운 상황을 야기한다.

아마 당신도 별 이유 없이 항상 "미안해"라는 말을 남발해 의미를 헷갈리게 만드는 사람들을 알고 있을 것이다. 어쩌면 바로 당신이 그런 사람일 수도 있다. 여자들은 자기가 미안하다는 말을 너무 자주 입에 달고 다닌다는 우스갯소리를 하기도 한다. 잘못한 건 상대방인데도, 심지어 가구에 부딪쳐놓고도 저도 모르게 사과를 한다고 말이다. 일부 문화연구가들은 이런 습관이 여성의 개인적인 권위와 힘을 손상시키며[20], 특히 전문적인 협상 자리에서 성과를 달성하는 데 방해가 된다고 주장한다.[21]

『캐나다인이 되는 법 How to Be a Canadian: Even If You Already Are One』이라는 배꼽 빠지게 우스운 책에는 택시운전사들이 경적을 울리는 것처럼 캐나다인들이 온갖 상황에서 "미안해"를 활용하는 12가지 용법이 실려있다. 저자들은 캐나다인들이 "미안해"를 엄청나게 자주 사용한다고 결론짓는데, 실제로 진짜 후회를 의미하는 경우는 거의 없다.[22]

반사적으로 미안하다고 말하는 습관은 진짜 사과를 하는 게 아니며, 관계를 수습하기보다는 일종의 소통 수단으로 기능한다. 심지어 때로는 진정한 사과를 하지 못하게 가로막는 장애물이 되기도 한다. 후회를 지나치게 빨리 표현하기 때문에 충분한 시간을 들여 그 감정을 진실로 경험하고 숙고할 시간이 없기 때문이다. 우리는 간혹 이런 사회적 습관이나 반사적인 행동을 진심 어린 후회라고 착각한다.

국가 지도자에서 이웃 사람에 이르기까지, 우리는 인간관계에서 얻은 상처를 대부분 방치한다. 어떻게 해야 할지 잘 모르기 때문이다. 최근 들어 조금씩 공인들이 실수나 잘못에 대해 사과하기 시작했지만 대개 우리가 볼 수 있었던 건 맞고소나 흐지부지된 결론 정도였다. 이를테면 지난 2년 동안 활발히 벌어진 #미투 운동에서 성추행으로 고발당한 유명 남성들은 기껏해야 부분적으로 잘못을 인정하는 게 고작이었다. 그중 몇몇(가령 매트 라우어Matt Lauer)은 세부 사항에 틀린 점이 있다고 논박하려 들었다. 또 어떤 사람들(예를 들어 하비 와인스타인Harvey Weinstein)은 아예 합의되지 않은 접촉은 없었다고 전면 부인했다. 얼마 전《뉴욕 타임스》에서 작곡가 겸 가수인 라이언 아담스Ryan Adams가 여러 여성들에게 학대와 성추행을 일삼았다고 보도했을 때, 그는 사과 비슷한 말을 트위터에 올렸는데 "사죄합니다"라는 표현이 있긴 했지만 그 뒤에 바로 "의도적인 건 아니었으나"라는 말과 고발자의 증언에 대한 반박을 늘어놓았다.[23] 물론 무고한 사람이라면 당연히 근거 없는 비난을 반박하고 자신을 방어해야 할 것이다. 그러나 여성들이 고발한 유명 인사 중 누구도 무죄를 입증할 수 있는 증거를 내놓지 못했다. 또한 진심이 느껴지는 철저한 사과를 하지도 않았다. 이 모든 점을 감안할 때, 나는 이들이 대중에게 잘못을 뉘우치지 '않는' 방법을 가르치고 있다고 생각한다. 다음 장에서는 매우 효과적이고 뛰어난 공개 사과의 사례들에 대해 살펴보겠다. 아직 일반적인 규준이 되지는 못했지만 말이다(아직은).

우리의 생물학적, 문화적, 사회적 장애물을 생각하면 많은 이들이 실수를 바로잡고 관계를 회복하는 방법을 모른다는 것이 그리 이상하지는 않다. 어쩌면 그 과정은 혼란스럽고, 절망스럽고, 때로는 완전히 불가능하게 느껴질지도 모른다.

그러나 포기하지는 말자. 아무리 어려워도 손상된 관계를 치유하는 법을 배우는 것보다 더 중요한 것은 없다. 어떻게 실천해야 할지 이제부터 본격적으로 알아보자.

사과에 대한 근거 없는 믿음

다음은 사과와 관련해 가장 널리 알려진 오해들이다. 혹시 당신도 평소에 이런 생각을 품고 있지는 않았는가?

* 사과는 나약함의 표시다.
* "미안해"라고 말하는 건 내가 받는 비난이 사실이라고 인정하는 것이다. 잘못한 게 없으면 사과를 하면 안 되기 때문이다.
* 실수와 책임을 인정하면 소송에 휘말리게 된다.
* 다른 사람의 마음을 상하게 할 생각이 없었다면 그 사람도 상처받았을 리가 없다.
* 배우자/연인 관계에서는 내가 일부러 마음을 상하게 하려고 한 게 아님을 알 테니 굳이 사과할 필요가 없다.
* 나는 좋은 사람이니까 다른 사람에게 나쁜 일을 했을 리가 없다.
* "미안해"라는 말만 하면 된다.
* 아주 친한 사이에는 미안하다는 말을 할 필요가 없다("사랑이란 미안하다는 말을 해서는 안 되는 것").
* 이미 저지른 일에 죄책감을 느껴봤자 아무 소용도 없다.
* 사과를 해 봤자 나한테는 아무 쓸모도 없다. 다친 사람에게만 위안이 될 뿐이다.
* 내가 태어나기도 전에 있었던 일인데 왜 내가 사과를 해야 하지?
* "잠자는 사자의 코털을 건드리지 마라." 가만히 놔두면 될 일을 쓸데없이 건드려봤자 모두가 불편해질 뿐이다.
* 지난 일은 되돌릴 수 없는데 다시 끄집어내 봤자 무슨 소용인가.
* 나도 똑같이 상처를 입었으니 내가 먼저 사과할 필요는 없다.

Chapter 3

방법은 많고 가능성은 열려있다

재키는 30대 후반의 나이로, 열심히 일하는 사회복지사였다. 그녀는 오랫동안 행복을 느끼지 못해 나를 찾아왔다. 우울감이 심하지는 않았지만 지독히도 외로웠다. 주변에 사람은 많았지만 정말로 가깝게 지내는 사람은 거의 없었다. 연애도 몇 번 해 봤으나 전부 몇 달도 가지 못했다. 처음 상담을 시작했을 때, 재키는 이렇게 말했다. "내가 뭐가 문제인지 모르겠어요. 사람을 완전히 믿기가 힘들어요." 실제로 상담을 할 때에도 재키는 나를 신뢰하는 데 어려움을 겪었다. 그녀는 내가 답신 전화를 해주거나 그녀가 한 말을 기억해줄 것이라고 기대하지 않았다. 한번은 그녀의 사정에 맞춰 내 일정을 조절하겠다고 하자 무척 놀라며 어색해했다. "누군가 날 위해 그런 일을 해주는 데 익숙하지가 않아서요. 보통은 내가 다른 사람한테 맞추는 편이거든요."

재키는 아주 어렸을 때부터 남의 도움에 기대지 않는 법을 배웠다. 그녀는 형제자매 중에서도 느긋하고 무난한 성격이었고, 부모님이나 동기간의 관심이나 도움을 잘 받지 못했다. 누군가로부터 보살핌을 받는다는 느낌을 받은 적도 없었다. 재키는 혼자서 앞가림하는 법을 배워야 했다. 그리고 성인이 된 지금, 재키는 가족들에게 별로 바라는 것도 없고 가족들도 그녀에게 크게 신경 쓰지 않는다. 재키는 방과 후에 언니 세레나의 아이들을 데리러 가거나 부부가 외출할 때 아이들을 돌봐주는 식으로 자주 언니를 도와주었다. 남자 형제들은 도움이 필요할 때만—주로 금전적인 문제가 있을 때—그녀에게 연락을 했다.

상담시간에 가족 이야기를 하던 도중 재키는 자신이 편모인 어머니로부터 공공연하게 방치되어 자랐다는 사실을 처음으로 깨닫게 되었다. 그녀는 어렸을 때 먼 곳에 사는 마리안이라는 사촌의 집에 맡겨진 적이 있다는 이야기를 꺼냈다. 오랫동안 집을 떠나있었지만 언니 세레나와 함께였기 때문에 "별로 나쁘지는 않았다." 두 자매는 성인이 된 후에도 매우 가깝게 지냈고, 직장생활과 세레나의 자녀들에 대해 자주 이야기를 나누곤 했다. 세레나는 착하고 다정한 사람이었기 때문에 재키는 자신이 왜 언니를 진심으로 신뢰하지 않는지 의아했다. 그녀가 내린 결론은 세레나가 아니라 자기가 문제라는 것이었다. 대다수 내담자에 비해 재키는 자신의 문제를 가족의 잘못으로 떠넘기려 하지 않고 스스로 책임을 지려 했다.

그러던 어느 토요일, 전화로 수다를 떨던 중에 세레나가 부활절에 어머니와 남자 형제들을 집으로 초대했다고 말했다. 그러고는 재키에게 모두 맞출 수 있는 시간이 2시밖에 없어서 그때 식사를 할 예정이라고 말했다. 순간적으로 재키는 말문이 막혔다. 빨리 전화를 끊어야 할 것 같았다. 그 뒤로 며칠 동안 재키는 세레나에게 점점 더 화가 치밀었고, 생전 처음으로 강렬한 분노에 사로잡혔다. 지나치게 흥분했다는 느낌이 들긴 했지만 도무지 화를 가라앉힐 수가 없었다. 그래서 처음으로 내게 연락해 최대한 빨리 상담시간을 예약하고 싶다고 말했다. 재키는 내게는 아무도 몇 시에 올 수 있을지 묻지 않는데 '모두' 맞출 수 있는 시간이 이미 정해진 걸 보니 자신은 '모두'에 해당하지 않는 게 틀림없다고 말했다. 재키는 언제나 가장 뒷전으로 취급되는 사람이었다. 하지만 또 이렇게도 말했다. "세레나는 정말 좋은 사람이에요. 나를 속상하게 하려고 한 건 아닐 거예요." 나는 사람들이 의도치 않게 실수로 다른 사람에게 상처를 주기도 하며, 자기의 행동이 어떤 영향을 끼칠지 생각하지 않을 수도 있다고 말했다. 재키는 "언니를 신뢰할 수 있을지 희망을 갖고" 대화를 나눠보기로 했다.

재키는 세레나에게 가족끼리의 부활절 식사 계획에서 자기가 소외된 것 같다고 말했다.

일은 잘 풀리지 않았다.

처음에는 나도 몰랐다. 재키가 그 뒤로 두 번의 상담 약속을 취소했기 때문이다. 다시 나를 찾아왔을 때, 재키의 얼굴은 창백했고 눈은 붓고 충혈되어 있었으며 다크서클이 깊게 내려와 있었다. 그녀는 무척 우울하고 혼란스럽다고 말했다. 세레나는 재키의 반응을 비웃으며 바보처럼 굴지 말라고 했고, 아무도 그녀에게 상처를 줄 생각은 없다고 말했다. 그러고는 상담사인 내가 가족들 흉을 보는 것이 문제라고 화를 냈다. 세레나는 재키가 계속 나를 만난다면 그녀들 사이가 멀어질 거라고 말했다. 재키가 상담 약속을 취소한 것도 그 때문이었다.

세레나는 자신이 재키에게 얼마나 큰 상처를 줬는지 깨닫지 못했다. 그녀의 반격은 누군가 가족 내 역학을 뒤흔들려 할 때면 나타나는 전형적인 반응 중 하나였지만 그럼에도 여전히 충격적이었다.

재키는 서글픈 눈으로 나를 바라보며 천천히 말했다. "세레나는 나한테 왜 이러는 걸까요? 내 가족을 잃은 것 같아요."

그녀는 무릎 위에 무기력하게 놓여있는 두 손을 내려다보았다. 눈에는 눈물이 가득했지만 언니가 어떻게 반응했고 자신이 얼마나 괴로운지 털어놓을 때에도 그녀는 울지 않았다. 재키가 얼굴을 찌푸리며 고개를 저은 순간 슬픈 기색이 사라졌다. 재키는 세레나의 협박이 부당하고 잘못됐다고 여겼다. 세레나의 반응에 대한 실망감은 그녀를 힘들게 했고, 지켜보는 나조차도 힘들었다.

내가 물었다. "지금 느끼는 이 끔찍한 기분이 어딘가 익숙한 느낌인가요? 전에도 이런 기분이 든 적이 있는 것 같아요?"

재키는 한참 동안 말이 없었다. 그러더니 마침내, 마치 봄날에 쌓여있던 눈이 녹아 냇물이 불어나듯 뺨 위로 눈물이 줄줄 흘러내리기 시작했다. "어떤 면에선 항상 이런 기분이었던 것 같아요. 외로운 거요."

재키는 잠시 말을 멈췄지만 눈물은 멈추지 않았다. "내가 어렸을 때 마리안네 집에 잠시 살았다고 한 거 기억하시죠? 그때도 이렇게 외로웠어요. 세상에 혼자만 있는 것 같았죠."

나는 재키가 코를 풀 때까지 기다렸다. 눈물이 조금 잦아들었다. "세레나는요?" 나는 물었다. "세레나도 같이 있었다고 했잖아요."

　"그랬죠." 재키가 머뭇거리며 대답했다. "말이 안 돼요. 왜 마리안네 집에 살았을 때 세레나가 나를 따돌리거나 차갑게 굴기라도 한 것처럼 외롭게 느꼈는지 모르겠어요." 재키가 단호하게 말했다. "세레나라면 누구한테도 그랬을 리가 없거든요. 자기 친동생한테는 더더욱 그렇고요." 다행스럽게도 이 자매의 이야기는 여기서 끝이 아니다. 그러나 두 자매의 갈등은 뭔가 잘못된 것을 바로잡을 기회를 놓친다면 나중에 더 커다란 고통을 초래할 수 있음을 보여주는 가슴 아픈 사례라고 할 수 있다.

　재키의 슬픔은 깊었다. 그녀는 한동안 세레나와 거리를 두었고 몇 주일간 대화를 나누지도 않았다. 언니와 조카들이 그리워 거의 신체적인 고통이 느껴질 정도였기에 재키는 세레나의 그런 행동을 "인질극"이라고 불렀다. 그녀는 어린 시절에 심한 고독감을 느꼈던 것처럼 어째서 이런 기분이 드는지 의아해했다. 언니의 요구에 무작정 따르지 않으려면 안간힘을 다해 용기를 끌어모아야 했지만 그녀는 세레나의 협박이 불공평하다는 자신의 느낌을 믿기로 했다.

　재키는 이번 일이 생전 처음 자기 의견을 꿋꿋하게 관철시키는 경험이라고 말했고, 뿌듯해하면서도 불안해했다. 나는 재키에게 스스로를 믿으라고 격려하며 세레나와 잘 풀 수 있을 것이라고 다독였다.

　부활절이 지났다. 재키는 비참했다.

　세레나는 동생에게 한 일을 인정하지 않으려 했다. 하지만 그게 마지막 기회는 아니었다. 마침내 부활절이 끝나고 일주일 뒤, 세레나가 재키에게 연락을 했다. 그녀는 재키에게 전화를 걸어 한 가지 이상의 일에 대해 사과하고 싶다고 말했다. 재키는 약간 겁이 나긴 했지만 더 큰 안도감을 느끼며 언니를 만나기로 했다. 한참 동안 나란히 걸은 뒤, 세레나가 재키에게 부활절 사건에 대해 너무 무신경하게 굴어서 미안하다고 말했다. 재키의 기분을 깊이 생각하지 않고 심하게 말했다고도 했다. "지난번에 네가 또다시 얘기를 꺼냈을 때도 과도하게 반응해서 미안해. 내가 잘못했어."

재키는 어색한 기분에 재빨리 고맙다고 대답한 다음, 다른 화제를 꺼냈다. 재키가 원했던 건 세레나의 진심 어린 사과뿐이었기에, 이제 그녀는 전에 있던 일을 전부 흘려 보낼 수 있었다. 재키의 이런 반응은, 상처 입은 사람이 처음 있었던 기회를 놓쳤다고 해도 기꺼이 두 번째 기회를 수용한다는 사실을 보여준다.

"실은 고백할 게 하나 더 있어." 세레나가 말을 이었다. "그 뒤로 내가 너한테 왜 그랬는지 생각해봤거든. 지난주에 엄마가 우리 집에 왔는데, 엄마랑 애들을 보니까 알 것 같더라고. 너한테 말을 하긴 해야 할 것 같은데, 너무, 너무 오래전 일이라서." 세레나가 잠시 말을 멈췄다. "어렸을 때 우리가 마리안네 집에 살았던 거 기억 나?"

재키는 깜짝 놀라 말문을 잃었다. 세레나가 하필 그녀가 줄곧 의아해하던 일을 꺼내다니 지나친 우연의 일치 같았다. 재키는 고개를 끄덕였다.

"너는 기억이 안 날지도 모르겠지만, 마리안 집에 가기 전에 엄마가 우리한테 마리안이든 누구든 절대로 아무한테도 우리 집 얘기를 하면 안 된다고 다짐시켰었어. 넌 너무 어려서, 내가 책임지고 네 입단속을 해야 했지. 엄마는 네가 다른 사람들한테 집안 얘기를 한 마디라도 하면 우리 둘 다 벌을 받을 거라고 했어."

"와, 너무했다."

"너무했지. 하지만 원래 엄마가 그렇잖아. 어쨌든 우린 그 집에 한 3개월쯤 살았어. 여름방학 내내 말이야. 너는 막 유치원에 들어갈 참이었고. 그런데 어쩌다 그랬는지, 네가 마리안한테 엄마가 밤이 되면 예쁘게 차려입고 놀러 나간다고 말했더라고. 나중에 마리안이 엄마한테 전화를 걸어서 마구 야단을 쳤고. 전화통에 대고 소리 지르던 게 기억 나."

"아, 저런."

"그러더니 엄마가 마리안한테 나를 바꾸라고 말했어. 엄청나게 화를 내면서!" 세레나가 숨을 깊이 들이마셨다. "우리더러 집에 오지 말라고, 내년까지 마리안이랑 같이 살아야 한다고 했어."

"세상에. '그래서' 우리가 거기 그렇게 오래 있었던 거야?"

"내 기억은 그래. 네가 마리안한테 이른 것 때문에 엄마가 우리한테 벌을 준 거야."

"난 전혀 몰랐……"

"더 있어. 정말 하고 싶지 않은 얘기인데…… 난 그때 너한테 너무 화가 났어. 너 때문에 집에 못 가게 된 거니까. 그래서 다시는 너를 돌봐주지 않겠다고 결심했던 게 생각나. 너한테 절대로 잘해주지 않겠다고 말이야."

재키는 언니를 날카롭게 노려보았다.

두 사람은 말없이 걸었다. 마침내 세레나가 말했다. "완전히 잊어버리고 있었어. 아마 넌 기억 못 할 거야. 너무 어렸으니까."

재키가 나지막하게 속삭였다. "난 기억해." 그러고는 천천히 덧붙였다. "지난달에 언니가 나한테 상담받으러 가지 말라고 했을 때도 딱 그런 기분이었지."

세레나가 동생의 어깨를 감싸 안았다. 두 사람은 서로를 꼭 껴안은 채 몸을 앞뒤로 흔들었고, 세레나는 끊임없이 속삭였다. "미안해, 정말 미안해."

그날 이후 자매는 진지한 대화를 나누기 시작했고, 대화는 수년 동안 이어졌다. 재키는 그녀가 느꼈던 외로움을 언니에게 털어놓았다. 세레나의 사과는 재키가 평생 느낀 고독감과 어린 시절 기억에 대한 수수께끼를 푸는 데 큰 도움이 되었다. 어렸을 때 동생에게 차갑게 대한 것을 기억해낸 세레나는 스스로를 용서하는 데 애를 먹었지만 반면에 재키는 언니를 용서하는 것이 전혀 어렵지 않았다. 그때는 둘 다 어린아이였고, 세레나는 어른인 어머니 때문에 난처한 상황에 놓여있었다. 두 사람은 그저 그 상황에서 최선을 다했을 뿐이었다.

세레나는 재키에게 입힌 상처를 치유하려고 노력했고 두 자매는 새로운 관계를 쌓을 수 있게 되었다. 세레나는 더 이상 동생을 무시하지 않았으며 그러한 태도는 가족 전체의 역학을 변화시켰다. 재키는 세레나의 사과 덕분에 다른 사람들과의 관계도 더욱 깊고 친밀하게 발전시킬 수 있었다.

나는 사람들과 화해하는 방법에 대해 내담자들로부터 많은 것을 배웠다. 나는 수천 시간 동안 그들과 마주 앉아 과거를 극복하지 못해 제자리걸음을 유지하고 있는 관계에 대해 들었다. 풀리지 않는 매듭은 대부분 오래전에 치유하지 못해 곪은 상처 때문에 생긴 것이었다. 하지만 그들은, 아무리 오랫동안 죄책감과 후회에 함몰돼 있었더라도 이야기를 바꾸는 법을 배울 수 있다는 증거를 수없이 보여주었다. 나 자신을 위해, 그리고 사랑하는 사람들을 위해, 우리는 언제든 이야기의 결말을 바꿀 수 있다.

잘못된 사과가 부적절하다는 것을 알기 위해 심리학자까지 될 필요는 없다. 나는 또한 좋은 사과를 잘하는 사람들에게서도 많은 것을 배웠다. 방어적인 태세를 누그러뜨리고 과거의 후회막급한 행동을 만회하기 위해 노력하는 커플들을 보았다. 나는 세레나에게 아무 도움도 주지 않았지만, 그녀가 동생과 화해를 시도하면서 얼마나 따뜻하고 이해심 있는 표현을 사용했는지 전해 들을 수 있었다. 세레나는 재키가 솔직한 심정을 털어놓을 수 있게 충분한 시간을 들여 배려해주었고, 그녀를 이해한다고 말해주었다. 나는 세레나의 솔직하고 용기 있는 사과가 재키를 얼마나 자유롭게 만들고 삶에 커다란 변화를 일구도록 독려했는지 직접 목격했다.

세레나가 과감하게 화해를 시도했기에 재키는 과거의 상처를 떨치고 전진할 수 있었다. 단순히 세레나와의 관계뿐만 아니라 다른 모든 삶의 분야에서 보다 충만해질 수 있었다. 좋은 사과의 영향을 받은 것은 세레나도 마찬가지였다. 두 자매가 사과를 나누고 6개월 뒤, 재키가 세레나의 편지를 들고 찾아왔다. 내 이름이 쓰인 그 편지에는 또 다른 사과가 담겨있었다. 세레나는 편지에 재키에게 상담을 받지 말라고 위협한 일이 얼마나 잘못된 행동이었는지, 그리고 동생에게 용기를 주고 지지를 보내줘 얼마나 감사한지 모르겠다고 썼다. "재키가 내 곁에 있어서 정말 기뻐요. 우린 예전보다 훨씬 더 가까워졌답니다." 또 세레나는 개인적인 삶에서도 큰 변화를 겪었는데 자녀들과, 특히 남편에게 깊은 관심과 주의를 기울이게 되었다고 썼다. 남편의 생각이 궁금해졌고, 더욱 열린 마음으로 그의 의견을 받아들이게 되었다고 했다. "오랫동안 여러모로 꽉 막혀있었는데, 이젠 내가 되고 싶었던 사람이 되어가고 있는 것 같아요."

세레나가 동생에게 느끼던 미안한 감정과 후회를 직면하고 대처했기에, 두 사람은 과거의 관계를 회복하고 나아가 더욱 돈독해질 수 있었다. 세레나도 한층 더 성장했다. 두 사람이 심리적 안전감을 형성하게 되면—다시 말해 부정적이거나 난처한 일에 대해 서로에게 상처를 주지 않고도 솔직하게 털어놓을 수 있게 되면—이전의 완고한 패턴, 즉 계속해서 원점으로 돌아가는 반복적인 상호작용에서 벗어날 수 있다. 그리고 이렇게 발견한 새로운 관점은 자연스럽게 다른 관계에서도, 그리고 연인에게서도 무엇을 좋아하는지 더욱 명확하게 볼 수 있게 돕는다. 이런 바람직한 변화는 커플에게 계속해서 긍정적인 행동을 실천할 동기와 에너지를 주고, 선순환이 이뤄져 상대방의 노력이나 상냥한 행동에 고마움을 느끼게 되며, 서로에게 더욱 분발하거나 최소한 선의를 행동으로 표현하고 싶은 마음을 느끼게 된다. 따라서 두 사람 모두 더 행복해지고 상대방을 기쁘게 하는 행동들을 계속하게 되는 것이다. 서로 비아냥거리거나 악순환을 거듭하는 대신 '긍정적 감정의 그릇을 채운다'고 할 수 있는 상태를 유지하게 되고, 그러다가 언젠가는 이 그릇의 꼭

지를 열어 밖으로 흘려 보내게 될 것이다. 또 미래에 문제가 생겼을 경우를 대비해 미리 청사진을 그려둘 수도 있다. 특히 장기적인 관계에서 이처럼 의사소통과 문제 해결에 필요한 도구를 마련해두고 공유하는 것은 양쪽 모두에게 도움이 된다.

사람들, 특히 커플들과 상담을 하다 보니 효과적인 사과를 만드는 일관성 있는 패턴이 감지되기 시작했다. 나는 연구 심리학자가 아니기 때문에 통제 환경에서 실험을 할 수는 없지만 정확히 어떤 형태의 사과가 효과적이고 또 강력한 위력을 발휘하는지 궁금했다. 나는 상담실에서 경험한 것들을 이해할 방법을 찾기 시작했고, 여러 분기점에서—어쩌면 몇몇 사람은 놀랄지도 모를—잘못을 바로잡고 되돌릴 방법에 관한 의미 있는 개념들을 발견했다. 이 장에서 우리는 내가 배운 내용들을 살펴볼 것이다. 여기 언급된 사례들은 내가 관계 회복의 중요성을 더욱 확신하고 사과 모델을 구상하는 데 도움을 주었다.

종교적 모델

종교를 의미하는 영어 단어 'religion'의 어원인 're-ligare'는 '함께 묶다' 또는 '다시 연결하다'라는 뜻이다. 이는 종교의 목적이 죄 때문에 분리된 자신과 자신의 참 자아truest self, 성스러운 존재, 그리고 공동체를 다시 연결하는 것임을 의미한다. 이 같은 관점에서 볼 때, 망가진 것을 고치고 연결하고 결합하는 것은 종교나 영적인 삶에서 가장 중요한 부분이다. 실제로 이냐시오(예수회)의 영신수련靈神修鍊은 우리가 신과 어떻게 분리되었는지 탐구하고 이를 극복하는 과정이다. 한편 유대교도들은 신을 도와 망가진 세상을 고치는 '티쿤 올람Tikkun Olam'이라는 신성한 의무를 지고 있다고 믿는다. 유대교 경전 토라Torah에서는 이 세계는 불완전하며, 인류는 그런 세계를 창조하는 과정에서 발생한 오류를 바로잡기 위해 창조되었다고 가르친다.

나는 거의 모든 주요 종교에 참회 의식儀式이 존재한다는 사실에 특히 주목했다. 이는 잘못된 일을 해결하고자 하는 욕구가 모든 인간에게 거의 보편적으로 존재함을 암시한다. 모든 종교는 시대와 문화를 막론하고 신도들이 참회할 수 있는 방법과 수단을 제시한다.

또 종교는 속죄 의식으로서 특정한 시기를 지정하여 신도들에게 자기성찰의 시간을 가질 것을 요구한다. 유대교에는 속죄의 날이라 불리는 '욤 키푸르Yom Kippur'가 있고, 이슬람교도들의 회개 의식인 '타우바Tawbah'는 진심 어린 참회를 통해 과거의 악행을 멀리하고 알라의 길로 귀환함을 뜻한다. 불교의 참회는 나쁜 업보를 씻고 마음을 정화하는 길이다.

기독교에서는 사순절 첫날인 '재의 수요일'에 사제가 엄지손가락에 재를 묻혀 신도들의 이마에 십자가를 긋는데, 신도들은 이 검은 자국을 참회와 겸손, 필멸의 상징으로 하루 종일 간직한다. 성공회 기도서에 기록된 재의 수요일 전례典禮는 자기성찰과 회개 기간이 시작되었음을 선언한다.[1]

그러나 대부분의 종교에서 회개만으로는 충분하지 않다. 로마

가톨릭의 고해성사는 자신의 죄와 잘못을 인정하고 큰 소리로 참회해야 한다. 유대교 신도들은 로쉬 하샤나Rosh Hashnanah와 욤 키푸르 사이의 열흘° 동안 죄와 잘못을 반성한다. 신이 생명의 서書를 덮기 전에 작년 한 해 동안 자신이 잘못을 저지른 모든 사람들에게 개인적으로 사과를 전해야 한다.

종교적 회개 과정에서는 종종 특정한 형태의 보상을 치러야 한다. 예컨대 가톨릭 고해성사에서는 죄를 저질렀음을 인정한 뒤에 보속補贖 행위가 뒤따르며, 이는 주로 특정한 기도문을 여러 번 낭독하는 것이다. 마찬가지로 유대교에서도 회개 기도인 아샴누Ashamnu를 외운다고 해서 곧장 죄를 용서받는 것이 아니라 참회자가 앞으로 죄를 저지르지 않을 것이며 용서받을 자격이 있음을 증명해야 한다. 이슬람교의 타우바는 오로지 알라 신과 신도 사이에서만 가능하기 때문에 만약 다른 사람에게 죄를 저질렀다면 별도의 보속 과정이 필요하다.[2]

다른 사람에게 사죄를 빌거나 보상을 한다고 해서 사과가 완전히 끝나는 것은 아니다. 속죄와 잘못의 인정, 보속은 진정한 변화에 필요한 준비 단계일 뿐이다. 내가 보기에 참회 의식의 궁극적인 목표는 바로 그 변화에 있다. 독실한 이슬람교도라면 신이 금지한 행위를 그만둬야 한다. 중국의 불교도는 과오를 뉘우친 뒤 앞으로는 그런 행동을 하지 말아야 한다.[3] 불교의 한 경전은 평생 동안 정신, 몸, 감각에 있어 여섯 가지 참회 수행을 해야 한다고 전한다.[4]

○   유대력 기준으로 로쉬 하샤나는 새해 첫날, 욤 키푸르는 새해의 열 번째 되는 날이다.

이런 믿음과 의식은 사람들의 죄책감과 책임감에 목소리를 주고, 과오를 뉘우치고 새로 시작할 기회를 부여한다. 앞에서 설명했듯이 모든 수행의 기본은 참회자의 영적 근원으로의 복귀다. 항상은 아니지만 대체로 모든 종교는 단절brokenness에 대해 공통적인 인식을 지니고 있다. 신앙 공동체는 사람들이 실수로 야기한 갈등과 단절을 직면하고 이를 치유하게 독려하는 공간이 될 수 있으며, 많은 종교 전통들이 사람들의 죄를 묻고 사하는 과정을 포함하고 있다.

비즈니스 모델

관계 회복에 대해 연구하기 시작했을 때 나는 현대 비즈니스 리더십 분야에서 어떤 담론이 오가는지 잘 알지 못했다. 하지만 내게 가장 흥미로웠던 부분은 조직과 집단 내 협업에 관한 창의적이고 폭넓은 연구였다. 가령 조직 내 갈등의 중요성을 설파하는 경영 컨설턴트 패트릭 렌시오니는 비즈니스 리더들이 논쟁이나 의견 충돌에 대한 대화를 독려해야 한다고 주장한다.[5] 또한 팀원들 사이에 발생하는 감정적 분규를 해결하는 방법 중 하나는 문제의 원인을 정면으로 직시하는 것이다. 이는 내 사과 모델에서도 매우 중요한 요소다.

비즈니스 리더들은 부정적 의견을 팀이나 회사의 발전에 도움이 될 필수적인 정보로 인식하고 기꺼이 수용해야 한다. 그런 의미에서 전 IT 기업 경영인이자 유명 경영 컨설턴트인 킴 스콧Kim Scott은 상대방의 불쾌한 언어를 단순히 참고 받아들이는 것을 넘어 적극적으로 다른 의견을 찾고 구하는 '완전한 솔직함radical candor'이 필요하다고 제안한다. 이런 적극적인 질문과 탐색은 개인적인 사과에서도 필수적인 요소다. 사적 관계에서와 마찬가지로, 비즈니스 리더들은 일터에서 종종 격한 감정과 갈등, 자기방어 충동을 느낄 수 있다. 스콧은 『실리콘밸리의 팀장들Radical Candor』에서 새 상사인 구글의 공동창업자 래리 페이지Larry Page와 팀장인 맷 커츠Matt Cutts의 충격적인 대화를 묘사한다. 기획안에 대해 의견 일치를 보지 못한 두 사람은 말다툼을 벌이고, 마침내 커츠가 상사를 향해 성난 고함을 지르기 시작한다. 구글에 입사한 지 얼마 되지 않은 스콧은 커츠가 해고될지도 모른다는 생각에 겁을 집어먹었지만 놀랍게도 두 사람은 전혀 당황하지 않는다. 그것은 생산적이고 협력적인 논쟁이었고, 그 경험은 스콧에게 다른 의견을 솔직하게 말해도 위험하지 않다는 사실을 가르쳐주었다. 스콧은 커츠의 격정적인 반응을 옹호하지는 않지만 두 사람의 언쟁은 그녀가 회사생활을 보다 탄력성 있게 헤쳐 나갈 수 있도록 도와주었다. 스콧은 격렬하고 감정적인 갈등을 통해서도 생산적인 업무가 가능하다는 사실을 깨달았다.[6]

'완전한 솔직함'을 발휘하려면 의도를 구체적으로 명확하게 표현할 수 있어야 한다. 설령 그게 다른 사람의 업무에 대한 부정적 평가나 인간관계에서 당신에게 부정적 영향을 미칠 수 있는 의견이라도 말이다. 협력을 통해 결과를 내기 위해서는 남의 말을 경청하고, 자기 의견을 명확하게 표현하고, 배우고, 토론해야 한다. 이는 결코 노력 없이는 도달할 수 없는 관계이며, 이러한 환경을 구축하려면 사적인 관계에서와 마찬가지로 토대를 다치는 기초 작업이 필요하다. 강한 열정과 높은 압박 속에서도 변함없는 신뢰를 유지할 수 있어야 한다. 즉 항상 솔직해야 하며, 의견이 다를 때에도 같은 편이라는 사실을 주지해야 한다는 의미다.

디지털 및 공동체 모델

익명의 알코올중독자 모임Alcoholics Anonymous, AA에서 시행하는 12단계 프로그램은 중독자들이 해를 끼친 이들과의 관계를 회복하는 데 치료의 상당 부분을 할애한다. 4단계에서 중독자들은 자신의 개인적 결점에 대해 "두려움 없이 철저한 도덕적 검토"를 해야 한다. 내가 남들에게 어떤 피해를 끼쳤는지 돌아보는 것은 매우 고통스러운 과정이며, 이는 앞에서 말한 종교의 회개 의식과도 일치한다. 그들은 이런 방법으로 화해를 위한 기반을 다지는데 이는 AA의 9단계에 해당한다.[7]

고등학교나 대학교 홈페이지에서 흔히 볼 수 있는 '익명 고백 게시판'에는 젊은이들이 온갖 종류의 비밀을 털어놓는다. 이런 익명 사이트들은 수명은 짧지만 그만큼 접근하기도 쉽다. 요즘에는 '컨페션스Confessions.net', '맘 컨페션스MomConfessions.net', '심플리컨페스 SimplyConfess.com', '더 퓨처 오브 시크릿츠thefutureofsecrets.com'처럼 이름만으로 쉽게 찾을 수 있는 사이트도 많다. 이런 사이트들은 감추고 있던 사연을 털어놓고 후회나 반성을 할 공간을 제공해준다. 아이를 키울 때 잘못한 일로 자책하는 부모나 연인을 남몰래 배신한 사람들은 페이스북 그룹에 가입하거나 이런 사이트에 글을 올려 반쯤 공개적인 사과를 한다. 보다 종교적인 예를 들자면 하버드 대학의 유대교 커뮤니티인 하버드 힐렐Havard Heillel은 욤 키푸르를 준비하는 학생들에게 트위터를 통해 죄를 고백하라고 권고하기도 한다.[8]

프랭크 워렌Frank Warren이 처음 비밀 엽서 프로젝트를 시작했을 때, 그는 이렇게 열렬한 호응을 받으리라고는 상상지도 못했다. 그는 사람들에게 아무에게도 말하지 못한 비밀을 적어 보내달라고 엽서를 나눠주었는데, 2004년부터 지금까지 1백만 장 이상의 엽서를 받았다. 그 내용을 엮어 출간한 '비밀 엽서Post Secret' 시리즈는 베스트셀러가 되었으며 현재 그는 온라인에서 지역공동체 예술 프로젝트를 운영 중이다. 워렌이 받은 많은 엽서들에는 어떠한 행동을 하거나 하지 않은 데 대해 후회한다는 일종의 고해가 담겨있었다.[9]

뉴욕 시에도 잘못을 털어놓고 해소하는 공동체적 행사가 있다. 새해 첫날이면 시민들은 종이에 후회하는 일을 적고 타임스퀘어에 설치된 커다란 종이분쇄기에 집어넣어 자신의 죄가 갈가리 찢어지는 모습을 보며 카타르시스를 느낀다. 실제 사람들 사이에 사과를 주고받거나 화해가 성사되진 않아도 자기 잘못을 인식하고 일종의 참회 의식을 치르는 것이다.

다만 이러한 행동들은 진짜 사과가 아니며 당신이 다치게 한 사람에게는 아무런 영향도 주지 못한다는 사실을 명심하라. 익명 게시판에 글을 올리거나 엽서를 보내는 사람들은 사과의 다음 단계를 실천할 필요가 없다. 사람들은 어째서 익명으로 비밀을 털어놓는 것을 좋아하는 걸까? 어째서 이렇게 일방적인 고백을 하는가?

이런 기회들이 욕구를 충족시켜주기 때문일 것이다. 우리는 누군가 우리의 고백을 목격하는 증인이 되어주길 바란다. 얼굴도 이름도 모르는 사람이라도 상관없다. 베네딕토 16세가 선종하기 전 마지막 재의 수요일 미사에서 말했듯이, "참회의 여정은 혼자서 할 수 없다."[10] 물론 그는 가톨릭 의식을 지칭한 것이지만 나는 우리가 꿈꾸는 이상에 부응하지 못한 데 대한 실망을 극복하기 위해 노력할 때에는 누군가 옆에 있어주는 것만으로도 큰 도움이 된다고 말하고 싶다. 그러나 사과를 할 때 가장 강력한 증인은 바로 당신이 해를 입힌 사람이다. 다만 하나의 문화로서, 아무리 부분적이라도 할 수 있는 한 모든 기회를 이용하는 것은 나쁘지 않다.

문화적 모델

서구 문화에서 이상적으로 여기는 차분하고 이성적인 자기충만적 모델은 다시 말하지만 미국이나 다른 사회의 다양한 태도나 원형을 폭넓게 반영하고 있지 않다. 이 모델의 문제점 중 하나는 정상성을 가정한다는 것이다. 즉 이 모델은 모든 사람들을 아우를 수 있는 바람직한 성인의 이상적 기준이 존재한다고 가정한다. 20세기 말까지 모든 정신 및 건강 의학 연구가 주로 백인 남성을 대상으로 이뤄졌음을 명심하라. 전문가들이 건강에 대해 가르친 대부분의 정보는 실제로 인구의 일부분에만 해당되었고 심지어 그들에게조차 온당하지 않았다.

지그문트 프로이트의 초기 정신분석이론부터 1960년대에 이르기까지 심리학의 인간 발달 모델은 남성을 기준으로 삼고 있었으며, 인간의 심리 발달 과정에서 가장 주된 목표는 애착에서 벗어나(분리) 독특한 개인이 되는 것(개성화)이었다.[11] 그 결과 성인에게 다른 사람과의 연결성은 덜 중요하다고 평가되었고, 인간관계를 유지하는 것이 특별히 중요하거나 유의미하게 취급되지 않았다. 보다 최근에는 자기심리학이나 관계심리학이 대두되면서 발달 성장의 목적과 과정이 전보다 더욱 복잡하고 중요하게 평가받기 시작했다. 특히 이제 우리는 발달 과정에서 타인과의 밀접한 관계가 얼마나 중요한지 알며, 관계의 회복이 얼마나 중요한지도 깨달았다. 그러나 이론적 접근법이 변화했다고 해도, 보다 광범위한 사회문화에는 개념이 즉시 스며들지 못한다. 지금은 연구자들조차 타인과의 연결이 얼마나 핵심적인 역할을 하는지 이제 막 이해하기 시작했을 따름이며, 세상에는 여전히 말보로맨 같은 고독한 남성의 이미지와 상징들이 넘쳐난다.

많은 문화적 전통에서 독립적이고 남성적인 모델과는 현저하게 다른 책임감 있고 성숙한 모델을 오랫동안 제시해왔다. 그러한 모델을 연구한다면 대인관계에 대한 더 풍부하고 폭넓은 선택지를 이해할 수 있을 것이다. 내 경험에 따르면 협동적 접근법을 중요시하는 집단일수록 실수를 직면하고 서로의 차이를 이해하며 문제를 해결하는 데 알맞은 사고방식을 지니고 있다. 과거의 기준에 정면으로 도전한다면 인간관계 문제를 해결하는 보다 희망적이고 긍정적인 방식을 개발할 수 있을 것이다.

그러나 나는 미국에서 자란 백인이며 내게 익숙한 공동체 바깥의 문화적 모델을 이제야 조금씩 이해하기 시작한 단계다. 따라서 섣불리 다른 이들을 대변할 수는 없고 그저 실제로는 많은 사람들이 주류 유럽계 미국인 또는 남성적인 관점을 갖고 있지 않다는 사실을 주지시키고 싶을 뿐이다. 다문화 활동가인 후아나 보다스Juana Bordas는 흑인과 라틴계, 미국 원주민들의 접근 방식을 통합한 "새로운 사회적 언약"을 주창한다. 예컨대 그녀는 공동체 내의 관용, 보다 넓은 의미의 동족 의식과 서로에 대한 책임의식, 더욱 폭넓은 형태의 가족에 대한 지지가 온정 많고 공정한 사회를 만들 수 있는 중요한 가치라고 말한다.[12]

이와 비슷한 가치관을 가진 공동체는 쉽게 찾아볼 수 있다. 이를테면 미국을 구성하는 여러 인종 및 민족 집단이 개인보다 집단의 안녕을 더 중시하는 전통을 보유하고 있다. 역사를 살펴볼 때에도 공동자치집단 코뮌과 같은 다양한 이상理想 사회들이 집산주의와 공동소유권을 지지한다. 페미니즘 사회는 분산화된 권력을 공유하는 것을 이상적으로 여긴다. 사회적 연결과 타인에 대한 책임의식, 관대함 등은 주류 미국 언론에서도 때때로 언급하는 가치들이지만 대부분은 휴머니즘 스토리에 불과할 뿐, 미국 문화의 주류가 아니라 부차적인 관심사에 불과하다. 그럼에도 이런 독특한 관점은 꾸준히 유지되고 있으며 주변 사람들과 어떤 관계를 맺고 살아가야 하는지에 대해 대안적인(그리고 내 입장에서는 달가운) 시각을 제시한다.

이러한 문화적 관점이 좋은 사과와 무슨 관계일까? 우리가 사는 세상은 점점 더 작아지고 있고 우리는 실질적으로 거의 모든 사람들과 항상 연결되어 있으며 점점 더 많은 정보와 의견에 접근할 수 있게 되었다. 그런데도 우리는 점점 더 사람들과 멀어질 이유만을 찾아내고 있는 것 같다. 다름과 차이가 사람들을 가르고 분열시키며, 이제는 우리 편과 반대편을 넘어 선과 악의 대립이라도 되는 것처럼 여기는 듯하다. 더는 나와 다른 의견을 가진 사람들에게 말을 걸지 않고, 무엇보다 그들의 말을 들으려고 하지 않는다. 오랜 가족이나 친구들과 척을 지기도 한다. 오직 내 생각만이 옳다고 확신한다면 고립으로 가는 지름길을 걷게 될지도 모른다. 상호 존중과 공동 책임이라는 원칙을 포용한다면, 아니면 적어도 참고한다면 가치의 우선순위가 바뀌게 될 것이다. 서로의 상처를 치유하고 인간관계를 회복하는 것이 얼마나 필수적이고 또 쉬운지 알게 될 것이다.

제3의 길:　　논란의 여지가 있긴 해도 우주론과 신화학은 생물학과 논리학만큼이나 인간의 본성을 대변한다.[13] 영웅 신화에는 영웅의 반대편에 적대자가 있다. 많은 사람들이 이런 구도를 정치나 개인적인 영역으로 가져와서 '우리 편'과 '반대편'으로 구분하곤 하는데, 현대인들은 신화 속에서 대립과 불화가 종종 어떤 방식으로 해결되는지 잘 떠올리지 못하는 것 같다. 많은 옛날 이야기 속에서 두 세력이 완강하게 대립하는 상황은 때때로 뜻밖의 세 번째 요소로 대체된다. 대개 이 세 번째 길은 전부터 존재하긴 했지만 해결책으로 간주되지는 않았던 것이다. 똑똑한 형제들이 다툼을 벌이는 동안 멍텅구리 셋째 아들이 아버지의 왕국을 물려받는다. 골딜록스Goldilocks°는 두 개의 극단적 선택 사

○　영국의 전래 동화 「골딜록스와 세 마리 곰 Goldilocks and the Three Bears」에 나오는 금발 머리 소녀의 이름.

이에서 갈등하다가 세 번째로 자신에게 꼭 맞는 침대와 밥그릇을 발견한다. 또 동화 속 주인공은 흔히 세 번째 시도에서 공주나 공주의 형제자매들을 구하고 럼펠스틸트스킨Rumpelstiltskin°의 이름을 알아낸다. 이런 오래된 이야기의 원형을 참고하여 시야를 넓힌다면 현대 담론을 지배하는 승리/패배의 양자택일 너머에서 해결책을 찾을 수 있다.

제3의 길은 두 개의 대립항 사이의 중도, 또는 참신한 대안이다. 토머스 아퀴나스의 신의 존재에 대한 우주론적 논증[14]이나 정치경제에서 자본주의와 사회주의 사이의 중도를 찾으려는 시도[15]처럼 다른 수많은 분야에서도 제3의 길을 추구한다. 내 경우에 제3의 길은 기존의 입장과 현실을 고수하는 한편 서로 대립하는 두 사람 사이에 다리를 놓는 문제 해결 방식이다. 어느 한쪽이 희생하거나 승리를 거두는 게 아니다. 이 모델은 (역시 매우 중요한) 타협과 비슷하지만 타협은 주로 양보에 중점을 둔다는 점이 다를 뿐이다.

때때로 유명인이나 공인은 상충되는 견해 중 하나를 선택해 문제를 해결하기보다 그저 참고 버티기도 한다. 1985년에 이스라엘의 시몬 페레스 총리는 동맹국인 미국의 대통령 로널드 레이건과 껄끄러운 상황에 처하게 되었다. 레이건 대통령은 독일과의 화친을 위해 2차대전 전사자가 묻혀있는 독일의 비트부르크 묘지를 참배하기로 결정했다. 그러나 그 묘지에는 홀로

<hr>

° 그림형제의 동화「럼펠스틸트스킨Rumpelstiltskin」에 나오는 난쟁이.

코스트에서 많은 유대인을 학살한 나치 무장친위대 49명이 함께 묻혀있었다. 희생자들의 고통을 간과한 대통령의 무신경한 행보에 대해 미국과 이스라엘 양국에서 비난이 쏟아졌다. 그러나 페레스 총리는 레이건 대통령이 동맹이 아니라고 선언하지도, 비트부르크 참배가 이스라엘을 존중하지 않는 처사라는 세상의 인식을 바꾸려 하지도 않았다. 대신 이렇게 말했다. "친구는 친구고, 실수는 실수입니다. 친구가 실수를 저지르더라도 실수는 실수이며, 친구는 여전히 친구일 것입니다. 레이건 대통령은 앞으로도 계속 우리의 친구일 테지만 내 의견에는 변함이 없습니다."[16] 그의 이런 반응은 결점을 가진 사람(즉, 세상 모든 사람)과 관계를 지속하면서 두 개의 서로 다른 진실을 유지하는 제3의 길이라고 할 수 있다.

사법 정의 모델

대부분의 사법 정의 시스템은 처벌에 무게를 두고 있다. 그러나 구술 변론이 필수적인 소송 절차에서조차 반성과 후회를 표명할 기회가 주어지며, 그러한 행동은 법정 판결, 특히 선고에 놀랍도록 지대한 영향을 끼친다. 피고인이 잘못을 뉘우칠 능력이 있다는 것은 그에게 인간적인 면모가 있으며 새로운 것을 배우고 변화할 여지가 있음을 암시하기 때문이다. 마찬가지로 사과는 기존의 가해자가 옳은 일을 실천할 수 있는 사람으로 변화하는 전환점이 될 수 있다.

최근 영화배우 펠리시티 허프만Felicity Huffman이 자녀를 명문대에 입학시키기 위해 부정을 저지른 혐의로 기소됐다. 그녀는 일명 '바시티 블루스Varsity Blues 사건'○에 연루된 이들 중 처음으로 유죄 판결을 받은 피고인이다. 그러나 허프만은 다른 피고인들과 달리 유죄를 인정하며, 자신이 저지른 죄를 깊이 통감하고 뉘우치고 있다고 말했다. 어쩌면 그녀가 이처럼 반성하는 모습을 보였기에 검사가 구형한 형기의 절반에 불과한 2주일 구금형을 받는 데 그쳤는지도 모른다. 연방검사 앤드루 렐링Andrew Lelling은 허프만이 다른 부모들에 비해 비교적 가벼운 형을 받은 이유로 법정에서의 반성을 꼽았다.[17]

민사소송의 경우 고소인은 '손해배상'을 받을 수 있다. 다시 말해 피고인이 재판에서 질 경우 소송과 관련된 모든 비용을 배상해야 한다는 의미다. 개인적인 사과도 마찬가지다. 완전한 책임을 지고 싶다면 어떤 형태로든 상대방에게 배상을 해야 한다.

최근 사법 처벌의 대안으로 떠오르고 있는 회복적 사법 제도Restorative justice program는 처벌보다 화해와 원상회복에 초점을 맞춘다. 전 세계 많은 사법 제도에서 회복적 정책을 함께 시행 중이다.[18] 이런 프로그램의 특성은 처음부터 회복 절차에 피해자와 가해자를 모두 참여시킨다는 것이다. 보통 이 프로그램은 많은 토착 문화에 있는 '듣기 모임(모두가 발언권을 가지고 있고, 한 번에 한 사람만 말할 수 있으며, 모든 이해 당사자가 참가자를 지지하는 모임)'으로 시작되는데, 논의 주제를 제시하고 공유한 다음 합의서를 쓰고 모든

○   2019년 미국 전역을 뒤흔들었던 명문대학 부정 입학 스캔들.

관련 당사자들이 거기에 서명한다. 합의서에는 피해를 유발한 인물, 즉 '책임 당사자'가 잘못을 바로잡고 피해자 및 공동체의 정당한 권리를 보상하기 위해 해야 할 일이 명시된다. 책임 당사자는 언제나 철저하고 완전한 사과문을 편지로 작성하여 사건과 관련된 모든 당사자에게 전달하거나, 마무리 모임에서 큰 소리로 낭독하거나, 양쪽 모두를 실천한다고 약속한다.[19] 미국에서는 많은 주들이 주로 미성년자나 비폭력 범죄가 연루된 사건의 경우 기소절차를 거치기보다 회복적 사법팀에 회부할 수 있는 법적 요건을 마련해두고 있다.[20] 다시 말해 가해자가 공식적으로 기소되지 않기 때문에 양자 간에 회복적 합의가 만족되면 전과 기록이 남지 않는다는 의미다. 『새로운 짐 크로 법The New Jim Crow』의 저자인 미셸 알렉산더Michelle Alexander는 최근 뉴욕 시의 폭력범죄 생존자 중 90퍼센트 이상이 범죄로 입은 피해를 극복할 수 있게 돕는 회복적 해결안을 선호한다고 밝혔다. 총에 맞고 칼에 찔리고 강도를 당한 피해자들은 그들을 해친 범죄자를 감옥에 보내고 끝내는 대신 회복적 사법 프로그램에 참가하고, 가해자로부터 대답을 듣고, 책임보상계획을 고안하도록 도우며 피해자 지원 서비스를 받고 싶어 했다.[21]

공동체 중심의 회복적 절차는 가해자의 수감 처벌보다 더 피해자의 필요를 충족시키는 좋은 대안이 될 수 있을지 모른다. 개인적 책임의식, 피해에 대한 설명과 진심 어린 참회, 그리고 배상에 대한 신중한 숙고는 내가 내담자들이 고통스러운 관계에서 벗어나도록 도울 때 사용한 것과 같은 도구다.

또 다른 사회 정의 분야에서도 세심한 참여에 대한 새로운 원칙이 부상하기 시작했다. 하나는 상처를 치유하려면 무엇이 필요한지 가장 큰 피해를 입은 당사자가 결정하는 것이며, 두 번째는 배상—여러 창의적인 방법으로 가능한— 을 하기에 늦은 시기는 없음을 주지시키는 것이다.

의학계 모델

미시간 대학병원의 성공에 일부 힘입어, 의료사고에 대한 윤리적 의무를 근간으로 미국의 여러 병원들이 환자와의 의사소통 및 문제 해결 프로그램을 도입해 운영 중이다. 특히 매사추세츠 병원들이 채택한 프로그램 이름인 '소통, 사과, 그리고 문제해결Communication, Apology, and Resolution, CARe'은 의료사고 발생 시 사과가 문제 해결에 얼마나 중요한지 강조하고 있다.[22]

의료사고를 투명하게 공개하는 움직임이 시작된 초반, 병원은 피해를 입은 환자와 가족들이 무엇을 가장 원하는지 조사했다. 피해자들이 요구한 것은 사고에 대한 완벽한 정보 공개와 어째서 그런 일이 발생했으며 피해를 어떻게 복구하고 재발을 방지할 것인지에 대한 철저하고 투명한 설명이었다. 가족들은 비난을 하거나 소송을 걸 대상을 찾는 게 아니었다. 그들은 내 상담실에 찾아온 상처 입은 사람들과 똑같은 것을 원했고, 그것은 내가 사과를 해야 하는 사람들에게 실천하라고 조언하는 말이나 행동과도 완전히 일치했다.[23] 최근의 연구에 따르면 환자와 가족들은 모든 설명을 의료진에게 직접 듣기를 원한다. 그들은 의료사고에서 회복하는 모든 단계에서 의사들이 공감을 표현하고 비적대적 방식으로 소통할 때 만족감을 표시했다.[24] 다른 수많은 맥락에서도 상처 입은 사람들이 가장 필요로 하는 것은 남들이 그 고통을 인지하고 그에 대한 책임이 있는 사람들이 책임을 인정하고 잘못을 바로잡는 것이다.

공개 사과 모델

부부나 커플 간의 개인적 사과와 상황은 좀 다를지 몰라도, 공개 사과에 적용되는 원칙이나 형식은 대부분 동일하다. 개인이나 커플이라도 훌륭한 공개 사과로부터 배울 수 있고, 공인이나 유명인도 사적 관계에서 중요한 것을 배울 수 있을 것이다. 개인적 사과와 마찬가지로, 공개 사과에는 반드시 피해자의 경험에 대한 사실 직시가 포함되어야 한다.[25] 효과적인 사과를 하려면 자신이 어떤 해로운 행동을 했는지 인정하고 상대방을 다치게 한 데 대한 후회와 반성을 표현해야 한다.

간혹 사과는 청중이 많을 때 가장 큰 효과를 발휘하기도 한다. 시트콤 〈사인필드Signfeld〉에서 조지 역을 연기한 제이슨 알렉산더Jason Alexander는 한 인터뷰에서 크리켓에 대해 "게이들이나 하는 운동 같다"고 말한 적이 있다. 처음에 그는 자신의 트위터 팔로워들이 왜 상처를 받았다고 말하는지 이해하지 못했다. 그러나 그 말이 어떤 영향을 주었는지 주변 사람들에게 물어본 그는 곧 자신의 실수를 깨달았고, 인터넷에 그가 어떤 실수를 했는지 자세히 설명하는 사과문을 올렸다. 그는 동성애자들은 여자 같고 유약하다는 전제를 바탕으로 한 농담을 함으로써 "동성애자들이 날마다 힘겹게 대응해야 하는, '게이는 나약하다'는 경멸적인 선입견에 힘을 실어주었다"고 인정했다. 또한 온갖 종류의 비난과 욕설로 이어질 수 있는 잘못된 가정을 했으며 "그렇게 말하지 말았어야 했다"고 덧붙였다. 자신의 잘못된 언동에 대해 주저없이 책임을 인정한 것이다.[26]

휠씬 범위를 넓혀서 보면, 지역사회나 국가 전체를 대표하여 전하는 공식 사과에도 훌륭한 사례들이 있다. 비록 의례적 성격을 띠긴 해도 이런 사과는 사과하는 측과 받아들이는 측 양쪽 모두에게 치유의 수단으로서 매우 중요한 의미를 지닌다. 사과의 말과 더불어 실질적인 행동이나 정책 변화가 수반되면 더욱 탁월한 효과를 거둘 수 있다. 예를 들어 2차 세계대전 이후 독일은 전범국으로서 피해 국가들과 화해하기 위해 끊임없는 노력을 기울이고 있다. 초대 서독 총리인 콘라트 아데나워는 인도적 차원에서 이스라엘에 대한 배상 협정을 체결했고, 이는 이후 개인에 대한 배상 및 보상까지 이어졌다. 아데나워는 "물질적 보상 문제에 대한 해결책을 제시함으로써 헤아릴 수 없는 고통을 정신적으로 누그러뜨릴 수 있는 방법을 마련"했다. 이는 금전적 배상이 실질적인 보상과 화해를 향한 상징적 조치 양쪽 모두로 기능한 사례라고 할 수 있다.

지금도 독일에서는 강제수용소 같은 건물들이 나치 범죄를 가르치는 교육 장소로 활용되고, 베를린에는 특정한 집이나 체포 장소 등 제3제국의 공포를 일깨우는 장소들이 수없이 보존되어 있다. 미국 현대독일연구소American Institute for Contemporary German Studies의 릴리 가드너 펠드먼Lily Gardner Feldman 박사는 아직까지 화해를 위한 노력이 지속되고 있으며 여전히 많은 사람들이 나치 독일이 몰수한 예술 품을 요구하고 올바른 역사 교육을 위해 교과서 등을 감시하고 있 다고 말한다.[27] 그녀는 독일의 과거사 청산 과정이 "길고 지저분하 며…… 아직도 끝나지 않았다"고 표현한다.[28] 모든 가족들이 가시적 인 형태의 화해를 경험하고 피해에 대한 기억이 대중의 기억 속에 남아있는 한 그러한 노력은 지속될 것이다.

미국의 경우에는 레이건 정부에 이르러서야 2차 세계대전 때 강제 수용된 일본계 국민들에게 사죄를 표명했다. 레이건 대통령은 상당한 저항 끝에 '1988년 시민자유법Civil Liberties Act of 1988' 입법을 위 한 결의안에 서명했다. 이 법안은 수년에 걸친 의회위원회의 조사 를 바탕으로 부당한 대우의 인정, 공식 사과, 금전적 배상, 그리고 추후 이와 유사한 권리 침해를 방지하기 위한 공교육 시행 등의 내 용을 담고 있다. 10년간의 노고 끝에 이 같은 성과를 이끌어낸 일본 계 미국인 시민협회Japanes American Citizens League를 이끄는 존 타케이시 John Takeishi는 일본어로 "코도모노 타메니こどもの ために" 즉 "아이들을 위해서"라고 말하며 이런 사회운동은 보상 그 자체보다 다음 세대 를 위한 것이라고 역설했다. 또한 역사적 과오를 바로잡는 일에는 과오를 반복하지 않는다는 유산이 포함되어야 한다고 강조했다.[29]

이 법안이 약속한 공교육 시행의 사례로는 1987년 스미스소니 언 박물관 미국역사관에 전시된 '더욱 완벽한 연방: 일본계 미국인과 미국 헌법'을 들 수 있다. 내가 일본계 시민들의 강제 이동과 수용 정책에 대해 처음 알게 된 것도 1990년대에 아이들과 함께 박물관에 들렀을 때였다. 12만 명이나 되는 사람들이 — 그중 7만 5천 명이 미국 시민이었는데 — 전쟁 중에 강제로 억류되었다.

1992년에는 1988년 법안에 추가 예산을 지원하는 개정이 이뤄졌다. 시민자유공교육기금Civil Liberties Public Education Fund은 82,219명에 대한 금전적 배상 외에도 다큐멘터리와 팟캐스트, 교사용 가이드북, 지역사회 토론회 등 135개 프로젝트를 지원했고[30], 캘리포니아 시민자유 프로그램California Civil Liberties Program 역시 유사한 프로젝트를 지원함으로써 국가의 행태를 기억하고 원인을 이해하고 재발을 방지하기 위한 노력을 꾸준히 이어오고 있다.[31]

최근에는 대중 소통PR 방식이 보다 복잡해지긴 했지만 근래 들어 좋은 사과의 행보를 여러 차례 보여준 인물은 캐나다의 쥐스탱 트뤼도 총리다. 이를테면 2018년에 그는 캐나다 의회에서 매우 감동적인 연설을 하며 LGBTQ2° 시민들에 대한 국가의 잘못된 행위를 일일이 열거했다. 냉전 시기에 시작되어 1990년대까지 이어진 캐나다의 억압 정책은 많은 이들의 삶을 파괴했고 심지어 '동성애자 숙청'에까지 이르렀다. 총리는 정부의 죄목을 낱낱이 읊으며 명백한 감정을 실어 "죄송합니다", "우리는 진심으로 사죄드립니다"라고 말했다. 또한 생존자와 그 가족들에 대한 재정적 보상과 법률 개정을 약속했다.[32]

○   레즈비언, 게이, 양성애자, 트렌스젠더, 퀴어 등 성 소수자를 총칭하는 말.

트뤼도 총리에게서 배울 수 있는 중요한 교훈은 난해하고 복잡한 말을 하지 않고도 "미안합니다"라고 말할 수 있다는 것이다. 총리의 연설을 지켜본 자유당 의원이자 동성애자인 롭 올리펀트Rob Oliphant 의원은 이렇게 말했다. "애매한 표현은 없었다. 합리화도 없었다. '그때는 지금과 다르게 잘 몰랐으니까요' 같은 말을 하지도 않았다." 또 다른 목격자인 전직 해군 장교이자 이 문제와 관련된 집단 소송에 관여하고 있는 토드 로스Todd Ross는 "내가 듣고 싶었던 말이었다"고 말했으며 "그 사과는 많은 사람들에게 치유의 첫 단계였다"고 덧붙였다.[33]

뿐만 아니라 트뤼도 총리는 캐나다 원주민과 여객선 세인트루이스호號의 승객 — 나치 독일을 피해 달아났지만 캐나다를 비롯해 다른 국가에서 입항을 거부당한 난민들 — 을 포함해 국가로부터 피해를 입은 다른 집단에게 진심 어린 유감과 공감을 표현할 때, "나는 미안합니다I'm sorry"라고 말함으로써 의인화된 국가를 대변해 책임을 인정하는 방식을 선택했다.[34] 세인트루이스호의 경우, 생존과 안전을 찾아 나선 900명의 사람들 중에서 250명이 죽음의 수용소에서 사망했다. 현재까지 남아있는 생존자는 캐나다에 거주 중인 안나 마리아 고든Ana Maria Gordon뿐이다. 그녀와 가족들은 2018년 트뤼도 총리의 사과 연설에 참석했으며 이후 총리와 개인적인 만남을 가졌다.

고든의 아들 대니 그루너Danny Gruner는 바람직하고 철저한 사과가 얼마나 중요한지 강조하며 이렇게 말했다. "가해자들로부터 죄책감을 지우지는 못할 것이다. 하지만 적어도 그 당시의 국가를 받아들이고…… 앞으로 어떻게 나아가고 싶은지 이해하려고 노력할 수는 있다."[35] 이것이 바로 우리가 반성하고 사과할 때 일구고자 하는 변화다. 사람들이 상처를 치유하게 돕고 더 나은 미래에 대한 가능성을 창조하는 것 말이다.

'좋은 죄책감' 가지기

사과는 인간이라면 누구나 할 수 있는 가장 기본적인 행위다. 수많은 분야에 걸친 다양한 사례와 모델을 접하면서 나는 이 모든 요소들을 종합하면 누구나 접근할 수 있는 일반적인 모델을 개발할 수 있음을 깨달았다. 사과는 어렵다. 하지만 누구나 할 수 있다.

모든 사람은 실수를 하고, 다른 사람의 마음을 상하게 하고, 의도적이든 그렇지 않든 잘못된 일을 저지른다. 그러므로 어느 시점에서든 우리는 모두 후회할 이유가 있다. 이런 죄책감이나 후회, 반성이 잘못을 바로잡는 과정에서 얼마나 중요한 역할을 하는지 알면 놀랄 것이다. 사람들이 보통 생각하는 것과는 달리 이런 감정들은 자존감을 낮추는 쓸모없고 해로운 감정들이 아니다. 앞에서도 말했지만 죄책감이 사람을 괴롭히는 이유는 그것을 제대로 해소하지 못했기 때문이다. 내가 '좋은 죄책감'이라고 부르는 것은 그 원인에 대해 뭔가 조치를 취하도록 독려하기에 생산적이다. 우리는 나쁜 일을 하면 양심의 가책을 느끼고 어떻게든 그 문제를 청산하고 싶어한다. 좋은 죄책감은 내가 나쁜 짓을 했고 그 행위가 잘못되었다는 것이 명백할 때 느껴야 하는 당연한 감정이다. 잘못했음을 인지하는 방법이며, 자신이 좋은 사람임을 알 수 있는 수단이다. 좋은 죄책감은 올바른 회복의 가능성을 싹 틔운다.

준 탱니June Tangney 박사는 죄수들을 대상으로 한 연구에서 수감자가 죄책감을 느낄수록 석방 후 1년 내에 다시 범죄를 저지를 확률이 낮다는 사실을 발견했다. 또 다른 연구에서는 남성과 여성 모두 죄책감을 느낄수록 공감 능력도 뛰어나다는 사실을 알아냈는데, 이는 다른 사람에게 연민을 느낄 수 있다는 뜻이기도 하다.[36]

이런 생산적인 죄책감(불교도들이 '현명한 자책wise remorse'이라고 부르는 것[37])은 수치심과는 다른 방식으로 작용한다. 많은 심리학자들이 자신의 행동에 대해 부정적 감정을 느끼는 '죄책감'과 자기 자신에 대해 부정적으로 느끼는 '수치심'을 구분하고 있다. 이 두 가지 감정은 명백히 다른 경로로 발현되며 상당히 다른 결과를 초래할 수 있다. 수치심은 숨거나 달아나거나 부인하거나 때로는 남의 탓을 하게 만든다. 베스트셀러 작가이자 심리연구가인 브레네 브라운Brene Brown에 따르면, 수치심은 심각한 정신건강장애나 사회불안장애와 양의 상관관계를 지니는 반면 죄책감은 같은 문제들과 역관계를 지닌다.[38] 가장 낭비적인 감정인 수치심은 효과적인 치유로 이어지기 힘들지만 죄책감은 진정한 책임의식으로 이어질 수 있다.

잘못을 극복하고 그로 인한 피해를 바로잡으려면 자신과 다른 사람에 대해 책임의식을 갖는 한편 늘 인간적인 면모를 잃지 말아야 한다. 나는 환자들에게, 그리고 물론 나 스스로에게도 '온정적 책임의식'을 가지도록 독려한다. 자책이 역효과를 낳을 수 있다지만 책임을 회피하거나 부인할 때도 마찬가지다. 우리는 자신의 잘못과 타인에게 미친 부정적 영향에 능동적으로 대처하고 이를 해결해야 한다. 자신의 잘못을 바로잡아야 한다는 사실을 인정하기 위해서는 자존심을 누그러뜨리고 굳은 결심을 다져야 한다. 이처럼 겸손함과 용기를 결합하는 것은 언뜻 어려워 보이지만 그렇다고 우리의 역량을 넘어서는 일도 아니다.

내가 4단계 사과 모델을 개발한 것은 잘못된 일을 바로잡고자 하는 당연하고도 자연스러운 욕구를 해소하고, 그리고 싶지만 어떻게 해야 할지 몰라 방황하는 대다수 사람들을 돕기 위해서다. 이 책에 제시된 방법들은 다른 사람들에게 뭔가를 요구하는 게 아니라 먼저 손을 내미는 방법이다.

지금부터 우리는 좋은 사과를 하는 단계적 과정에 대해 배우게될 것이다. 골치 아픈 대인관계 문제를 쉽고 빠르게 해결하고 싶은 마음에 이 책을 집어 든 독자라면 조금 실망할지도 모르겠다. 사과는 오랜 시간이 걸리는 과정이다. 인내심이 필요한 일이다. 지금 우리가 살고 있는 시대가 인내심의 시대는 아니라고 하나 감정과 경험, 그리고 반응을 통해 문제 해결과 해소로 나아가려면 디지털 시대의 시간이 아니라 인간적인 시간이 필요하다. 조급함은 인간관계에서 입은 상처를 치유해주지 못한다.

앞으로 만날 각 장에서는 좋은 사과를 하는 데 필요한 네 가지 단계를 설명한다. 상처를 진실로 아물게 하려면 이 네 단계 중 무엇도 빠트려서는 안 된다.

좋은 사과의 4단계

1단계
상대가 어떤 상처를 입었고, 당신의 행동이 상대에게 어떤 영향을 주었는지 이해해야 한다. 그러기 위해서는 질문과 경청이 필요하다.

2단계
명확하고 진솔한 언어로 후회와 반성을 전달한다. 당신이 어떤 행동을 했고 그로써 상대가 어떤 영향을 받았는지 정확하게 표명하고 인정한다. 대부분의 사람들에게 이는 결코 쉬운 일이 아닌데, 특히 남에게 상처를 주려는 의도가 없었을 때에는 더욱 그렇다.

3단계
상대방이 입은 피해를 배상한다. 사적인 관계에서는 드문 경우지만, 금전적 배상이 필요할 수도 있다.

4단계
다시는 같은 문제가 발생하지 않게 확실한 계획을 세운다.

잘못을 저질렀을 때 보통 가장 먼저 자동적으로 나오는 반응은
"미안하다"는 말이다. 우리는 그걸로 무마되길 바란다.
이 마법의 말은 때로는 그래야 하기 때문에, 또는 서먹한 분위기나
힘겨루기를 끝내려고 마지못해 하는 것처럼 느껴지기도 한다.
심지어 "미안해"라는 말이 진심으로 상처를 치유하기 위한 시도일 때에도
이것만으로는 부족할 수 있다.

다시 대화를 시작합니다

Part 2

Chapter 4

1단계:
말할 때가 아니다,
가만히 들어라

흔히 사과를 '미안하다고 말하는 것'이라고 하지만, 효과적인 사과의 첫 번째 단계는 말하는 것이 아니다. 듣는 것이다.

1단계의 목적은 상대방의 말을 주의 깊게 듣고 그가 어떤 상처를 입었는지 파악하는 것이다. 지금은 당신이 입을 열 때가 아니다. 이유를 설명하거나 변명하거나 그런 의도가 아니었다고 해명하거나 반박할 때가 아니다. 당신의 죄책감이나 수치심을 덜어낼 순간이 아니다.

사과를 하고 싶은가? 사과의 1단계에서 가장 중요한 것은 당신이 아니다. 중요한 것은 상처 입은 사람이 무엇을 겪고 느꼈는지 이해하는 것이다.

중년의 세련된 여성인 마고는 종이 한 묶음을 들고 내 상담실을 찾아왔다. 12년 전 그녀가 이혼을 했을 당시 감정적 후유증을 극복하도록 도운 이후 오랜만의 첫 만남이었다. 상담 후 안정을 되찾은 마고는 평범한 일상으로 돌아갔고, 추가 상담에는 관심이 없었다. 오랜만에 찾아온 마고는 절친한 친구인 애니와 곤혹스러운 상황에 처했다고 털어놓았다. 마고가 "'미안하다'고 말했는데!"도 애니는 그녀를 용서하지 않았다. 나는 마고가 이혼을 할 때 애니가 옆에서 큰 도움이 되어주었다는 이야기를 들은 게 기억났다. 마고를 상담실까지 데려다준 애니를 대기실에서 만난 적도 있었다. 두 사람은 나중에 나이 들어 남편들이 먼저 세상을 떠나면 함께 살자는 농담을 할 정도로 절친한 사이였다.

마고는 유능한 전문직 여성답게 직설적이고 확신에 찬 태도로 친구의 '완강한 거부'가 얼마나 당혹스럽고 짜증나는지 설명했다. 6개월 전에 마고는 애니와 일시적으로 연락을 끊은 적이 있었다. 다른 친구의 둔감한 말 때문에 화가 났는데 옆에 있던 애니가 아무 말도 하지 않았기 때문이다. 마고는 상처를 입었다. 예전에도 가끔 그런 일이 있었다는 사실을 깨달은 데다 그 뒤로 몇 달간 비슷한 상황을 겪자 마고는 결국 '비겁자의 탈출구'를 선택하고는 친구에게 잠시 연락을 끊자는 이메일을 보냈다. 애니는 즉시 마고에게 연락해 문제를 해결해보려 했지만, 마고는 오히려 친구가 자신의 감정을 무시한다는 느낌에 더욱 화가 났다. 나는 두 사람이 주고받은 이메일을 읽어보았다. 그중에는 애니가 두 번째로 보낸 "무례한" 이메일도 포함되어 있었는데, 애니는 과거에 겪은 일에 대한 고통스러운 기억 때문에 마고의 갑작스러운 절교 선언을 받아들이기가 너무 힘들다고 썼다(나는 애니가 청소년기에 부모님을 잃은 후 갑자기 다른 가족들로부터 버림받았다는 이야기를 전에 들은 적이 있다). 마고의 거친 언어에는 갈수록 격해지는 분노가 여실히 드러나 있었다. 애니가 부드러운 언어로 미안하다고 말하며 최소한의 연락이라도 유지하자고 부탁했을 때, 마고는 "감히 우리 집에 찾아오기라도 하면 문과 창문을 전부 걸어 잠글 거야"라고 협박했다. 그러고는 모든 연락 수단에서 애니를 차단했다.

마고는 자신의 행동이 힘든 상황에서 통제권을 쥐고 스스로를 보호하기 위한 것이라고 믿었다. 그녀는 자신이 무엇을 놓치고 있는지 알고 싶어 내 조언을 구하러 온 것이었다. 나는 마고가 애니에게 생각보다 훨씬 더 큰 상처를 줬을 것이라는 예감이 들었다.

몇 달간 연락 없이 지내다 보니 마고도 자신이 입은 상처와 애니의 "괴롭힘"에 대한 화가 잦아들었다. 그녀는 애니에게 "조만간 만날까? 보고 싶어!"라는 말로 끝나는 밝고 명랑한 문자 메시지를 보냈다. 마고는 애니가 반갑게 연락을 해올 것이라고 믿었다. 그러나 애니에게서 돌아온 것은 "고마워"라는 짧은 문자뿐이었다. 마고가 "우리 사이에 잠시 '휴식기'를 가지게 된 건 미안하지만, 그때 내가 얼마나 속상했는지 너도 알잖아"라는 이메일을 보냈을 때에는 일주일이 넘게 답장이 오지 않았다. 그러더니 "어떻게 해야 다시 너와 잘 지낼 수 있을지 모르겠다. 뭘 어떻게 해야 할지, 아니면 규칙 같은 거라도 만들어야 할지 먼저 얘기해봐야 할 거 같아"라는 이메일이 도착했다.

애니의 이메일을 받고 당황한 마고는 나를 찾아와 그간에 있었던 사정을 들려주었다. 두 번째 상담시간에는 애니가 마지막으로 보낸 이메일을 보여주었다. 거기에는 "아무 일도 없었던 것처럼 널 다시 보기가 힘들 것 같아"라고 적혀있었다.

마고는 어리둥절해 보였다. "이해가 안 돼요. 연락을 끊은 게 잘한 짓이 아닌 건 알지만, 그 일에 대해선 '미안하다'고 벌써 사과를 했잖아요. 나한테 뭘 더 바라는 거죠?"

아주 좋은 질문이었다. 이제는 내 차례였다. "미안하다고 말하는 건 좋은 첫 걸음이죠. 하지만 그게 다는 아니랍니다."

묻지 않으면 영영 모른다

잘못을 저질렀을 때 보통 가장 먼저 자동적으로 나오는 반응은 "미안하다"는 말이다. 우리는 그걸로 무마되길 바란다. 이 마법의 말은 때로는 그래야 하기 때문에, 또는 서먹한 분위기나 힘겨루기를 끝내려고 마지못해 하는 것처럼 느껴지기도 한다. 심지어 "미안해"라는 말이 진심으로 상처를 치유하기 위한 시도일 때에도 이것만으로는 부족할 수 있다.

상대에게 어떤 상처를 입혔는지 정확히 이해하지 못한 채 미안하다고 말하는 것은 올바른 사과가 아니다. 코미디언 루이스 C. K Louis C. K.도 그런 실수를 저질렀다. 2017년에 그가 여러 여성들에게 성추행을 했다는 고발이 제기됐을 때, 그는 처음에 엉뚱한 여성에게 엉뚱한 사과를 하려 했다. 이어 다른 사람들의 의견을 경청하겠다고 말한 것은 그나마 올바른 판단이었지만 말이다(그러나 유감스럽게도 우리는 그가 그 뒤로도 그다지 귀를 기울이지 않았다는 사실을 알게 되었다).

듣기는 기본적으로 수용적인 행위다. 많은 사람들이 입을 다물고 가만히 듣는 것보다 차라리 나서서 행동하는 쪽을 더 편안하게 느낀다. 사과의 1단계는 단순히 "미안해"라고 말하는 것보다 훨씬 어렵다. 당신의 행동에 대해 다른 사람의 의견을 '묻는' 것은 자기 생각을 '말하는 것'보다 더 취약하게 느껴진다. 상대방에게 어떤 상처를 입었는지 묻고 나면 자신의 맹목과 무지 때문에 일어난 일을 잠자코 들어야 하는데, 그런 걸 좋아할 사람은 없다. 죄책감이나 수치심을 자극한다면 더더구나 그렇다. 그런 생각을 하는 것만으로도 마음이 불편하거나 방어적이 된다. 그렇다고 이 단계를 회피하면 좋은 사과를 하는 데 커다란 차질이 생길 것이다.

게다가 그런 정보를 요청할 때에는 마음을 열고 상대방의 심정에 공감해야 한다. 여러 복잡한 감정을 느껴야 한다는 것은 불편하고 어색한 일이다. 이 단계를 건너뛰고 싶은 마음도 백분 이해가 간다. 그러나 이 첫 번째 단계야말로 이후의 다른 단계를 쌓아 올릴 중요한 토대다. 사람들과의 관계를 다시 연결하기 위해 우리가 가장 먼저 해야 할 일은 자기방어적 거부감을 옆으로 제쳐놓는 것이다.

마고와 애니는 오랜 기간 우정을 나눴지만 심리적 안전감을 확보하지는 못했다. 서로에게 미치는 영향에 대한 부정적 정보까지도 거리낌 없이 말하면서 그렇게 말하는 것이 바람직한 분위기가 되도록 만들지 못한 것이다. 우리가 서로에게 어떤 영향을 끼칠 수 있는지 완전히 이해하려면 주변의 도움이 필요하다. 거듭 말하지만 사람은 자신의 실수와 그 영향을 인식하는 데 매우 서툴기 때문이다. 마고는 자신이 무슨 일을 했는지는 알았지만 그게 친구에게 어떤 영향을 끼쳤는지는 인정하지 않았다. 다른 수많은 사람들처럼, 마고는 친구가 어떤 감정을 느꼈는지 알지 못했고, 어떻게 해야 알 수 있을지도 몰랐다.

다른 사람에 대해 생각하고 그들의 관점을 이해하려고 노력하는 것만으로도 이해심이 생긴다는 것은 아주 흔한 오해다. 특정한 목적(이타심 기르기, 고정관념 줄이기)이 있을 때에는 적절할지 모르지만 아무리 감이 좋은 사람이라도 추측만으로는 한계가 있다. 다른 사람의 심경을 명확히 이해하려면 추측이나 상상만으로는 부족하다. 당사자에게 직접 물어봐야만 알 수 있는 정보가 필요하다.

약 3000명을 대상으로 한 25개 연구를 종합한 2018년 논문에 의하면 다른 사람의 관점에서 이해하려고 노력한 사람들은 오히려 판단의 정확도가 떨어진다. 실험 참가자들은 낯선 사람부터 배우자에 이르기까지 다양한 타인의 생각과 감정, 선호도를 파악했다. 사진이나 영상을 보고 낯선 사람의 감정을 추측하든, 배우자가 좋아하는 활동이나 지지하는 견해를 예상하든, 다른 사람의 관점에 이입해 생각하도록 독려받은 참여자들은 단순히 추측해보라는 지시를 받은 실험 참여자들보다 정확도가 떨어졌다. 연구진은 잘 아는 사람일지라도 타인의 경험을 상상하는 것은 그 경험을 정확히 이해하는 데 도움이 되지 않는다고 결론 내렸다. 다른 사람의 관점을 이해하려면 그들에게 직접 물어봐야 한다. 연구진은 그러한 방식을

'관점 습득perspective-getting'이라고 지칭했는데, 이는 질문을 이용한 '관점 수용perspective-taking'°을 통해 확립된다.[1]

여기서 우리의 목적은 다른 사람을 더욱 깊이 이해하고 공감하는 것이다. 작가 겸 수필가인 레슬리 제이미슨Leslie Jamison은 "다른 사람에게 공감하려면 상상력을 발휘하는 것만큼 질문을 던져야 한다. 남에게 공감하려면 내가 아무 것도 모른다는 것을 먼저 알아야 한다"고 했다.[2] 아무리 잘 알고 친한 사이라도 존재하는지도 몰랐던 문제에 대해 상대방의 관점을 이해하려면 직접 물어보는 것이 좋다. 새로 얻은 지식은 두 사람의 관계를 더욱 견고히 다지고, 오랫동안 지속됐던 잘못된 패턴을 바로잡을 방법을 함께 고민할 수 있게 도울 것이다. 마고도 어쩌다 두 사람이 이렇게 되었는지 이해하고 싶었다면 애니에게 직접 물어봐야 했다.

다른 사람의 관점을 이해하기 어렵다는 사실은 정치적·사회적 의견 차이로 인한 양극화 문제를 더욱 악화시킨다. 우리는 '반대편'이 무슨 생각을 하는지 모르고, 더 잘 이해하고 싶다는 호기심을 표현하지도 않는다. 우리는 우리가 모른다는 사실조차 모르는 것 같다. 보수주의 싱크탱크인 윤리 및 공공정책 연구센터Ethics and Public Policy Center의 선임연구원 피터 웨너Peter Wehner는 서로의 간극을 넘어 이해하고 싶다면 "인식론적 겸손함epistemological modesty"이 필요하다고 말한다.[3] 즉 우리가 다른 사람에 대해 얼마나 모르고 있는지를 먼저

○   국내 심리학 용어로는 '조망 수용'이라고도 한다.

인식해야 한다.

우리는 대체로 다른 사람의 경험을 오해하고 우리의 실수를 알아차리지 못하기 때문에 타인의 지적이 필요하다. 운전을 할 때처럼 우리의 관점에도 사각지대가 있고, 책임감 있는 운전자가 되려면 그런 사각지대를 유념하고 늘 적극적으로 살펴야 한다. 주변에 신뢰하는 사람이 있다면 도움을 요청해라. 당신이 그들에게 어떤 영향을 끼칠 수 있는지 친절하게 알려줄 것이며, 당신 역시 그들에게 비슷한 정보를 제공해줄 수 있을 것이다. 그것이 바로 심리적 안전감을 구축할 수 있는 방법 중 하나다.

그러나 안타깝게도 우리가 인간관계에서 실수를 저질렀을 때 이를 자발적으로 지적해주는 사람은 흔치 않다. 하버드 경영대학원의 연구에 따르면 직장에서 우리는 은근히 비꼬는 칭찬 같은 미묘한 모욕을 쉽게 알아차리면서도 막상 발화 당사자에게 반박하지는 않는다.[4] 가족과 친구 사이는 물론, 심리치료에서도 이와 비슷한 패턴이 왕왕 발생한다. 사람들은 상대의 감정을 상하게 하거나 화를 자극하거나 또는 비난하는 것처럼 들릴까 봐 비판을 꺼린다. 다른 사람들이 말해주지 않고 우리가 묻지 않기 때문에, 우리는 배울 기회를 놓치게 된다.

한 연구 보고서에 의하면 남성은 여성보다 더 본인의 실수를 감지하는 데 취약하다고 한다. 캘리포니아 공과대학과 와튼 경영대학원, 웨스턴 대학, ZRT 연구소의 공동연구진은 남성 호르몬인 테스토스테론이 사람의 인지능력 및 의사결정에 미치는 영향을 연구했다. 수백 명의 남성을 대상으로 한 결과, 연구진은 테스토스테론 수치가 높을수록 자신의 단점을 인지하는 능력이 떨어지며, 이는 지나친 자기 확신으로 이어진다는 사실을 발견했다. 이 연구 결과는 남성은 여성보다 더 자신이 다른 사람의 감정에 어떤 영향을 끼치는지 의도적으로 질문을 해야 할 필요가 있음을 가리킨다.[5] 물론 마고의 경우처럼 여성 역시 자신도 모르는 새 다른 사람에게 상처를 줄 수 있지만 말이다.

상대에게 온전히 집중해라

그렇다면 의견을 묻고, 솔직하게 듣고, 궁극적으로 다른 사람의 관점을 이해하려면 어떻게 해야 할까? 경력 초기에 처음 자기심리학을 접했을 때 나는 다소 거부감을 느꼈다. 이 심리요법 이론은 상담사가 내담자에게 철저하게 이입해야 한다고 가르친다. 분명 환자들은 심리치료 과정 중에 치료자의 부정확하거나 불완전한 이해 때문에 상처를 받거나 실망하기도 한다(이러한 '공감 실패'는 거의 불가피한 요소이기도 하다). 그러나 환자에게 입힌 상처에 공개적으로 초점을 맞춘다는 발상에 대해, 나는 일단 방어적으로 반응했다. 나는 환자에게 상처를 주려는 의도가 없었고, 엄밀히 말해 기술적으로 '잘못된 일'을 하지도 않았다. 실제로 환자가 그런 감정을 느끼는 이유는 주로 '전이 현상' 때문이다. 즉 그건 순전히 내 탓이 아니라 환자의 과거에서 중요한 역할을 하는 다른 사람 때문이라는 뜻이다. 때로는 환자가 유독 과민한 데 이유가 있는 것 같았다. 결국 나는 2년 동안 심리학자 베티 노스Betty North 박사를 비롯해 보스턴의 베스 이스라엘 병원(현재는 베스 이스라엘 디코니스 메디컬 센터 Beth Israel Deaconess Medical Center)의 상사들과 내 상담치료 노트를 매우 세밀하게 검토했고, 그들의 가르침 덕분에 환자의 가슴 아픈 경험을 솔직하고 조심스럽게, 그리고 온전하게 받아들이는 법을 배울 수 있었다. 우리는 힘을 합쳐 함께 부딪친다면 많은 상처를 치유할 수 있음을 발견했다. 자기심리학의 창시자인 하인즈 코헛의 말에 따르면 인간관계로 입은 상처를 치유하고 바로잡는 것은 (너무 큰 것만 아니라면) 자기 성장에서 필수적인 요소다.[6]

그때까지만 해도 나는 주의 깊게 듣는 행동이 내 사과 모델에 어떤 영향을 끼치게 될지 몰랐다. 이처럼 신중하고 수용적인 경청에 대해 다시금 떠올리게 된 것은 그로부터 10년 뒤, 심리학자 하빌 헨드릭스Harville Hendrix의 커플의 의사소통에 관한 방법론을 접했을 때였다. 헨드릭스 박사는 그의 저서 『연애할 땐 YES 결혼하면 No가 되는 이유Getting the Love You Want』와 워크숍에서 각고의 노력이 필요한 대화법에 대해 소개했다. 서로의 말을 신중하게 귀 기울여 들은 다음 자기 의견은 한 마디도 덧붙이지 않고 방금 들은 내용을 있는 그대로 되풀이해 말하는 방식이다. "내가 회사 파티에서 다른 사람과 시시덕거린 게 기분이 나빴단 말이지? 내가 들은 게 맞아?"라고 말하는 식이다. 쓸데없고 지루하게까지 느껴질 수도 있는 이 대화법은 상호작용의 속도를 늦추기 때문에 감정적인 반응을 제한하고 말다툼으로 확대될 가능성을 줄인다.[7]

하지만 내가 보기에 이런 대화법의 가장 큰 장점은 듣는 사람이 상대방의 말에 온전히 주의를 집중하게 된다는 것이다. 저 사람 말이 끝나면 뭐라고 대꾸할지 머릿속으로 미리 대답을 궁리하는 게 아니다. 나 자신에 대해, 또는 내가 저지른 실수나 둔감함, 후회스러운 행동에 대해 듣고 싶지 않은 말을 피하거나 흘려 보낼 방법은 많다("그럴 의도는 아니었어", "네 마음을 상하게 할 생각은 없었어", "그냥 농담이었는데" 등등). 그리고 그중 대부분은 내가 중요하다고 여기는 자기 이미지를 보호하기 위한 행동에 불과하다. 예컨대 내가 나 자신을 착한 사람(또는 좋은 심리치료사)이라고 생각한다면, 내가 상대방의 감정을 상하게 할 행동을 했다고 생각하는 것만으로도 나에게 갖고 있던 이미지가 손상된다. 그런 상황에서 가장 흔히 나타나는 반응은 그런 불쾌한 메시지를 듣지 않으려고 하는 것이다("잠깐만, 난 그런 뜻이 아니었어!", "난 그런 말 한 적 없어!", "네가 꼬아서 생각한 거야"). 내 문제가 아니라 다른 사람이 오해를 했거나 과민하게 구는 것뿐이라고 말이다.

하지만 다른 사람이 당신의 행동을 지적한다고 해서 자신에 대한 생각을 바꿀 필요는 없다. 심지어 당신이 실제로 상대방에게 해를 끼쳤다고 믿을 필요도 없다. 그저 당신의 행동이 어떤 영향을 끼쳤는지 상대방의 말을 잠자코 듣기만 하면 된다.

다른 사람이 어떤 상처를 입었는지 듣는 것은 상대를 이해하고자 하는 경청자에게도 중요하지만 말하는 사람에게는 훨씬 더 중요한 일이다. 상처 입은 사람에게는 상대방이 내 심정을 알고 이해해준다는 사실만으로도 깊은 위안이 된다. 사소하고 개인적인 일이든 국가적 수준의 크고 심각한 일이든 상관없다.

남아프리카공화국이 인종차별 정책인 아파르트헤이트를 폐지한
후 시행한 공적 절차는 전 세계의 횃불이 되어주었다. 오랫동안 인
종차별적이고 폭력적인 억압을 일삼던 국가 체제가 물러가고 새로
선출된 정부는 진실화해위원회Truth and Reconciliation Commission를 설치해
피해자들이 어떤 인권침해를 경험했는지 공개적으로 말할 수 있는
── 그리고 들을 수 있는── 기회를 마련했다. 고통의 경험을 세상에
널리 알리고 인정받는 것은 그 자체만으로도 강력한 위력을 발휘한
다. 위원회의 목적은 가해자들을 처벌하는 게 아니라── 실제로 공
개 증언을 할 경우 사면을 받을 수 있었다── 피해자가 겪은 구체적
인 피해와 억압을 공식적으로 인정하고, 생존자에게 정보를 제공하
며, 앞으로 평화롭게 공존할 방법을 도모하는 것이었다.

　일부 가해자들은 죄를 인정하지 않았지만 2만 1천 명의 피해자
들이 자발적으로 나서서 그들이 무슨 일을 겪었는지 증언했다. 법
학자이자 인권운동가인 마사 미노Martha Minow는 개개인의 증언을 공
식적으로 인정함으로써 "국가가 진실을 말하고 듣는 것이 치유가
될 수 있다는 믿음을 바탕으로 과거사를 다룰 기틀을 마련하는 데
일조했다"고 평가했다.[8] 이 같은 증언의 핵심은 피해자를 골칫거리
로 여기거나 발언을 입증해야만 하는 사람으로 보지 않고 신뢰할
수 있는 증인으로 인정했다는 것이다.[9] 사적인 인간관계에서 주고
받는 사과 역시 누군가 상처를 입었다고 말한다면 그 말이 진실이
며 신뢰할 수 있다고 전제해야 한다. 심지어 법정에서 사랑하는 사

람의 죽음과 관련된 끔찍한 세부 사항을 낱낱이 열거하는 것조차도 애도나 잠재적인 치유 과정의 일부로 기능할 수 있다.[10]

앞에서 의료사고로 피해를 입은 환자들이 그들의 이야기를 들어주길 바란다고 지적한 적이 있다. 환자가 필요로 하는 것에 대해 듣고 의사들이 취해야 할 행동을 결정하는 미시간 대학병원의 리처드 부스먼은 피해 환자나 그 가족들과의 첫 면담에서는 전체 시간의 '80퍼센트 이상'을 그들의 말을 듣는 데 집중해야 한다고 권고한다.[11]

보다 친밀한 사이에서는 사건이 발생하고 오랜 시간이 지나더라도 마음의 상처에 대해 자유롭게 대화할 수 있는 안전한 공간을 확보함으로써 치유가 시작될 수도 있다. 작가인 크리스 빔Cris Beam은 결혼이 파경에 이르고 수년이 지난 후에도 파트너에게 준 상처에 대해 미안한 감정을 느끼고 있었다. 빔은 미안하다고 말했지만 "그 말은 버림받은 경험만큼 마음 깊숙이 닿지는 못했"다. 그녀의 전 부인은 전화 통화에서 빔이 자신을 떠난 것이 얼마나 괴로웠는지 말할 기회가 없었다고 말했다.

빔은 전 부인에게 빚지고 있는 사과에서 가장 중요한 부분이 상대방의 경험에 진심으로 귀를 기울이고 '가슴 깊숙이 받아들이는' 것임을 깨달았다. 그녀는 두 사람이 입은 상처를 더욱 온전히 치유하고 싶은 마음에 전 부인을 찾아갔고, 서로 허심탄회하게 말하고 들을 수 있는 기회를 갖자고 제안했다. 그런 시간이 필요하다고 생각한 건 어디에선가 보고 들어서가 아니었다. 그녀 자신이 마음의 상처를 입었을 때 가장 절실하게 바라던 것이었기 때문이다. 빔은 이렇게 썼다. "어쩌면 사과를 듣는 것보다 상대가 진심으로 내 이야기를 들어주는 것이야말로 우리 모두가 바라는 것일지도 모른다."
마음을 터놓고 대화를 나누게 되자 그녀는 자신이 파트너에게 얼마
나 큰 슬픔을 주었는지 이해하게 되었고, 더욱 적절한 사과를 건네
어 자신이 다치게 한 사람이 더욱 잘 회복되도록 도울 수 있었다.[12]

다른 사람으로부터 상처 입은 심정에 대해 듣는 것은 쉽지 않
은 일이며, 타인의 경험을 듣고 존중하는 것은 꽤나 어려운 기술이
다. 내 환자가 남편에게 그의 언행이 얼마나 큰 상처가 되었는지 털
어놓았을 때, 그는 끊임없이 변명을 늘어놓았다. 마침내 참다못한
아내가 말했다. "당신은 말할 자격이 없어. 상처 입은 건 나란 말이
야." 다른 많은 사람들처럼 그는 그녀에게 진정으로 필요한 게 뭔지
이해하지 못했다. 나중에 그녀는 내게 이렇게 말했다. "그 사람한테
'미안하다'는 말을 듣고 싶은 게 아니라고 납득시키는 데 이틀이나
걸렸어요. 난 그저 내 심정을 알아달라는 것뿐이었다고요."

다른 사람의 관점을 인정하려면 마음을 열고 귀를 기울여야 한
다. 선입견을 갖지 말아야 한다는 얘기다. 내 친구는 이렇게 말했다.
"내가 옳다는 대답을 듣고 싶은 게 아니야. 내가 미친 게 아니라는
걸 알려주고 싶은 거라고."

격한 대화를 주고받다 보면 상대방의 관점을 감안해야 한다는
원칙을 염두에 두기가 어렵다. 친절이나 상호존중 같은 가치를 중
하게 여기고 싶어도 열받거나 흥분하다 보면 원래의 목적을 잊어버
리기 일쑤다. 다양한 연구 데이터 및 일화적 증거에 따르면 소셜 미
디어는 특히 의견이 다른 사람들 사이에 논쟁을 부추기고 화를 들

쑤신다. 몰랐던 정보를 얻고 싶다면 온라인에서도 오프라인과 마찬가지로 호기심을 발휘해 다른 사람의 말을 듣는 연습이 필요하다.

사적인 관계 문제든 국가 정부와의 문제든 상처 입은 사람들은 자신의 경험을 다른 이들에게 들려주고 싶어 한다. 사과의 1단계는 어렵기는 해도 불가능하지 않다. 누구나 마고처럼 방법을 배울 수 있다.

마고와 나는 애니와의 문제를 어떻게 해결해야 할지 꾸준히 대화를 나눴다. 방어적으로 팔짱을 끼고 앉아있는 마고에게 내가 물었다. "어쩌면 애니는 마고의 행동이 자신에게 어떤 영향을 끼쳤는지 마고가 이해하지 못하고 있다고 느끼는 게 아닐까요?"

마고가 재빨리 고개를 저었다. "아유, 애니가 마음이 상했다는 건 나도 알아요. 하지만 나도 마찬가지라고요. 그냥 털어버리면 안 돼요? 나는 그랬는데?"

"그래요, 마고는 혼자서도 그럴 수 있었죠." 나는 잠시 말을 멈췄다. "당신이 상처를 극복한 방식에 대해 뭐라고 하는 게 아니에요. 어쨌든 아직은요. 하지만 애니에게 마고의 절교 선언이 어떤 영향을 주었는지 좀 더 직접적인 방식으로 알아내야 해요."

때로는 상대방의 감정을 이미 잘 알고 있다고 생각해서, 아니면 다른 사람의 손 위로 문을 쾅 닫아버렸을 때처럼 내 잘못인 게 너무나도 분명해서 굳이 물어볼 필요가 없다고 느낄 수도 있다. 하지만 심지어 그런 때조차도 상황은 당신이 생각하는 것보다 훨씬 복잡할 수 있다.

실수로 부딪쳤거나 불편을 끼쳤다면 재빨리 미안하다는 말만 해도 상황은 금세 해결된다("앗, 발을 밟아서/끼어들어서/사진 찍는 걸 못 봐서 미안합니다"). 설령 이런 경우라도 일부러 한 일은 아니지만 생각지 못한 피해를 끼쳤을 수 있으므로 다른 문제는 없는지 확인해볼 필요가 있다.

친밀한 관계에서 발생하는 갈등은 지나가다 몸을 부딪치는 실수와 비슷하다. 무심코 다른 사람의 민감한 부분을, 감정의 발을 밟아버린 것이다. 그러고는 그런 일을 했다는 것도 모른 채 지나쳐버린다.

마고는 오랜 친구인 애니와 다시 가까워지고 싶었다. 한동안 연락을 끊은 데 대해 용서받고 싶었다. 무엇보다 친구와 불편한 감정을 남겨두고 싶지 않았다. 누구든 마고의 심정을 이해할 수 있을 것이다. 하지만 그렇다고 해서 감정의 골을 쉽게 메울 수는 없다.

인간관계에서 갈등을 피하고 싶은 것은 마고뿐만이 아니다. 어떤 분야에서든 갈등을 회피하면 결국 커다란 대가로 이어지지만, 그럼에도 불구하고 문화적으로든 개인적으로든 사람들은 인간관계에서 비롯된 문제를 해결하는 것을 몹시 꺼리는 경향이 있다. 브레네 브라운은 이를 "취약성에 맞서 싸우기rumbling with vulnerability"라고 불렀다.[13]

마고는 그녀의 선천적인 성향을 포기해야 했다. 두 사람 사이에 있었던 일에 대해 그녀가 믿는 것과는 다른 정보를 애니에게 물어봐야 했다. 그건 정말 어려운 일이다. 자발적으로 약점을 드러내고 기꺼이 비판을—나와 애니 양쪽 모두로부터—수용하려는 마고의 태도는 브라운 박사가 다른 사람의 경험에 공감하려면 반드시 필요하다고 말한 "대담한 맞서기"였다.[14] 논쟁의 여지가 다분하거나 격렬한 감정이 오가는 대화에 접근하려면 처음에는 거의 지나치다 싶을 만큼 마음을 활짝 열고 뭐든 받아들일 각오를 해야 한다. 연습은 항상 도움이 된다.

단번에 해결되는 일은 없다

나의 문제를 다른 사람에게 물어보고 해결한다는 것은 우리가 꿈꾸는 완벽주의에 어긋나는 일이다. 자신이 애니에게 상처를 줬을지도 모른다고 인정하는 것조차도 마고에게는 그리 달갑지 않은 일이었다. 또한 마고는 다른 많은 사람들처럼 일단 사과를 하기로 결심하면 모든 일을 완벽하게 처리할 수 있을 것이라고 여겼다. 완벽주의란 대체로 지나치게 높은 개인적 기준과 지나치게 비판적인 자기평가로 정의된다. 심리학자 토머스 커란Thomas Curran과 앤드루 힐Andrew Hill에 따르면 이러한 완벽주의 성향은 지난 30년 사이에 우리 사회에 더욱 팽배해졌으며, 2장에서 언급한 것처럼 '경쟁적 개인주의'를 비롯한 여러 문화적 요인에 힘입은 것일 수 있다.[15] 뭐든 최고가 되어야 한다는 믿음은 새로운 것을 배우도록 자극하는 호기심과 겸손함을 발휘하는 데 방해가 될 수 있다. 모든 것을 항상 올바로 해야 한다고 생각하는 사람은 주변에 도움을 구하는 것을 어려워하고 첫 시도에서 실패했을 때 다시 시도할 확률이 낮다.

사람들이 자기 실수를 꼼꼼히 들여다보길 꺼리는 근본적인 이유가 또 하나 있다. 인간의 뇌는 신경학적 측면에서 효율성을 추구한다. 실수를 알아차리고 시정하려면 더 많은 '일'을 해야 하고, 아무 생각 없이 넘어갈 때보다 더 많은 에너지가 필요하다.

이런 한계를 극복하는 최상의 방법은 목표에 집중하는 것이다. 이를테면 마고는 완벽주의 기질을 갖고 있었지만 다시 애니와 가까워지고 싶다는 강렬한 소망 때문에 내 관점을 수용하게 되었고, 자신의 접근 방식에 의문을 품고 이번에는 보다 열린 마음으로 다시 시도하고자 했다. 반인종차별 단체인 인종정의실천참여Showing Up for Racial Justice 역시 이와 비슷한 방식으로 완벽주의에 접근한다. 그들은 "완벽주의 탈피"를 주장하며, 실수를 저지를까 두려워 잘못된 일을 바로잡으려 시도하지 않는 것은 옳지 않다고 말한다. 예컨대 백인 사회운동가들은 인종 문제와 관련해 자주 실수를 저지른다. 잘못된 말을 하거나 (내 식대로 말하자면) '순진하고 불쾌한' 말을 하는 것이다. 이런 종류의 실수를 경험한 많은 사람들은 자신들이 의도치 않게 남을 모욕하거나 그로 인해 손가락질당할까 두려운 나머지 아예 말을 꺼내지도 않으려 한다. 물론 다른 사람의 기분을 상하게 하는 건 피해야 하는 일이지만, 그보다 훨씬 중요한 목표가 있다면 실수를 범할지도 모르는 위험을 감수하고라도 사회정의의 실현을 위해 꾸준히 노력하는 게 낫다. 다른 사람에게서 부정적 의견을 듣게 되더라도 이는 앞으로 발전할 방법을 배울 수 있는 좋은 기회다.[16]

처음에 마고가 애니에게 한 사과가 적절하지 않았던 이유는 1단계를 건너뛰고 곧장 2단계(미안하다고 말하기)로 넘어갔을 뿐만 아니라 그마저도 불완전했기 때문이다. 효과가 없었던 것도 당연하다. 그렇다면 마고는 어떻게 해야 했을까? 마고의 생각보다는 조금 더 복잡하다. 드문 일은 아니지만 마고가 다른 사람에게 도움을 요청한 것은 매우 훌륭한 판단이었다. 새로운 기술을 익힐 때처럼 — 예를 들면 춤을 배울 때처럼 — 실행 단계를 배우고 연습을 하려면 약간의 설명과 교육이 필요하기 때문이다.

1단계(묻고 듣기)에서 마고는 자신이 느낀 좌절감과 오래된 상처, 무슨 의도로 그런 행동을 했는지에 대한 변명을 잠시 내려놓아야 했다. 열린 마음으로 사과의 단계를 실천하려면 불편하고 어색한 상황에서도 용감해져야 한다. 평소에는 자신만만하고 일단 행동에 옮기는 것을 좋아하는 성격이라도 일단은 가만히 듣고 배울 각오를 해야 한다. 담대한 성격으로 유명한 영국의 수상 윈스턴 처칠도 "용기란 일어서서 말할 때뿐만 아니라 앉아서 들을 때도 필요한 자질이다"라고 말했다.[17]

마고는 둘 사이에 있었던 일에 대해 차분하게 이야기를 나누고 싶다면서 애니에게 내 상담실에 들러줄 수 있겠냐고 물었다. 애니는 흔쾌히 그러겠다고 대답했다.

두 사람은 상담실에 따로따로 도착했고, 오랜만에 만났는데도 포옹을 나누지 않았다. 애니는 내게는 반갑게 인사를 건네면서도 마고와는 눈도 마주치지 않았다. 마고는 전문직 여성답게 세련되게 차려입었고 애니는 훨씬 편안한 복장에 화장도 하지 않았지만, 상담실 빨간 의자에 나란히 앉아있는 두 사람은 마치 거울처럼 똑같은 자세로 한쪽 다리를 꼰 채 서로에게 약간 몸을 기울이고 있었다.

나는 마고가 애니에게 묻고 싶은 것이 있다고 말했다. 애니는 고개를 한쪽으로 살짝 기울인 채 마고가 나와 머리를 맞대고 고민 끝에 완성한 문장을 들었다. "내가 연락을 끊었을 때 네가 어떤 심정이었는지 내가 정확하게 이해하지 못한 것 같아. 자세하게 말해줄 수 있겠어?"

그 말을 들은 애니는 상담실에 들어온 후 처음으로 친구를 똑바로 바라보며 천천히 입을 열었다. "너무 갑작스러웠어. 갑자기 너와 대화도 할 수가 없고, 이메일도 쓸 수가 없었지." 잠시 침묵이 흘렀다. "꼭 네가 죽은 것 같았어." 마고는 한숨을 내쉬었지만 아무 말도 하지 않았다. 애니가 말을 이었다. "너를 잃을지도 모른다고 생각하니 정말 끔찍했어. 게다가 나는 아무 것도 할 수가 없었고."

사과를 하는 사람들은 이 단계에서 종종 상대의 말에 끼어들어 변명하거나, 자기 행동을 정당화하거나, 상대의 불평을 깎아내리려 한다. 가령 이렇게 말하는 식이다. "네 말만큼 나쁘진 않았어." "왜 지금/다시/그런 식으로 이 얘기를 꺼내는 건데?" "네가 원하는 것 같아서 그런 것뿐이야." 솔직히 상대가 당신의 행동을 나쁘게 묘사하거나 틀린 설명을 하면 가만히 앉아 듣고 있기가 힘들다. 하지만 이 단계는 당신이 변명이나 해명을 할 때가 아니다. 말대꾸를 해서도 안 되고, '반격'은 더더구나 안 된다.

상대방이 자세한 이야기를 하는 데 도움이 될 말은 덧붙여도 되지만 대체로 이 상황에서는 말이든 행동이든 적게 할수록 좋다. 상대방이 문제를 '끝까지' 설명하기도 전에 '고치고' 싶은 충동이 들 수도 있다. ("가서 새걸로 바꿔오지 그래." "알았어, 내가 차를 갖고 가서 수리비를 내면 되지?" "내키지 않으면 거기 꼭 안 가도 되잖아.") 문제를 구체적으로 해결하고 상대가 바라는 것을 해주면 당신의 기분은 나아질지 몰라도, 사실 그것은 상대방이 그의 관점에서 솔직하게 터놓고 이야기할 기회를 거부하는 것이나 마찬가지다. 다른 사람에게 질문을 한다는 것은 더 강력하고 만족스러운 해결사로서의 역할을 포기하고 겸손한 입장에 서는 것이다. 불교에서 말하는 소위 '초심자의 마음'으로 돌아가는 것이다. 미국 문화에서 커플 상담을 할 때 가장 흔히 하는 조언은 (전 미국 대통령 드와이트 아이젠하워부터 디즈니의 〈이상한 나라의 앨리스〉에 나오는 흰 토끼에 이르기까지 여러 군데에서 인용되는) "아무 것도 하지 말고 그냥 거기 서있으라"이다. 가만히 서서 조용히 들어라.

내가 아무 생각 없이 한 행동이 친구나 사랑하는 사람에게 얼마나 큰 상처가 되었는지 알게 되면 방어적이 되는 게 당연하다. 그래서 나는 상처 입은 사람에게 최대한 중립적인 표현을 사용하고 '나'라는 단어를 자주 사용하는 '나 진술법'으로 말하라고 조언한다.

애니는 마고에게 잘못을 전가하지도 않았고 힐난조의 언어를 사용하지도 않았다. 그런데도 마고는 방어적인 자세를 완전히 버리지 못했다. 그녀는 팔짱을 긴 채 서로의 상처를 비교하기 시작했다. 자기도 마음이 상했으니 애니에게 상처를 준 것이 정당하다는 식이었다. "너랑 샌드라 때문에 내가 얼마나 속상했는지 너도 알잖아."

하지만 마고는 곧 자신이 무슨 짓을 했는지 깨닫고 입을 다물었다. 그녀가 나를 힐끗 쳐다보았다. 나는 아무 말도 하지 않았다. 마고가 방어적인 자세를 풀고 말했다. "아냐, 신경 쓰지 말고 계속해." 다시금 애니를 이해하겠다고 결심하고 나자, 마고는 친구의 이야기에 더욱 귀를 기울일 수 있었다.

애니가 조용히 흐느끼며 말했다. "네가 연락을 끊었을 때, 꼭 옛날에 가족들한테 버림받은 기분이었어. 똑같지 않은 건 알지만 너한테도 버림받은 것 같았어." 내가 상담실에서 목격한 거의 모든 관계에서처럼 마고도 사랑하는 사람이 어떤 괴로움을 겪었는지 직접 듣고 나자 공감과 진심 어린 후회를 느꼈다. 솔직한 심경을 털어놓을 기회는 애니에게도 큰 도움이 되었다. 마고와 수개월 동안이나 대화를 나누지 못했기 때문이다. 두 사람의 관계는 치유될 수 있었다. 여기서부터는 애정과 이해심 넘치는 언어를 통해 2단계로 넘어갈 차례다.

1단계가 싹트는 방식

이렇게 두 친구 사이에 사과의 물꼬가 트이기 시작한 건 전혀 특이한 일이 아니다. 마고는 애니가 생각지도 못한 반응을 보이자 깜짝 놀랐다. 그녀는 이제껏 자신이 친구에게 얼마나 큰 상처를 입혔는지 깨닫지 못하고 있었다. 이건 비단 마고만의 문제가 아니다. 누구나 저지를 수 있는 실수다. 우리는 다른 사람에게 끼친 부정적 영향을 알아차리지 못하기 때문에 자연히 먼저 사과를 잘 건네지 못한다. 만일 당신이 누군가가 사과해주길 기다리고 있다면, 그 사람이 당신에게 상처를 줬다는 사실 자체를 모를 수도 있다는 사실을 유념하기 바란다. 예를 들어 2장에서 롤랜드는 남동생 때문에 마음이 상했다는 사실만 기억할 뿐 자신이 남동생에게 어떤 상처를 줬는지는 전혀 떠올리지 못하고 있었다.

사과의 1단계에 돌입하는 가장 흔한 방법은 누군가가 당신에게서 상처를 받았다거나 원치 않은 영향을 받았다고 말해주는 것이다. 이는 방어적인 자세를 낮추고 — 물론 쉬운 일은 아니지만 — 더 많은 정보를 구할 수 있는 좋은 기회다. 때로는 다른 사람에게 준 상처를 직시하는 데 시간이 걸리거나 여러 차례의 시도가 필요할 수도 있다. 재키가 처음 세레나에게 이야기를 꺼냈을 때처럼 말이다.

얼마 전에 나도 그와 비슷한 상황에서 내가 어떻게 행동하는지 살펴볼 기회가 있었다. 솔직히 털어놓자면 그리 잘 대처하지는 못했다. 지난달에 오빠가 전화를 걸어 한동안 나를 피했다고 털어놓았다. 내가 지난봄에 오빠와 조카 찰리에 대해 한 말 때문에 마음에 상처를 입었기 때문이었다. 그때 찰리는 양육권 다툼에 휘말려 있었고, 오빠의 아이들은 길고 고통스러운 과정을 거쳐 결국 엄마와 함께 살게 될 수도 있었다. 나는 매사추세츠 주의 소송후견인(가정법원 분쟁에서, 아동에게 최선인 해결책을 고려하도록 임명된 사람)이었기 때문에, 오빠는 어떻게 하는 게 좋을지 내게 조언을 구하고 싶어 했다. 나는 예전부터 오빠에게는 조언을 하지 않는 게 좋다는 것을 배워 알고 있었다. 이미 오래전에 내가 하는 조언은 듣고 싶지 않다고 확실하게 말한 적이 있기 때문이다. 그러나 그는 이번에는 내 조언이 필요하다고 우겼고, 그래서 나는 두 가지 방법을 권했다.

오빠는 그때 내가 아이들이 모친과 함께 사는 게 낫다고 말했기 때문에(오빠의 오해에 불과하다) 큰 상처를 입었다고 말했다. 나는 그런 말을 한 적이 없고 그렇게 생각한 적도 없다. 오빠의 비난에 대한 내 반응은 화를 내는 것이었다. 내가 한 말을 혼자서 꼬아 듣고는 나를 피하다니, 화가 머리끝까지 치밀었다. 더구나 애초에 내 충고가 필요하다고 한 건 본인이 아니었던가! 나는 심호흡을 하지도 않았고, 그가 내게 하는 이야기를 들으려고도 하지 않았다. 나는 잔뜩 화가 난 채 대화를 끝마쳤다. 그 뒤로 우리는 긴 문자를 주고받으며 서로를 비난했다. 나는 며칠 동안이나 오빠의 성격적 결함에 대해 열변을 토했고, 분노에 가득 찬 메시지를 작성했다(하지만 전송하지는 않았다). 하지만 마침내 나는 비판적이고 방어적인 감정을 느끼는 데 지쳐버렸다. 오빠의 입장을 이해하려고 애써봤지만, 그가 말한 통화에서 내가 정확히 뭐라고 했는지 기억나지 않았다.

좋은 사과를 하는 법에 대한 책을 쓰는 내가 사과의 1단계에서 무참하게 실패한 것이다. 내가 이 이야기를 꺼낸 이유는 이론적으로는 잘못된 행동이라는 걸 알면서도 나 역시 분노와 방어적인 본성에 저항하지 못했기 때문이다. 물론 오빠는 내 말을 오해했고 그의 행동도 비난받을 여지가 다분하지만, 내가 비난을 퍼붓는다면 우리 둘 사이에는 상처만 남게 될 것이었다. 나는 우리의 관계를 회복하고 싶었고 그래서 오빠에게 연락해 내 말이 어떻게 상처를 주었는지 말해달라고 부탁했다. 내 입장을 설명하기 전에 그의 이야기를 먼저 들어야 했다. 좋은 사과를 하는 법에 대해 누구보다 많은 것을 알고 있는 나조차 막상 실천에 옮기는 것은 결코 쉽지 않았다.

결과적으로 나는 성급하게 화를 내서 미안하다고 사과하며 오빠가 하고 싶은 말을 듣고 싶다고 말했다. 오빠는 그때 자신과 가족들이 얼마나 힘든 상황이었는지 털어놓았고 나는 조용히 들었다. 그렇게 우리는 다시 연결되었고 계속 대화를 나눌 수 있었다.

다른 사람의 부정적인 의견이 호기심보다 반감을 부르는 일반적인 상황이 하나 있다면 아랫사람으로부터 불평불만을 들은 경우일 것이다. 회사나 학교에서 높은 자리에 있는 사람들은 조직의 아랫사람이 어떤 감정을 느끼는지 잘 모르고, 그래서 그들은 직원들 사이에 불만의 바람이 몰아치면 종종 당황하곤 한다. 조직 문화에 대한 불만이나 어떤 일에 대한 반발을 접했을 때 관리자가 저항을 하는 이유는 집단 내 다른 사람들의 경험에 익숙하지 않은 탓일 수 있다. 낯선 생각에 대한 충격이 부인이나 거부의 반응으로 바뀌고, 직원들의 우려를 대수롭지 않게 일축해버리는 것이다.

한 작은 대학에서 인종차별 사건이 두 번 연달아 발생하자 내게 컨설턴트를 요청한 적이 있다. 내가 맡은 일은 대학 공동체 내에 인종차별적 분위기가 얼마나 퍼져있는지 평가하는 것이었다. 나는 교직원과 다른 직원들, 학생들을 만나 그들이 학내에서 경험한 다양한 수준의 인종적 편견이나 편향적인 사건들에 관한 이야기를 들었다. 많은 사람들이 학내에서 인종차별을 경험했다고 고용주에게 보고하자, 그들은 내 말이 의심스럽다며 믿지 않았다. 조직도 개인과 마찬가지로 자기 이미지를 보호하려는 경향이 크다. 단순히 대외적인 이미지 때문이 아니라 정체성과 관련된 문제이기 때문이다. 이에 대한 해결책은 '부정적 피드백을 위로 보낼 수 있는' 접근하기 쉽고 안전한 소통 채널을 마련하는 것이다. 킴 스콧이 제안한 정직한 의견, 또는 '완전한 솔직함' 문화를 조성해야 하는 것이다.[18]

여성은 남성보다 더 자주 부정적인 의견을 내면화하는 경향이 있다. 보스턴의 경영인 코치인 수잔 베이츠Suzanne Bates는 특히 여성들이 직장에서 부정적 의견을 받아들이는 연습을 해야 한다고 주장한다. 주변 사람들에게 자주 피드백을 요청하고 이를 생산적으로 활용해야 한다. 남녀를 불문하고 가장 성공한 경영자들은 "피드백을 받아들이는 데 뛰어나고 평생 동안 피드백을 모색하는" 사람들이다.[19]

이 모든 과정은 앞에서 언급한 사과의 1단계와 같다. 상대방을 더 깊이 이해하고 보다 바람직한 해결책을 찾기 위해 스트레스를 주거나 부정적일 수도 있는 정보를 열린 마음으로 수집하는 것이다. 다른 사람의 의견을 구하는 것은 심리적 안전성을 확립하는 데 도움이 되며, 심리적 안전성이 확보되면 사람들은 다소 꺼려지는 정보를 나누고 이에 정면으로 대처할 수 있다.

시간이 얼마나 걸릴까?

많은 사람들이, 특히 나이가 지긋한 경우 한 번의 짧은 대화를 나누는 것만으로는 감정을 솔직하게 표현하거나 이해하기가 어렵다. 타인을 이해하는 데 걸리는 시간은 평균을 내거나 예상할 수도 없다. 잘못에 대해 사과하고 관계를 개선하고자 하는 사람에게는 다소 낙담스러운 소식일지는 모르겠으나, 그럼에도 반드시 끝까지 완전한 대화를 나눠야 한다. 단순히 용서와 면죄를 받는 최종 단계만 중요한 게 아니라는 점을 명심한다면, 그 과정에서 충분한 시간과 관심, 인내심을 발휘해야 금 간 상처를 회복하고 나아가 전보다도 더욱 견고하고 안정적인 관계를 구축할 수 있음을 이해할 수 있을 것이다. 갈등과 불화를 파국이 아닌 변화의 기회로 활용하라. 사회운동가 에이드리엔 머리 브라운Adrienne Maree Brown은 마음의 상처나 갈등을 다룰 때에는 일반적으로 생각하는 수준보다 훨씬 더 많은 시간을 들일 것을 권고한다. "현실에서의 시간은 조급한 사람들로 가득한 소셜 미디어에서보다 더 천천히 흐른다. 현실에서의 시간은 침묵과 반성, 성장, 공백, 자기 용서와 사랑하는 사람들과의 화해, 휴식, 책임을 인정하는 모든 과정이 포함되어 있다."[20]

배우자의 외도처럼 심각한 사건의 경우, 상처를 입은 사람에게서 완전한 이야기를 듣기까지는 상당한 시간이 필요하다. 어쩌면 1단계에서만 같은 말을 여러 차례 듣게 될지도 모른다. 감정이 흐르는 속도는 사람마다 다르기 마련이며, 이는 존중받아 마땅하다. 시인 골웨이 키넬Galway Kinnell은 「울음Crying」이라는 시에서 모든 눈물이 빠져나갈 때까지 울고 또 울라고 말한다. "행복은 마지막 눈물 속에 숨어있다."[21] 진정한 변화와 안도는 상처 입은 사람이 과거를 극복하고 다시 앞으로 나아갈 준비를 끝마쳤을 때에야 찾아올 수 있다.

양쪽 모두 붉게 충혈된 눈과 지치고 피곤한 얼굴로 찾아온 조니와 새러는 어색한 침묵과 얼버무린 문장으로 상담을 시작했다. 둘 다 나이는 30대 초반이었고 청바지와 스웨터, 스노우 부츠를 신고 있었다. 조니와 새러는 몇 년 전에 사랑에 빠졌다. 문화나 종교적으로 서로 다른 배경에서 자란, 얼핏 보기엔 다소 어울리지 않을 것 같은 커플이었다. 그들은 몇 달간 데이트를 한 뒤 각각 대학원과 직장 때문에 한동안 떨어져 있어야 했다. 장거리 연애를 하는 동안 둘은 서로에게 조금이라도 소홀해지지 않기 위해 노력했다. 그러다 마침내 물리적으로 떨어져 있던 기간이 끝나게 되었고, 다음 단계로 발전할 좋은 기회가 온듯 보였다. 커플은 오랜만에 같은 도시에 거주하게 되어 함께 살 장소를 물색하고 있었다.

　　하지만 3주일 전에 조니는 새러가 전 남자친구와 ─ 조니도 이름은 알고 있었지만 별생각은 없는 사람이었다 ─ 연락을 하고 있다는 사실을 알게 되었다. 새러와 옛 남자친구는 출장 중에 만날 계획을 세우고 있었다. 조니는 스마트폰 화면의 스크롤을 내리며 추억에 젖은 가벼운 수다와 호기심이 성적 대화로 변해가는 과정을 목격했다. 그날 조니는 아파트에 있던 새러의 물건들을 전부 상자에 쓸어 담아 문밖에 내놓았고, 그 옆에 둘이서 함께 사용하던 캠핑 도구들을 쌓은 다음, 새러에게 와서 가져가라는 문자를 보냈다.

　　새러는 즉시 옛 남자친구와 연락을 끊고 조니에게 진심으로 미안하다고 말했다. 그 뒤로 두 사람은 조니가 새러에게 다시는 말도 섞고 싶지 않다고 내뱉는 것부터 시작해 그녀의 "끔찍한" 행동에 대해 고함을 지르고 비난하고 울음을 터트리는 것까지 여러 가지 감정적인 사건을 겪었다. 새러는 조니에게 제발 용서해달라고 애원했고, 자기 비난과 절망의 늪에 빠져들었다. 그들은 결국 아직도 따로 살고 있었다.

동거 계획이 수포로 돌아가고 아직 고통의 조각들을 다 모아 정리하지는 못했지만 새러는 두 사람이 매우 강하게 연결되어 있으며 양쪽 모두 결혼을 하고 싶어 한다는 사실을 내가 알아주길 바랐다.

"얼마 전까진 나도 그렇다고 생각했지." 땅바닥만 쳐다보고 있던 조니가 말했다. 화가 난 건지 슬퍼하는 건지 알 수가 없었다.

새러가 조니를 향해 몸을 기울이며 앉아있는 의자의 팔걸이를 힘주어 잡았다. "우리가 함께 보낸 시간들이 갑자기 진짜가 아니게 되는 건 아니잖아. 우리 정말 좋았잖아." 조니는 새러의 시선을 피했다. 새러가 나를 향해 고개를 돌렸다. "그 일 때문에 지금까지 있었던 일이 바뀌는 건 아니라고요!"

"그래요." 나는 맞장구를 쳤다. "하지만 우리가 진실이라고 여겼던 것들에 의문이 들 수는 있지요."

"바로 그겁니다!" 조니가 불쑥 소리쳤다. "산속에서 우리끼리 조용히 시간을 보내는 걸 내가 얼마나 좋아했는지 알지? 하지만 이젠 너를 믿을 수 있을지 확신이 안 서. 우리 관계도 그렇고."

"맞아요." 나는 그가 너무 흥분하기 전에 끼어들었다. "두 분 사이는 정말로 한계에 이른 것 같네요. 우리가 전화로 이야기를 나눴을 때, 두 분 모두 이 일을 함께 헤쳐 나가고 싶다고 말씀하셨죠. 맞나요?"

"네." 새러가 재빨리 대답했다. "말씀드렸지만, 전 제가 너무 부끄러워요. 우리 관계를 이렇게 망쳐버리고 조니한테 상처를 준 게 너무 가슴 아프고요. 내가 함께 하고 싶은 사람은 조니예요."

조니는 대답하지 않았다. 그는 고개를 흔들며 숨을 깊이 들이마셨다. "전 마음이 왔다갔다해요. 새러를 오랫동안 사랑했는데 나한테 이런 짓을 했다는 걸 믿을 수가 없어요. 내가 알던 사람이 아닌 것 같아요." 조니는 잠시 멈췄다가 말을 이었다. "저도 진심으로, 새러와 함께 이 일을 극복하고 싶어요. 우리가 다시…… 모르겠어요. 산에서 캠핑을 하던 때로 돌아가고 싶어요. 하지만 어떻게 그럴 수 있을지 상상도 안 됩니다."

내가 설명했다. "제가 두 분의 목표를 확인한 건, 두 분이 입은 상처를 치유하는 과정이 무척 어렵기 때문입니다. 두 분이 이 일을 완전히 극복하고 다시 합칠 수 있을지는 알 수 없어요. 다만 이 고통스러운 상처를 치유할 단계를 시작할 수 있다는 건 알지요."

다음 상담시간이 되었을 때, 조니가 말을 꺼냈다. "내가 다시 너를 믿을 수 있을지 모르겠……" 그러자 새러가 울음을 터뜨렸다.

새러는 울먹이면서 이렇게 외쳤다. "그래서 내가 몇 번이고 미안하다고 했잖아!"

새러가 얼마나 괴로워하고 있는지 알 것 같았지만, 나는 그녀에게 조니가 얼마나 상처를 입었는지 참을성 있게 들어야 한다고 말했다. 마음이 심란하다 보면 조니의 이야기에 끼어들거나 진심으로 귀를 기울이지 않을 수도 있다. 1단계는 용서를 구하는 단계가 아니다. 지금은 사과를 하는 사람의 반성이나 죄책감이 중요한 순간이 아니다.

이 커플의 경우, 새러가 초래한 신뢰의 균열이 만든 감정의 폭풍을 뚫고 두 사람이 꾸준히 전진할 수 있도록 든든한 토대가 되어준 것은 바로 새러의 인내심이었다. 그 뒤로 수개월 동안 두 사람은 완전히 멀어지지도 않았지만 그렇다고 진실로 '사귀고' 있다고도 할 수 없는 관계를 유지했다. 그들은 자주 대화를 나누고 같이 시간을 보냈다. 이상하고도 언제 변할지 모르는 불안한 상황이었다. 수년 만에 처음으로 두 사람은 늘 함께 즐기던 하이킹이나 캠핑을 가지도 않았다. 간혹 조니가 한동안 새러를 아예 만나지 않는 시기도 있었다. 그럴 때면 새러는 지독한 죄책감과 외로움에 시달리곤 했다. 게다가 새러는 자신이 잘못을 해서 조니에게 고통을 주었다는 사실을 다른 식구들도 전부 알고 있다는 수치심과 괴로움을 극복해야 했다. 그녀는 조니를 끌어들이지 않고도 그런 수치심과 죄책감에 정면으로 맞서려고 노력했다.

조니는 새러가 진심으로 후회하고 있고 그와 다시 잘되길 바라고 있다고 믿었지만 본인은 아직 그럴 준비가 되어있지 않았다. 종종 간과되긴 하지만 관계를 효과적으로 회복하는 데 중요한 것은 시간이다. 상처를 치유하는 데 걸리는 시간도 중요하지만 무엇보다 중요한 것은 사과를 하거나 받아들일 준비가 되어있느냐는 것이다. 이런 맥락에서 금이 간 관계를 치유하는 것은 신체적인 상처를 치료하는 것과 비슷하다. 고통이 너무 심하다면 호기심을 느끼거나 마음을 열 수가 없다. 상처가 아직도 너무 생생하면 곧바로 봉합하기가 힘들다. 인내심을 갖고 꾸준히 노력해야 한다.

몇 번의 상담을 거치면서 우리는 주기적으로 만나기 시작했는데, 항상 세 명이 함께 얼굴을 보는 것은 아니었다. 조니는 새러를 전적으로 신뢰하던 예전의 관계를 잃은 데 대해 일종의 애도 기간을 거쳐야 했다. 처음의 실망감은 그를 깊이 동요시켰고 십 대 때 첫사랑에게 느꼈던 배신감이 되살아났다. 조니는 새러에게 때때로 그녀가 다른 남자와 함께 있는 장면을 머릿속에서 떨칠 수가 없다고 고백했다.

나는 봄과 여름 내내 새러가 스스로를 돌보고 정신적인 균형을 찾을 수 있게 도와주었다. 조니가 상처에 대해 털어놓고 무너진 신뢰를 극복하려고 노력하는 동안, 새러 역시 조금씩 안정을 되찾을 수 있었다. 새러에게 "아무 것도 하지 말고 그냥 거기 서있으라"라는 말은 "아주 오랫동안 서있으라"가 되어야 했다.

이 단계에서 많은 사람들이 내적 수치심에 짓눌려 생산적인 활동을 하지 못하게 된다. 중요한 점은 새러가 자기 자신에 대해 호기심을 느끼기 시작했다는 것이다. 개인상담 시간에 그녀는 자신이 왜 그런 이해할 수 없는 행동을 했는지 파헤치기 시작했고, 결국 사건의 본질을 이해하는 것은 물론 평소 대인관계 방식에 내재되어 있던 또 다른 패턴을 발견할 수 있었다. 그녀는 앞으로 평생 조니만을 사랑해야 한다는 생각에 무의식적으로 품고 있던 경계심을 분석하고, 그와 여생을 함께하고 싶다는 결심을 재차 확인했다. 새러는 조금씩 자신을 용서하기 시작했다.

여기서 명심할 점은 마음의 상처를 입은 사람이 가장 우선이긴 해도 사과를 하는 사람에게도 보살핌이 필요하다는 것이다. 1단계에 소요되는 시간이 길어지면 자존감과 인내심이 닳을 수 있다. 새러의 경우처럼 관계 회복이 진정 중요한 의미를 지닌다면 회복 과정이 예상보다 훨씬 오래 걸릴 수도 있다. 자기연민은 용기와 열린 마음을 지속하는 데 커다란 도움이 된다. 그런 상태로 계속 기다리는 것은 참으로 힘든 일이다. 다행히도 새러는 옆을 지켜준 친구들, 상담치료 과정에서 실천한 자기성찰과 정신적 수련 덕분에 자신에게 집중하고 평온을 유지할 수 있었다. 여기에는 명상과 마음챙김, 기도나 요가, 단전호흡, 태극권 등도 도움이 될 수 있다.

서서히 내적 안정을 되찾으면서 새러는 자신을 신뢰하고, 다른 사람에게 더욱 귀를 기울이고, 인내하며 기다릴 수 있었다. 그러는 동안 조니는 새러의 장점들을 새로이 발견해나가고 있었다. 이 힘겨운 시기에 새러가 진심으로 그를 배려해주고 있다는 점도 잊지 말아야 했다. 궁극적으로 조니는 그가 과거에 이상화한 새러가 아니라 인간적으로 복잡한 면모를 지닌 진정한 새러를 새로 알고 배워나가야 했다.

조니가 다시 새러와 주기적으로 시간을 보내기 시작하자 두 사람은 모두 안도감과 행복을 느꼈다. 두 사람은 드디어 텐트와 캠핑용 난로를 챙겨 가까운 화이트산으로 둘만의 캠핑 여행을 떠날 준비가 되었다고 판단했다. 캠핑 여행에서 돌아온 조니와 새러는 그들이 "산에서의 순간"이라고 부르는 것을 함께 경험했다고 말했다. 광활한 하늘 아래 아무도 없는 조용한 숲속에서 두 사람은 각자 삶에서 무엇이 가장 중요한지, 그리고 상대방이 서로에게 얼마나 중요한 존재인지 솔직하고 진지한 대화를 나누었다. 그들은 서로를 깊이 사랑했고 지난 몇 달간 역경을 헤치고 극복했다는 데 뿌듯함을 느꼈다. 자연 속에서 공유한 시간은 두 사람에게 가장 소중한 것이 무엇인지 명확하게 깨닫도록 해주었다.

조니와 새러 커플이 어려운 시간을 극복할 수 있었던 이유 중 하나는 두 사람 모두 원하는 목표를 명확히 알고 있었기 때문이다. 조니와 새러는 서로 신뢰할 수 있고 애정이 넘치는 관계를 구축하고 싶었다. 잠시 떨어져 있던 몇 달 동안 새러는 사과의 다음 단계를 준비하면서도 조니가 마음속 이야기를 만족스럽게 털어놓을 때까지 몇 번이고 다시 1단계로 돌아가곤 했다.

1단계가 길어지게 되면 '대체 어느 정도가 충분한가?'라는 질문이 떠오르게 된다. 이 단계에서 사람들은 종종 지친다. 배우자들은 "이젠 잊어버릴 때도 됐잖아?"라든가 "그럼 난 평생 떳떳해질 수 없는 거야?"라고 반문한다. 어느 쪽이든 더 이상 손해를 보고 싶지 않은 심정이 되는 것은 충분히 이해할 수 있다. 이와 관련해 10장에서는 사과가 아무런 효과도 없거나 더 이상 사과를 하지 말아야 하는 경우에 대해 알아볼 것이다. 하지만 내 경험에 의하면 인내심과 끈기, 연민을 갖고 꾸준히 한길을 따라가면 거의 어떤 고난도 극복할 수 있다. 호의가 드러나거나 서로에게 배울 수 있는 사소한 순간들에 집중하라. 극적인 변화가 일어나거나 동화 속 해피 엔딩 같은 결말은 없을지 몰라도 꾸준히 지속될 수 있는 뭔가를 쌓아나가고 있다면 그것이 완성되기까지는 충분한 시간과 신중한 노력이 필요하다.

보스턴에 다시 겨울이 찾아올 무렵, 새러와 조니는 문제가 발생하기 전보다 더욱 굳건한 관계가 되었다고 느끼는 편안하고 만족스러운 상태에 도달했다. 그들은 장거리 연애를 하던 때보다도 더 강한 유대감을 느꼈다. 이제 두 사람은 서로에 대해, 그리고 자기 자신에 대해 더 깊이 이해하고 있었고 견고한 낙관주의로 미래를 상상할 수 있게 되었다. 이처럼 위기를 겪은 뒤에 도리어 커플 관계가 공고해지는 현상은 유명한 커플 상담치료사이자 작가인 에스더 페렐Esther Perel이 실제로 배우자의 외도를 극복한 일부 커플들에게서 목격한 것이다. 수십 년 동안 부부생활을 유지해온 부부라도 철저한 회복 과정을 거치면 서로에 대해 더욱 깊은 이해와 연민, 친밀감을 느끼게 된다(사과의 여파에 대해서는 8장에서 더 자세히 다뤄보자).

새러는 충분한 시간을 들여 인내심과 배려를 발휘해 조니의 이야기를 신중히 듣고 그의 신뢰를 되찾았다. 하지만 너무나도 많은 사람들이 상대방이 어떤 상처를 입었는지 마음속 이야기를 충분히 토로하지 못하게 방해하곤 한다.

상처를 꺼내 보일 수 있도록

내가 자주 듣는 이야기는 이렇다. 르네는 배우자인 조던에게 불평을 한다. 해야 할 일을 제대로 하지 않아 그녀를 실망시켰기 때문이다. 자동차 오일을 가는 사소한 일일 수도 있고, 중요한 행사를 깜박 잊고 나타나지 않은 심각한 일일 수도 있다. 르네가 문제를 지적할 때마다 조던의 반응은 방에서 나가버리거나 문을 세게 쾅 닫아 버리는 등 그가 얼마나 기분 나쁜지 피력하는 것이다. 그러고는 나중에 누그러져서 "내가 또 망쳐버렸나 봐" 같은 말을 하는데, 시간이 지날수록 혼자 자책하거나 수치심에 사로잡혀 점점 더 극단적인 표현을 한다. "난 제대로 하는 게 하나도 없어", "난 정말 형편없는 남편이야", "당신도 나 같은 사람이랑 같이 살긴 싫겠지" 등등. 르네는 우울해하는 남편을 달래줘야 하고, 결국 처음에 그녀가 제기했던 불만과 감정은 잊히게 된다. 그래서 르네는 문제를 해결하거나 바로잡기는커녕 남편이 그녀의 말을 귀 기울여 들어준다는 만족감조차 느껴본 적이 없다.

이런 판에 박힌 과정은 르네가 얼마나 상처를 입고 있는지 선뜻 말을 꺼내지 못하게 한다. 르네는 조던의 마음을 상하게 하고 싶지 않다. 문제를 해결할 수 있을 거라는 희망은커녕 과연 하고 싶은 말을 터놓고 말할 수 있을지조차 모르겠다. 이렇게 불화는 해결되지 못하고 항상 그 자리에 남아있게 된다.

포브스의 리더십 전문가 리사 얼 맥리오드도 이와 똑같은 패턴에 대해 말한 적이 있다. 일터에서 갈등과 불화를 깨끗이 해결하지 못한다면 직원들은 계속해서 같은 문제에 애매하게 얽힌 상태로 남아있게 된다.[22] 다 같이 힘을 모아 갈등을 해결하지 않으면 자신을 비롯해 누구의 관점도 바꿀 수가 없다. 새로운 합의점에 도달하지도 못하고, 마음에 들지 않는 뭔가를 바로잡을 수도 없다.

조던 같은 파트너는 다른 사과 방법은 알고 있을지 몰라도 사과의 후반 과정에는 이르지 못한다. 항상 1단계에만 머물러 있기 때문이다. 그들은 다른 사람의 말을 듣지 않으며 배우자가 어떤 경험을 했는지 까맣게 모른다. 이런 커플은 암암리에 만성적 불만에 시달리게 되고 르네의 좌절감은 점점 불어난다. 조던의 과장되고 자기중심적인 반응 때문에 르네는 감정을 표현하거나 작은 변화를 부탁할 기회도 얻을 수가 없기 때문이다. 조던의 경우에는 거의 반사적이고 성급한 감정적 반응을 그만두지 않는다면 르네의 이야기를 듣는 법을 배울 수가 없다. 그는 자신이 르네에게 어떤 영향을 끼치고 있는지 짐작하지 못한다. 하지만 이런 패턴 때문에 르네의 마음속에는 점점 앙금이 쌓이고, 주기적으로 과민 반응을 하게 될 것이며, 이는 더 심각한 갈등을 유발해 상담치료로 이어질 수 있다. 인간관계에서 가장 위험한 것은 포기와 단절이다. 이미 너무 늦은 뒤에야 상담사를 찾게 하기 때문이다.

그러나 우리는 위에서 말한 패턴을 바꿀 방법을 배울 수 있다. 이를테면 두 사람 모두 습관적인 반응 패턴을 고치는 것이다. 조던은 스트레스 관리나 명상으로 르네의 말에 반응하는 속도를 늦추는 법을 배울 수 있다. 그러면 르네의 말에 귀를 기울이게 되고, 무작정 자기 비하를 하는 대신 그녀의 메시지에 맞춰 반응할 수 있게 될 것이다. 또 르네가 불평을 할 때마다 말대꾸를 하거나 문을 쾅 닫는 등 곧바로 행동을 하는 대신 먼저 깊이 심호흡을 하는 습관을 들일수도 있다. 그러한 감정적 반응의 기저에 어떤 두려움이나 자기 회의가 존재하는지 궁금하다면 상담치료나 다른 방법을 통해 더 깊이 탐구해볼 수도 있을 것이다.

르네의 경우에는 남편에게 말하고 싶은 요점에만 집중하는 법,

처음에 의도를 전달하지 못했다 해도 계속 시도하는 방법을 배워야한다. 쉽게 포기하지 말고 언제 다시 대화를 나눌지 조던에게 직설적으로 물어볼 수도 있다. 여기서 어려운 점은 자신의 상처나 실망감이 무척 중요한 문제임을 잊지 않고, 불편한 감정을 명확히 표현하더라도 두 사람의 관계는 악화되지 않는다는 사실을 명심하는 것이다. 이것은 아주 중요하다. "명확한 것이 친절한 것이다"라는 말이 이보다 더 잘 어울리는 곳도 없을 것이다. 이런 형태의 커플은 르네가 조던의 감정적 반응에도 불구하고 그에게 책임을 묻고 그의 행동이 그녀에게 어떤 영향을 끼치는지 깨닫게 할 수 있다면 좋은 결과를 이끌어낼 수 있다. 이런 바람직하지 못한 패턴을 해결하려면 관계의 초반에 입은 상처로 되돌아가 — 때로는 아주 오래전까지 거슬러 올라가야 할 수도 있다 — 과거에 마무리 짓지 못한 상호작용을 바로잡아야 한다.

만일 당신이 피해를 입힌 상대방이 그 사실을 모르고 있다면 어떻게 해야 할까? 당신이 (하마터면 부정행위를 저지를 뻔한) 새러와 비슷한 짓을 했는데 배우자는 그 사실을 까맣게 모르고 있다면? 아니면 사과 워크숍에서 자주 듣는 이야기처럼 과거에 배우자를 배려하지 않았거나 무관심하게 굴었던 일을 후회하고 있는데 배우자는 당신이 그랬다는 것조차 깨닫지 못하고 있다면? 이런 종류의 잘못을 바로잡고 싶다면 사과의 다른 단계를 밟아야 한다. 후회와 반성을 표현하고 책임감을 인정하는 2단계부터 실천해야 할 것이다. 상대가 당신의 이야기를 듣고 반응하고 어떤 감정을 느끼는지 표현하게 — 즉 사과의 1단계를 실천하도록 — 만들어라. 그리고 그때가 되면 당신은 수동적인 자세로 돌아가야 한다. 상황을 주도하기보다 피해자를 따라가라.

때때로 내가 다른 사람에게 상처를 입혔다는 사실을 깨달았을 때에도 그 사람에게 다가가는 것이 불가능하거나, 그렇게 하는 게 별로 좋은 생각이 아닐 경우도 있다. 만약 당신의 행동이 더 큰 상처를 주게 된다면 섣불리 행동하지 말아야 한다. 상대에게 새로 상처를 줄까 걱정된다면 자극이 되지 않는 방식으로 대화를 시작할 방법을 찾아야 한다. 예를 들면 "혹시나 말인데, 아주 오래전(또는 특정한 시점이나 상황)에 우리 사이에 있었던 일에 대해 이야기해볼 마음이 있는지 알고 싶어. 네가 내키지 않는다고 해도 괜찮아. 그치만 만약에 그럴 마음이 있다면, 내가 그 일을 얼마나 후회하고 있는지 말해주고 싶어" 같은 식으로 말이다.

상처를 입은 사람이 마음의 여유가 없거나 더 큰 피해를 입을 수 있어 이야기를 들을 수가 없다면, 비슷한 상황에 익숙하거나 피해자를 잘 아는 사람에게 물어보는 것도 좋다. 당신이 알고 주의해야 하는 것들을 가르쳐줄 수 있기 때문이다. 다시 말하지만 어떤 경우에도 또 다른 고통을 주거나 지나치게 참견한다는 느낌을 받게 해서는 안 된다. 피해를 준 사람에게서 직접 정보를 구할 수 없다면 간접적 방법을 사용할 수도 있다. 당사자와 비슷한 상처를 경험한 적이 있는 사람이라면 어떻게 해야 할지 가르쳐줄 수 있을 것이다. '음주운전을 반대하는 어머니 모임Mothers Against Drunk Driving'에서는 음주운전으로 피해를 입은 사람들과 가해자들이 함께 참석하는 프로그램을 운영한다.[23] 교통사고 생존자와 피해자의 가족들은 그들에게 피해를 준 당사자가 아니더라도 그들이 입은 상처와 상실의 고통에 대해 말하고 또 말하고 싶어 한다. 또 다른 사람이 일으킨 사고에 관해 듣는 가해자들은 그들의 피해자에게 느끼는 것보다도 더 깊이 공감할 수 있다. 다른 사람의 이야기를 듣고 배움으로써 자신이 한 일의 책임을 받아들이게 되는 것이다.

상처 입은 사람의 이야기를 듣고 이해하는 데 얼마나 많은 시간과 노력이 필요하든 일단 그 단계를 시작하지 않으면 좋은 사과를 할 수가 없다. 1단계에서 발휘해야 하는 인내심과 겸손, 용기는 사과의 다음 단계에서도 필수적이다. 하지만 일단 1단계를 거치고 나면 일종의 가속도가 붙는 느낌을 받을 수 있을 것이다. 이미 치유가 시작된 것이다.

누가 됐든 최악의 실수를 바탕으로 사람을 판단해서는 안 된다. 사과의 다음 단계는 과거에 했던 어떤 일보다도 당신과 당신의 인간관계에 더 강한 영향을 끼칠 것이다.

1단계 실행 대본

※ "그때 무슨 일이 있었는지 안다고 생각했는데, 내가 잘못 생각한 것 같아. 더 자세히 설명해줄 수 있겠니?"

※ "지난번에 미안하다고 말했는데, 그때 내가 미처 이해 못 한 게 있었던 것 같아."

※ "나는 다 안다고 생각했는데, 그게 아니었나 봐. 내가 너한테 어떤 영향을 줬는지 더 상세하게 알아야 할 것 같아."

※ "내가 네 마음을 상하게 했구나. 다시는 그러지 않게 더 자세히 말해줘."

※ "내가 한 말 때문에 많이 속상했구나. 어떤 부분 때문에 그런 건지 자세히 알려줄래?"

※ "왜 그렇게 느꼈는지 알고 싶어. 전부 말해주지 않을래?"

※ "네가 어떤 심정인지 알고 싶어. 가만히 듣기만 할게."

※ "어쩌다 나 때문에 속이 상했는지 먼저 말해줘서 고마워. 더 자세히 알고 싶어."

Chapter 5

2단계:
말은 어떻게 진심이 되는가

2단계에서는 상대가 얼마나 큰 상처를 입었는지 이해하고 있으며 그 사실을 중요하게 여긴다는 것을 보여줘야 한다. 이 단계에서는 상대방에 대한 공감을 표현하고, 부정적인 경험을 초래한 자신의 행동에 대해 전적으로 책임을 인정해야 한다.

　모니크는 더 이상 데즈먼드의 말을 참고 들어줄 수가 없었다. 데즈먼드가 지난 주말에 그녀의 행동 때문에 실망했다고 비난하자 모니크는 눈에 띄게 움찔거렸다. 명절 때 모니크와 전 남편 사이의 아이들(각각 여섯 살과 열한 살)은 "버릇없이" 굴며 데즈먼드를 무시하고 말도 거의 걸지 않았다. 모니크의 얼굴은 붉게 상기돼 있었고 입술은 꼭 다물려 있었다. 그녀는 더 이상 데즈먼드의 말에 집중하지 못했다. 데즈먼드가 모니크와 모니크의 식구들 때문에 얼마나 좌절했는지, 심지어 3년 된 결혼생활을 포기할 생각마저 들었다고 털어놓은 순간 모니크가 갑자기 화를 내며 끼어들었다. 그녀는 아이들이 평소에는 얼마나 착하고 예의 바른지 흥분해서 반박했다. 모니크가 말했다. "당신 마음을 상하게 하려고 한 사람은 아무도 없어." "난 그렇게 차가운 사람이 아니야." "당신이 화난 건 내 탓이 아니라고!"

비난을 주고받을 때 우리는 논거를 내세운다. 법정에서야 자연스러운 일이지만 인간관계에서는 그러다 보면 이야기가 잘못된 방향으로 흐르기 쉽다. 앞에서 배운 것처럼 사과의 첫 번째 단계는 잘잘못을 따지기 전에 상대가 어떤 상처를 입었는지 인지하는 것이다. 우리는 문제가 생긴 게 내 책임이라거나 '나쁜' 사람이라고 손가락질받는 것을 싫어하고, 사과를 하기 위해 따지다 보면 그렇게 될까 봐 두려워한다. 상담시간에 나는 모니크에게 잠시만 아무 반응도 하지 않고 가만히 있어달라고 부탁했다. "데즈먼드가 그의 입장에서 설명하는 말을 들어보세요. 누구 잘못인지는 생각하지 말고요." 처음에 모니크는 말 그대로 짜증이 난다는 듯이 눈동자를 굴렸다. 그러나 많은 사람들이 그렇듯이 그녀도 잠깐 동안은 감정을 자제할 수 있었다. 우리는 아무리 짧은 시간이라도 잠깐만 기다리면 화를 가라앉히고 다른 사람의 이야기에 귀를 기울일 수 있다.

나는 데즈먼드에게 어떤 기분이 들었는지 모니크에게 설명하라고 말했다. 누구 탓인지는 따지지 말고 그의 경험에만 초점을 맞춰서 이야기해달라고 했다. 데즈먼드는 예전에 모니크의 가족들과 어울리려 했을 때 겪었던 또 다른 좌절스러운 경험에 대해 말했다. 그때 작은 실수가 발생했다. "당신 애들이 내 말을 무시했어. 평소처럼 말이야."

나는 두 사람이 말다툼을 시작하기 전에 끼어들었다. "데즈먼드, 일단 지금은……"

"내 기분만 설명하란 말이죠. 알았어요." 그는 부인에게 신경질적으로 웃어 보였다. "제가 좀 미련해서요."

나는 그의 자기비하적인 태도를 달래야 했다. "새로운 패턴을 배우는 건 누구에게나 어려운 일이죠. 습관을 바꾸기란 쉬운 일이 아니거든요."

모니크가 그에게 살짝 고개를 끄덕여 보였다.

데즈먼드가 숨을 크게 내쉬었다. "어쨌든 중요한 건 내가 한 가족이 아닌 것처럼 소외감이 든다는 겁니다." 그가 잠시 말을 멈추더니 아내를 똑바로 쳐다보았다. "그리고 난 그게 정말 싫어요."

내가 만나본 대부분의 커플은 배우자가 어떤 고통을 겪고 있는지 드러내면 자연스럽게 공감과 연민을 표현한다. 심지어 누구의 잘못인지 다투고 있을 때조차도 그렇다. 남편의 말에 진심으로 귀를 기울이기 시작한 모니크는 더 이상 그가 보내는 메시지에 반발하지 않았다.

그녀는 그의 처지에 공감했다. "다들 즐거워야 하는 시간에 당신 혼자 소외감을 느꼈다니 내 마음도 안 좋네. 미처 알아차리지 못해서 미안해. 그렇게 힘든지 전혀 몰랐어."

모니크가 손을 내밀어 데즈먼드의 손을 잡았다. 잠시 동안 두 사람은 아무 말 없이 그렇게 앉아있었다.

모니크가 남편의 비난을 인정하지 않았다는 점에 주목하기 바란다. 반성과 후회를 표명하는 2단계는 방어적인 태도를 내려놓고 나면 훨씬 쉬워진다. 그러나 책임을 진다는 것이 항상 상대방의 비난이 옳다고 인정하는 것은 아니다. 모니크는 부부관계의 균형을 회복하고 남편의 기분이 나아지기를 바랐다. 따라서 그녀는 그 같은 상황에 자신이 어떤 기여를 했는지 되짚어볼 필요가 있었다. 모니크는 가족 모임에서 남편이 왜 그녀의 행동에 상처를 입었는지 이해하지는 못했지만 아이들의 행동이나 그의 기분을 알아차리지 못한 데에는 책임이 있음을 받아들였다.

데즈먼드가 모니크에게 말했다. "그렇게 말해줘서 고마워. 하지만……" 그가 얼굴을 찡그리며 내게 말했다. "별로 말하고 싶진 않지만, 다른 문제가 더 있어요. 더 심각한 겁니다."

달갑지 않은 말이었지만, 모니크는 다시 마음의 벽을 세우지 않았다. "아, 이런." 그의 손을 놓지도 않았다. "그럼 지금 말하는 게 좋겠어."

데즈먼드가 모니크를 바라보며 말했다. "전에도 말한 적이 있고, 당신 마음을 상하게 하고 싶진 않지만, 애들이 나를 대하는 태도는 당신이 결혼 전에 한 약속 중에서 제대로 안 지켜진 수많은 것들 중 하나일 뿐이야."

내가 물었다. "정확하게 어떤 약속을 했는지 말씀해주실 수 있나요?"

"모니크도 알아요. 전에도 이 문제로 얘기한 적이 있거든요. 돈

쓰는 방식, 우리 둘만의 주말 여행, 우리 집 식구들을 보러 가겠다는 거, 또……" 그의 목소리가 약간 갈라졌다. "우리가 어떤 가족이될 것인지에 대한 약속도요."

"정말 중요한 약속들이네요. 그중에서 특히 중요한 게 있나요?"

"네." 데즈먼드가 모니크를 쳐다보았다. "결혼 전에 당신은 우리가 하나의 팀이 되어 함께 부모가 될 거라고 했지. 가깝고 행복한 가족이 될 거라고 말이야. 어렸을 때 우리 집은 그런 분위기가 아니라서 난 정말 그런 가정을 만들고 싶었어. 물론 감정을 원하는 대로 만들 수 없다는 건 알지만 우린 시도조차 안 한 것 같아." 데즈먼드가 잠시 말을 멈췄다. "이 모든 게 얼마나 실망스러운지 당신한테 어떻게 말을 해야 할지 모르겠어."

"모든 거요?" 내가 물었다.

"모든…… 결혼생활의 거의 모든 부분이 내가 생각했던 거랑 전혀 달라요."

"결혼생활은 보통 기대한 것처럼 흘러가지 않지요……" 내가 입을 열었지만 그때 모니크가 끼어들었다.

"하지만 저 사람 말이 맞아요! 결혼할 때 정말로 저렇게 '약속'했었는데, 많은 게 약속대로 되지 않았죠. 저이가 못마땅해하고 있다는 건 알았지만, 그래도 난 우리가 그럭저럭 잘해나가고 있다고 생각했어요."

데즈먼드가 어깨를 으쓱하더니 시선을 회피해버렸다. 그들은 더는 손을 잡고 있지 않았다.

"아니었나 보네요." 모니크는 한참 동안 아무 말 없이 앉아있었다. 그러더니 다시 비난의 화살이 튀어나왔다. "하지만 전부 다 내 잘못은 아니에요. 상황이 많이 변한 데다 내가 어떻게 할 수 있는 문제들이 아니었다고요. 당신도 알잖아." 모니크는 한참 동안 그녀가 얼마나 힘들었는지 일일이 늘어놓기 시작했다. 직장 일도 바빴고, 아이들의 운동시합 일정도 챙겨야 했고…… 그러더니 내게 말했다. "이 사람한테 상처를 줄 일은 절대로 안 했어요. '선생님도' 내 잘못이라고 생각하세요?"

"모니크가 몇 가지 실수를 했는데, 그게 데즈먼드한테 상처가 된 것 같네요."

모니크가 데즈먼드를 쳐다보았다. "그럼 이제 너무 늦은 거야? 완전히 포기해버린 거야?"

"그래서 상담하러 온 거잖아. 할 수만 있으면 바꾸고 싶어서."

모니크가 나와 데즈먼드를 번갈아 쳐다보았다. 그녀는 데즈먼드가 이 상황을 얼마나 심각하게 여기고 있는지 이제야 깨달았다.

이럴 때 나는 내담자가 자기 잘못에 너무 낙담하지 않고 상황이 개선될 수 있다는 희망을 품을 수 있도록 안심시켜 주고 싶은 유혹을 느낀다. 1장에서 언급한 상담치료사 애비 클라인은 사람들을 진정으로 치유하기 위해 그들이 책임을 인정하고 자기가 한 일의 결과를 직면하게 돕는 일은 참으로 어렵다고 말했다.[1]

내가 말했다. "모니크가 책임을 '인정'할 수 있는 것들에는 무엇이 있는지 살펴볼까요. 두 분 사이에는 바로잡아야 할 문제가 단순히 하나가 아니라 여러 가지가 있는 것 같군요. 먼저 모니크한테 묻지요. 모니크가 지키지 못한 다른 약속들도 혹시 관심을 충분히 기울이지 않은 게 원인이 됐을 수 있을까요? 예를 들어 요즘 남편이 행복하지 못하다는 걸 알아차리지 못한 것처럼요. 가족 모임에서 아이들이 남편을 대하는 태도를 눈치채지 못한 것처럼, 심지어 데즈먼드가 모니크한테 말을 한 뒤에도 몰랐던 것처럼요."

"그래서 미안하다고 말했다고요!"

다음 순간 모니크는 숨을 고르며 흥분을 가라앉혔다. "좋아요, 알았어요." 다행히 그녀는 더 이상 변명하지 않고 데즈먼드에게 직접 말을 걸었다. "데즈먼드, 내가 당신 반응을 '너무 자주' 심각하게 여기지 않은 것 같아. 당신한테 불공평한 일이었지. 정말 미안해."

모니크의 말에 데즈먼드의 눈시울이 붉어졌다. 그는 묵묵히 고개를 끄덕였다.

"정말 중요한 말이었어요. 그렇게 말해줘서 고마워요." 하지만 나는 계속해서 모니크에게 압박을 가했다. "지키지 못한 약속들은 어떤가요?"

모니크가 대답했다. "거기에 대해선 이제 이야기를 하지도 않는걸요. 아니면 어떻게 해야 하는데요?"

"이 문제를 어떻게 바로잡고 싶나요?"

모니크가 말했다. "젠장, 모르겠어요." 그러나 이제 그녀는 좋은 사과의 말로 첫 걸음을 뗄 수 있다는 것을 이미 알고 있었다.

"부모로서 함께 노력하겠다는 약속을 지키지 못해 어떤 기분이 드는지 데즈먼드에게 설명하는 것으로 시작해보죠."

모니크는 무슨 말을 해야 할지 한참 동안 생각했다. "힘들다는 이유로, 너무 바쁘다는 이유로 내가 한 약속을 지키지 못해서 정말 미안해. 게다가 더 좋은 가족이 되기 위해서 어떻게 노력해야 할지 진지한 대화를 나누지도 않았지. 당신은 나한테 정말 소중한 사람이야, 데즈먼드. 그런데 그런 내 마음을 잘 표현하지 못한 것 같아."

두 사람은 동시에 눈물을 터트리며 의자에서 일어나 서로를 포옹했다.

모니크는 그녀가 지키지 못한 모든 약속에 대해 미안하다고 사과하지도 않았고, 그중 일부는 어차피 불가능한 약속이었을지도 모른다. 그녀가 한 일은 약속을 지키지 못했다는 사실 그 자체를 '직면하지 않은' 데 대한 책임을 시인한 것이었다. 그러한 상황에 관심을 두지 않은 것에 대해, 자신의 행동이 배우자에게 어떤 영향을 끼쳤는지 깨닫지 못한 것에 대해서 말이다. 데즈먼드와 모니크에게는 현재의 상황을 바로잡고 앞으로 나아가기 위해 가정 내 역학을 정리하고 문제성 있는 패턴을 고칠 방법을 강구해야 한다는 과제가 남아있었다. 그러나 일단 두 사람의 관계를 좀먹고 있던 상처와 실망감을 직시하게 되자(1단계), 모니크는 자신의 행동이 남편에게 끼친 영향에 대해 미안하다고 분명히 표현했다(2단계).

2단계에서는 설령 그럴 의도가 없었다고 해도 다른 사람에게 부정적인 영향을 끼쳤다면 그 책임을 인정하고 받아들여야 한다.

처음에 모니크가 반발한 이유는 데즈먼드에게 상처를 줬다는 비난을 받고 싶지 않았기 때문이다. 그러나 남편이 가족 모임에서 어떤 소외감을 느꼈는지 이해하자 모니크는 자신도 그의 상처에 기여했을지도 모른다는 생각을 하게 되었고, 자신이 문제의 원인은 아닐지 몰라도 데즈먼드의 상처를 눈치채지 못해 미안하다고 진심으로 말할 수 있었다. 또한 데즈먼드와의 약속을 어긴 데 대해 적절히 대처하지 못했다는 책임도 인정할 수 있었다.

진솔한 사과를 할 때 자신(사과를 하는 사람)의 동기와 성격, 정당화는 전혀 중요하지 않다는 사실을 인정하기가 힘들 수도 있다. 친구 애니와 다시 가까워지고 싶었던 마고는 예전에 사과의 2단계에 접근하긴 했지만 충분히 올바르게 실천하지 못했다. 그녀는 충돌을 피하고 싶어 애니에게 잠시 절교를 선언했던 일이 친구에게 얼마나 큰 상처가 되었는지 이해하고 난 후에야 더 친밀하고 직접적인 언어로 사과할 수 있었다. "네가 어렸을 때 크게 상처 입었던 일을 떠올리게 만들어서 진심으로 미안해. 난 너한테 상처가 아니라 힘을 줄 수 있는 친구가 되고 싶어. 그때 내 생각만 하지 말고 네 입장에서 생각했더라면 좋았을 텐데." 그것은 처음 그녀가 이메일로 "미안해. 하지만……"이라고 보낸 불완전한 사과와는 완전히 다른 것이었다. 그때 마고는 애니에게 준 상처보다 그녀 자신의 감정에만 집중하고 있었다.

우리가 나 자신에게 집중하는 데에는 여러 원인이 있을 것이다. 어쩌면 당신은 다른 사람이 어떤 경험을 했는지 깨닫지 못했거나 책임을 회피하고 싶은 것인지도 모른다. '쏘리워치Sorrywatch'는 다양한 공개 사과를 비판적인 시각으로 분석하는 아주 훌륭한 블로그다. 예를 들어 마크 저커버그는 2018년 페이스북의 사용자 개인정보 유출 문제와 관련해 의회 청문회에 참석했을 때 "우리는 '그런 곳'이 아닙니다"라고 말하며 책임을 부인했다. 그 말은 몇 가지 이유로 형편없는 대응이었다. 일단 '쏘리워치'가 자주 지적한 바와 같이, 사과를 하는 사람들은 흔히 다른 사람에게 미친 영향을 인정하고 책임지기보다 자기 자신에 더 집중하는 실수를 저지른다.[2] 뿐만 아니라 페이스북은 실제로 '그런 곳'이었다. 그렇지 않았다면 애초에 문제가 발생하지 않았을 테니 말이다. 페이스북이 그런 곳이 되고 싶지 않았거나, 그런 곳이 아니길 바랐거나, 그런 곳을 상징하고 싶지 않았을 수는 있다. 차라리 그렇게 말했다면 나았을 것이다. 잘못을 부인하는 것은 곧 책임을 회피하는 일이다.

앞에서 지적한 것처럼 사람들은 대개 자신을 문제의 원인으로 여기지 않기 때문에 다른 사람의 반응에 대해서도 이야기하고 싶어 하지 않는다. 내가 다른 사람에게 상처를 주는 '그런 부류의 사람'이라고 생각하고 싶지 않기 때문이다. 누구든 자기 이미지를 긍정적이고 바람직하게 유지하고 싶은 것은 당연하다. 그러나 이 두 가지 개념은 공존할 수 없는 것이 아니다. 어떤 '부류의 사람'이든 잘못을 저지르거나 남에게 고통을 줄 수 있다. 인간관계란 몸이 맞닿을 수밖에 없는 스포츠와 비슷하다. 서로 자주 부딪치고 멍이 들어도 일부러 그런 건 아니다. 진심으로 시합에 참여하고 싶다면 이런 불가피한 부상을 극복할 기술을 익혀야 한다. 바라건대 양쪽 모두 말이다.

데이비드와 제이크는 중년에 접어든 나이로, 고등학교 시절부터 단짝이었다. 데이비드는 하루 종일 제이크의 집에서 살다시피 했고 제이크의 부모님과도 사이가 좋았다. 특히 걸걸하고 다혈질인

제이크의 아버지 해리와는 거리낌 없이 지내는 사이였다. 해리의 부인이 세상을 떠나고 5년 후 그가 집을 팔기로 결정했을 때, 두 친구는 집안 물건을 정리하는 것을 도와주러 갔다. 지난 30년간 그들은 유치한 유머 감각을 공유했고 틈만 나면 형편없는 말장난을 주고받으며 티격태격하곤 했다. 여지껏 가족들이 소중히 간직해온 물건들을 상자에 담는 동안 제이크는 옆에서 자식들을 위해 기념품을 챙겼고, 세 사람은 그날 하루 종일 그들의 트레이드마크나 다름없는 우스꽝스러운 장면들을 연출했다. 몇 달 뒤, 데이비드는 제이크의 여동생인 멜라니가 자신을 비난하는 트윗을 보게 되었다. 그가 돌아가신 어머니에 대해 무례한 말을 했다는 것이다. 그녀는 데이비드의 '유치'하고 '무신경한' 행동 때문에 해리가 화가 났다는 얘기를 고모에게 들었다고 했다.

제이크의 가족은 다른 평범한 가족들처럼 불쾌하거나 기분 나쁜 감정을 간접적인 방식으로 주고받았다. 당신도 '누구한테 들었는데 그 사람은 또 다른 누구한테 들었다'는 식으로 돌고 돌아 메시지를 전달받고 깜짝 놀라 당황한 적이 있었을 것이다. 처음에 데이비드의 반응은 멜라니에게 화를 내는 것이었다. 멜라니는 항상 가족 간에 분란을 일으키고 문제를 과장하는 사람이었다. 그는 자신이 일부러 해리에게 상처를 주거나 부인을 모욕할 사람이 아니며, 제이크와 습관처럼 주고받는 우스갯소리도 아무 의미가 없다는 것쯤은 제이크의 가족이라면 누구나 알 것이라 여겼다.

나의 행동에 담긴 의도와 그 결과가 다르지 않을 거라고 혼동하고 싶은 유혹을 느끼겠지만, 사실 이 둘은 전혀 별개다. 프린스턴 대학교의 대니얼 에임스Daniel Ames와 수잔 피스크Susan Fiske는 의도에 대한 인식이 결과에 대한 인식에 영향을 끼친다는 사실을 발견했다. 즉 자신의 해로운 행동이 경솔한 실수에 불과하다고 믿는다면 그 행위가 다른 사람에게 미치는 영향도 축소하는 경향이 있다는 것이다. 우리는 의도가 나쁘지 않다면 결과도 심각한 게 아니라고 잘못된 추측을 한다.[3] 실제로 사람들은 의도치 않은 실수로도 큰 상처를 입는다.

다른 사람의 부정적인 의견이나 비난을 들으면 화가 치미는 것은 이해할 수 있다(내가 오빠에게 어떻게 반응했는지 기억할 것이다). 그러나 그런 격한 감정에 몸을 맡긴다면 당신이 다른 사람에게 어떤 영향을 미쳤는지 파악하는 데 방해가 될 수 있다. 불교 승려이자 작가인 페마 초드론Pema Chodron은 분노를 억누르는 것도, 지나친 충동에 따라 행동하는 것도 모두 상황을 악화시킬 수 있다고 쓴 바 있다. 그녀는 "인내하라. 잠시 멈춰 기다리며 분노를 느끼고 그 본질을 분석하라"고 권한다.[4] 내 불교도 친구들이 "충동 타기surfing the urge"라는 기법에 대해 설명해준 적이 있는데, 이는 행동하고자 하는 충동을 의식하고 그로부터 벗어나는 것을 의미한다. 자신과 주변에 대해 더욱 정확히 인식할수록 더 많은 것을 배울 수 있다.

멜라니의 트윗을 본 데이비드는 공격적인 트윗을 날려 반박하고 싶은 충동을 느꼈다. 하지만 다행히도 그는 충동을 자제할 수 있었다. 그 뒤로 며칠 동안 곰곰이 생각하면 할수록 어쩌면 해리가 정말로 상처를 입었거나 불쾌함을 느꼈을지도 모른다는 생각에 마음이 무거워졌다. 그는 평생 가족들과 살아온 집을 떠난다는 것이 해리에게, 그리고 멜라니와 제이크에게 어떤 의미일지 생각해보았다. 아마도 가족들은 굉장히 서글프고 아쉬운 기분이었을 것이다. 물론 데이비드에게 나쁜 의도가 있었던 건 아니지만 그날 가족들이 평소보다 더 민감하고 감성적이었을지도 모르겠다는 생각이 들었다. 그는 해리에게 직접 전화를 걸어 사과를 하기로 결심했다.

데이비드는 해리에게 전화를 걸어 잠시 통화할 수 있겠냐고 물었다. 그다음 바로 본론을 말했다. "지난달에 집 정리를 할 때, 제가 그만 장난을 친답시고 식구들에게 알맞은 존중을 보이지 못한 것 같아요. 안 그래도 섭섭한 심정이셨을 텐데 그날 제가 너무 무신경하게 농담을 해서 정말 죄송합니다."

해리는 헛기침을 하며 목을 가다듬느라 바로 대답하지 못했다. 그가 말했다. "걱정 말렴. 어쨌든 너희 두 머저리 놈들이야 항상……" 그 집 식구들은 고등학교 시절부터 두 친구를 그렇게 불렀다.

내가 이 이야기를 하는 이유는 데이비드의 일화가 사과의 2단계에 대한 아주 훌륭한 모범 사례이기 때문이다. 해리와 처음 대화를 나눈 뒤, 데이비드는 그때 해리가 어떤 경험을 했는지 물었고(1단계), 해리는 그렇게 물어주어 고맙다며 다정하게 대답해주었다. 그는 그날 거칠고 떠들썩한 장난 때문에 다소 마음이 상했다는 사실을 인정했다. 무엇보다 해리는 데이비드와 제이크의 행동과는 별개로 그 집을 떠난다는 사실이 얼마나 가슴 아픈지 데이비드에게 털어놓았다. 이제까지 두 사람은 그렇게 개인적이고 친밀한 이야기를 나눠본 적이 없었다. 그들의 관계는 더욱 돈독해졌다.

데이비드는 자신의 행동을 변명할 수도 있었다. 잘못한 일도 없고 그저 좋은 의도로 농담을 했을 뿐이었다고, 멜라니는 항상 호들갑만 떠는 데다 그녀도 그녀의 고모도 그 자리에 없었으니 실제로 무슨 이야기가 오갔는지 알지도 못한다고, 제이크도 자신과 함께 농담을 했다고, 그러니 해리는 그런 말에 상처를 입을 필요가 없다고 말이다. 하지만 데이비드는 그러지 않았다. 자기 행동 때문에 다른 사람이 상처를 입었다는 이야기를 듣고 기분이 다소 나쁘긴 했지만 그래도 그에게 가장 중요한 것은 해리와의 관계에 금이 가지 않도록 하는 것이었다. 멜라니가 과장을 했든 안 했든 호들갑을 떨었든 말든 그런 것은 상관없었다. 데이비드는 자발적으로 나서서 의도치 않게 상처를 입힌 사람에게 사과했고, 그것은 효과가 있었다. 다시 균형과 편안함이 찾아왔다. 그들은 전보다 더욱 가까워졌다.

인간관계에서 가장 이상적인 변화는 단순히 정의가 실현되는 게 아니라 사람들이 더 나은 연결 고리를 찾고 서로를 더욱 깊이 이해하는 것이다. 그것이 바로 관계를 회복하는 목적이자 핵심이다.

그러나 2장에서 본 것처럼 인간의 뇌는 항상 이성적으로 작용하지는 않는다. 우리는 내가 옳다는 인지 및 지각적 편향에 사로잡혀 있다. 틀렸다고 말해주는 증거가 수없이 많은데도 말이다. 우리는 타인의 관점을 이해하지 못하고, 우리의 실수가 어떤 부정적 영향을 끼치는지 알아차리지 못하며, 오직 나만의 관점에서 세상을 바라본다.

데이비드는 트위터에서 멜라니의 의견을 접한 후 오랫동안 고민했고, '해리가 익숙한 집을 떠나야 한다'는 아주 중요한 요소를 깜박하고 있었음을 깨달았다. 커플 상담을 할 때에도 이와 비슷한 인식의 재설정이 필요하다. 이를테면 모니크는 남편 데즈먼드의 이야기를 들은 후 그가 무엇을 경험하고 어떤 감정을 느끼고 있는지 전혀 눈치채지 못하고 있었음을 깨달았고, 그제야 두 사람은 각자 상황을 바로잡기 위해 행동에 나섰다. 이 책에서 딱 한 가지 교훈만 배울 수 있다면 이 점을 명심하기 바란다. 당신이 안다고 생각하는 것이 결코 전부는 아니다. 틀림학 전문가 캐스린 슐츠의 말처럼 늘 반증에 주의를 기울여라.[5]

2단계는 후회와 반성을 표명하고 책임을 시인하는 단계다. 대부분의 사람들이 '사과'라는 말을 들었을 때 떠올리는 것도 이 단계다. 2단계는 사과에서 굉장히 중요한 역할을 하지만 그게 전부는 아니다. 이제부터 좋은 사과문을 쓰기 위한 몇 가지 가이드라인을 소개한다. 그 전에 먼저 다음 사실들을 항상 명심하라.

- 인간관계를 바로잡고 싶은 바람은 인간의 가장 기본적인 성향이다.
- 마법의 말 같은 것은 없다. 그러나 사과를 하는 데 필요한 어휘는 이미 당신의 마음속에 있다(많은 사람들이 좋은 사과를 하는 법을 배우는 데 도움이 필요하지만, 소중한 이들을 위해서라면 모니크와 데이비드, 마고처럼 타인의 조언 없이

도 스스로 2단계 메시지를 생각해낼 수 있다).

- 당신의 마음속에는 다른 사람이 입은 상처에 대한 순수한 걱정과 그런 상처를 입힌 자신에 대한 반성과 후회가 있다. 진실된 마음이야말로 사과를 말로 표현하는 기술보다 훨씬 중요한 것이다. 그러니 마음의 소리에 귀를 기울여라(자신의 마음을 들여다보는 가장 큰 이유는 거부감을 누그러뜨리고 2단계로 넘어가기 위해서다).

자, 이제 2단계를 효과적으로 실행하는 데 필요한 요소들을 소개한다.

내 마음 충분히 표현하고 알려주기

잘못된 일을 바로잡고 자기 행동에 대한 책임을 지려면 대화를 시작하는 등 중요한 세부사항을 실천해야 한다. 가령 회사나 일터의 경우, 면담 일정을 잡고 상대방에게 '분위기를 전환'하고 '오해를 풀거나' '다시 좋은 관계로 돌아가기 위해' 사과를 하고 싶다는 사실을 분명히 알린다. 비즈니스 컨설턴트 주디스 글레이저는 대화가 논쟁으로 발전될 가능성이 있다면 앞으로 일어날 일을 어떻게 이해해야 할지 모두가 알 수 있도록 먼저 "교전 수칙을 설명(대화의 목적, 회의 시간, 필요할 경우 상호존중 의사소통을 위한 가이드라인까지)" 할 것을 제안한다.[6]

사적인 관계에서는 대화 중간에 상대에게 어느 정도 발언권을 주는 것이 좋다. 잘못된 타이밍은 많은 의사소통 시도가 실패하는 원인이다. 결혼 전문 상담치료사인 퍼트리샤 러브Patricia Love와 스티븐 스토즈니Steven Stosny는 상대방에게 두 사람 사이의 간극을 좁히고 싶다는 의도를 충분히 알려야 한다고 말한다. 만일 상대가 받아들이지 않거나 아직 그럴 준비가 되어있지 않다면 때로는 무언의 — 어깨에 손을 얹는다거나 하는 등의 — 작은 행동이 시작점이 될 수도 있다.[7]

아무리 솔직하게 표현한다고 해도, 사과가 언제나 바로 효과를 발휘하는 것은 아니다. 미시간 대학병원의 리처드 부스먼은 때로는 끈기와 인내심이 필요하다는 것을 보여주는 한 가지 일화를 전한다. 한 환자가 불운한 의료사고로 시력을 일부 잃고 말았다. 환자의 가족과 병원 측 직원 및 의사 들이 만남을 가졌을 때, 환자의 아내는 너무 화가 난 나머지 두 번의 회의 모두 중간에 자리를 박차고 떠나버렸다. 병원은 포기하지 않았다. 그들은 환자와의 신뢰를 회복하기 위해 최선을 다했다. 아내는 세 번째 회의에 참석했고, 양측은 대화를 시작했다. 부스먼 박사는 환자와 병원 측이 마침내 서로의 이야기를 듣게 되자 '변화의 순간'이 발생했다고 말했다.[8] 이 같은 변화를 만들어낸 것은 바로 의료팀의 끈기와 인내심이었다. 그들은 환자와 가족들이 입은 상처를 치유하고 싶었고, 첫 번째 회의에서 아내가 대화를 거부했을 때에도 기회가 완전히 사라진 게 아님을 알고 있었다. 일상생활에서 사과를 할 때에도 마찬가지다.

피해를 입은 사람과 직접 대화하기

앞에서 한 이야기에서 데이비드는 그의 언행 때문에 친구의 아버지가 마음이 상했다는 이야기를 제3자로부터 전해 듣는다. 그는 문제를 간접적으로 전하는 그 가족의 소통 방식과는 반대로 상처를 입힌 사람에게 직접 연락해 관계를 회복하려 했다.

상처 입은 사람의 감정을 제3자에게 묻는 간접적인 방법은 상당히 유혹적으로 느껴질 수 있다. 때로는 4장에서 말한 것처럼 그게 유일한 방법일 수도 있다. 그러나 대부분의 경우 이런 소통 패턴은 가벼운 전화 수다나 가십으로 이어져 정보가 왜곡되기 쉽다. 그보다 더 나쁜 것은 다른 사람을 통해 당신의 후회를 전하는 것은 비겁하고 불성실해 보인다는 것이다. 이런 어설픈 사과는 의도한 것과 다른 결과를 불러올 수 있다. 상처 입은 사람이 혼란스러워하거나 다른 이들의 의견에 휘둘려 결과적으로 사태가 악화되는 것이다. 상처 입은 사람에게 공감을 표현하고 자기 책임을 시인할 때 얼굴을 직접 맞댄 대화는 커다란 차이를 만들어낸다.

전 미국 부통령 조 바이든은 그가 이끌던 상원 법사위가 아니타 힐Anita Hill을 부당하게 대우한 데 대해 그녀에게 사과를 빚지고 있다고 많은 사람들에게 말하고 다녔다. 1991년에 대법관 후보인 클래런스 토머스Clarence Thomas에 대한 인사청문회가 열렸을 때 법사위원회는 토머스 판사에게서 성추행을 당했다고 고발한 아니타 힐을 무자비하게 몰아붙이며 모욕했고, 그런 그들의 행동은 공격적이고 무례했다는 비난을 받았다. 그러나 실상 바이든은 자그마치 28년 동안 그녀에게 사과를 하려는 시도조차 한 적이 없다. 아니타 힐이 받은 부당한 대우에 대해 어떤 조치도 취하지 않았다. 그러니 바이든의 진실성에 의문을 제기하는 것은 당연한 일일 것이다. 힐의 집에서 바이든은 가족들끼리만 통하는 농담거리가 되었다. 찾아올 사람이 아무도 없는데 누군가 현관문을 두드리면 그들은 "오, 조 바이든이 사과를 하러 왔나 봐"라고 우스갯소리를 하곤 했다.[9]

바이든은 너무나도 오랫동안 그 문제에 대해 간접적으로만 언급할 뿐 실제로 뭔가를 해결하려는 행동을 취한 적이 없다. 마침내 그가 힐에게 사과를 시도한 것은 2020년 미국 대선에 부통령 후보로 출마하기로 선언했을 때였다. 그러나 그의 행동은 심각할 정도로 부적절했다. 바이든은 잘못을 인정하고 책임지는 데에는 무관심했다. 그는 "힐이 겪어야 했던 일"에 대해 애석하게 생각하며 동료들이 "그녀를 그렇게 대해서 미안하다"고 말했다.[10] 이는 사과를 뜻하는 '미안하다'가 아니라 유감이나 애도를 의미하는 '미안하다'였다. 더구나 바이든은 3단계와 4단계까지는 가지도 않았다. 그는 어떤 보상 시도도 하지 않았고 비슷한 잘못을 반복하지 않기 위해 변화하려는 노력도 하지 않았다.

당연히 힐은 그의 시도를 좋은 사과로 받아들이지 않았다.[11]

'회복적 사법 제도' 프로그램에서 가해자는 자신의 행위로 인해 영향을 받은 사람들에게 직접 사죄 편지를 보낼 의무를 지닌다. 물론 가장 중요한 사람은 직접적으로 피해를 입은 당사자이지만 그

외에도 피해자의 가족, 가해자의 가족, 지역사회나 공동체의 구성원도 여기 포함된다.

중요한 것은 당신이 아니라 상대방이다

2단계의 핵심은 스스로를 죄에서 구원하는 게 아니라 상처 입은 사람에게 공감하는 것이다. 2단계의 메시지는 사과하는 당신이 아니라 피해를 입은 당사자의 경험에 초점이 맞춰져야 한다. 하버드 의대에서는 의료사고가 발생한 뒤 의료진이 진상 공개와 사과를 할 때 환자와 그의 가족들에게 말하기 곤란한 사고 결과와 부작용에 대해 어떤 식으로 전달해야 할지 관련 지침을 제공한 적이 있다. 가장 중요한 핵심 가치는 투명성과 존중, 책임의식, 지속성, 그리고 친절함이었다(각 단어의 머리글자를 따서 TRACK이라고 불린다). 그러나 이 모두를 포괄하는 가장 중요한 원칙은 바로 "환자와 가족의 필요가 우선한다"이다.[12]

관계의 회복에 있어 인간적인 유대감을 강조하는 사회심리학자 캐럴 태브리스Carol Tavris와 엘리어트 애런슨Elliot Aronson은 자기 정당화의 심리적 기제를 연구한 결과 성공적인 커플 관계를 유지하려면 자기 영역을 보호하기보다 상대에 대한 공감을 우선해야 한다고 추론했다.[13] C. S. 루이스C. S. Lewis는 진정한 '겸손'은 자신을 낮게 생각하는 것이 아니라 자신을 덜 생각하는 것이라고 말했다.

용기 있게 겸손하라

사과가 효력을 발휘하려면 용기와 겸손함이 결합되어 있어야 한다. 두렵고 취약한 상황에서도 꿋꿋이 견디려면 이 두 가지가 모두 필요하다. 어떤 사람들은 겸손함을 나약함의 표시로 여기지만 사실 겸손함은 내면의 강인함을 의미할 수 있다. 겸손함을 익히려면 자신의 한계를 인식하고 모르는 것을 기꺼이 배우려는 태도가 필요하다. 학자들이 '조용한 자아quiet ego'라고 부르는 것 또한 우리가 자기인식과 연민, 그리고 나와 타인에 대한 관심 사이에서 균형을 잡을 수 있게 돕는다.[14]

여자가 사과를 너무 많이 하는 경향이 있다고 여기는가? (작가이자 문화비평가인 루스 휩맨Ruth Whippman은 이런 인식을 '자기주장 운동의 시발점'으로 삼았다.) 진짜 문제는 남자들이 사과를 꺼려하거나 사과할 이유가 없다고 인식하는 데 있는지도 모른다. 휩맨은 여성들에게는 "뛰어들라"는 충고를 하는 반면, 남자들에게는 "끼어들지 말라"고 가르쳐야 한다고 주장한다. 다시 말해 남성들은 "상대에 대한 존중과 겸손함, 그리고 경청 기술"을 더 많이 연습해야 할 필요가 있다는 것이다.[15]

《하버드 비즈니스 리뷰》는 이상하게도 다소 모순적으로 보이는 특성을 지닌 리더들을 찬양하곤 한다. 말하자면 공격적이고 단호하면서도 개인적으로 겸허한 사람들 말이다. 유명 비즈니스 컨설턴트이자 작가인 짐 콜린스Jim Collins는 그의 '5단계 리더십'이 반직관적이고 심지어는 반문화적인 모델이지만 좋은 기업을 위대한 기업

으로 성장시킬 수 있다고 말한다.[16]

물론 이 책을 읽는 독자 여러분이 회사를 혁신하려는 건 아닐 것이다. 그러나 우리 모두는 평화를 조성하길 원한다. 넬슨 만델라는 "위대한 평화주의자들은 모두 진실하고 정직하고 겸손한 사람들이다"라고 말했다. 후회와 반성, 죄책감을 마주했을 때 겸손해지려면 용기와 단호한 결심이 필요하다. 그러므로 다른 사람과의 관계를 바로잡고 싶다면 용기와 겸손함 사이에서 균형을 잡을 수 있는 방법을 찾아라. 2단계를 실천하는 데 큰 도움이 될 것이다.

책임을 낱낱이 밝히고 인정한다

모든 것을 빠짐없이 솔직하게 공개해라. 가령 의료사고의 경우, 정확히 어떤 일이 있었고 누구의 책임인지, 사고가 일어난 원인은 무엇이며 앞으로는 어떻게 이런 사고를 예방할 수 있을지에 대해 낱낱이 공개해야 한다. 누군가 반드시 "미안합니다. 우리가 실수를 했어요. 우리 책임입니다." 또는 "여러분께 사과드리고 싶습니다. 내가 아주 심각한 실수를 저질렀습니다. 다 내 책임입니다." 하고 말해야 한다.[17]

보스턴의 한 의사가 환자의 엉뚱한 다리를 수술하는 끔찍한 실수를 저질렀다. 그는 환자를 직접 만나 진심으로 죄송하다고 사과했다. 의사 본인이 잘못을 인정하고 책임을 지긴 했지만 병원 측에서도 실수를 방지하기 위해 설계된 병원 시스템에 몇 가지 문제점이 있다는 사실을 발견했다. 베스 이스라엘 디코니스 메디컬 센터에서는 의사에게 익명을 유지해도 좋다고 했지만 그는 담당 환자들에게 직접 연락해 문제의 실수를 저지른 의사가 본인이며 원한다면 다른 주치의를 소개해주겠다고 말했다. 하지만 단 한 명의 환자도 다른 의사를 찾아 옮기지 않았다.[18] 잘못을 인정하고 책임지는 행동은 놀라운 힘을 발휘한다. 그것은 당신을 더욱 신뢰할 수 있는 사람으로 만든다. 실수를 범하고 시정한 회사들은 아예 실수를 저지르지 않는 회사들보다 더 두터운 신뢰를 얻게 된다는 이야기가 기억나는가? 똑같은 이치다.

데이비드는 유치한 행동에 대한 책임을 시인하고 해리에게 사과를 건넸다. 재키의 언니 세레나는 재키가 알고 있던 것은 물론 모르고 있던 잘못에 대해서도 기꺼이 책임을 받아들였다. 두 사람은 변명도 부인도 하지 않았고, 상대방이 그들의 사과에 솔직하게 반응하고 용서할 수 있도록 했다. 사과를 할 때에는 당신이 정확히 어떤 행동을 했는지(또는 하지 않았는지) 구체적으로 설명하고 상대에게 끼친 피해에 대해 사과해야 한다.

책임감 있는 사과는 이미 끝난 관계에서도 효과를 발휘한다. 케이틀린 플래너건Caitlin Flanagan은《더 데일리》팟캐스트에서 고등학생 때 성폭행을 당했다고 고백했다. 그 사건으로 그녀는 자살을 시도할 정도로 극심한 트라우마를 겪었다. 그러나 나중에 가해자가 그녀를 찾아와 그가 한 일을 사죄했고, 플래너건은 그가 어떻게 과거의 유해한 행동에 대해 성숙하고 진심 어린 방식으로 책임을 졌는지 설명했다. 플래너건은 자신이 다른 피해자들과는 달리 그 경험으로 오랫동안 고통받지 않은 이유가 그의 솔직한 사과 때문이라고 믿는다.[19] 그녀는 그의 좋은 사과에 힘입어 끔찍한 상처를 치유할 수 있었다.

아무리 심각한 피해를 입혔더라도 책임감 있는 사과는 다른 사람을 도울 수 있다.

진심만 담고 핵심만 말할 것

진심이 담기지 않았다면 사과는 아무 효과도 없다. 지금 이 순간에는 오직 성실하게 책임지는 것만이 당신이 선택할 수 있는 유일한 길이다.

최근 공개 사과의 추세는 첨단 기술을 사용해 유사 친밀감을 형성하는 것이다. 요즘 실수를 저지른 유명인들은 아이폰 노트 앱으로 팬들에게 공개 사과문을 게시한다. 완벽하지는 않지만 직접적으로 전달되는 이런 메시지는 자연스럽고 인간적으로 느껴지며, 대중에게 유명인과 연결되어 있다는 느낌을 준다. 하지만 사과문에서 진심이 느껴지지 않는다면 오히려 역효과가 발생한다. 지나치게 조심스럽고 의도적으로 작성된 사과는 개인적인 진심을 전달하지 못하며, 속았다는 느낌을 받게 한다.[20]

사과가 진심으로 느껴지지 않는 또 다른 경우는 변명이 지나치게 많을 때다. 매사추세츠 주에 있는 케임브리지 학교 위원회의 한 위원은 회의에서 흑인을 비하하는 '니그로'라는 단어를 사용했다가 이 교훈을 배우게 되었다. 단어의 용례를 설명하다 일어난 일이었지만 학생들은 화를 냈다. 미안하다고 사과했지만 학생들은 그녀의 사과에 진실성이 부족하다며 거부했다. 교사의 말에 따르면, 그녀는 10분 동안 변명을 늘어놓은 후에야 미안하다는 말을 내놓았다. "지금 와서 생각해보면 그냥 사과만 했어야 했어요."[21] 길고 복잡한 사과는 책임을 인정하는 가장 중요한 메시지를 손상시키고 반성에 대한 신뢰도를 떨어뜨린다.

마침내 UN이 아이티의 콜레라 창궐에 부분적인 책임을 인정하며 사과문을 발표했을 때, 논평가들은 퇴임을 앞둔 반기문 사무총장이 빠트린 부분에 주목했다. 사무총장은 UN이 콜레라를 퍼트린 원인이라는 사실을 언급하지 않았을 뿐만 아니라 ─ 실제로 네팔 출신 국제 구호단원이 시발점이라는 기록이 있었다 ─ 그의 성명은 수년 동안 UN의 책임을 인정해야 한다는 압박에 시달린 끝에 나온 것이었다(앞에서 언급한 2단계 가이드라인에 따르면 이게 얼마나 심각한 결함인지 알 것이다). 《가디언》은 사무총장이 아이티에서 발생한 콜레라에 충분히 대응하지 못해 유감을 표시하는 것에 그친 "반쪽자리 사과"라고 칭했다.[22] 그러나 《보스턴 글로브》의 칼럼니스트 애드리안 워커Adrian Walker는 반기문 사무총장의 성명서가 "아이티 국민들로부터 진심 어린 후회가 담긴 표현으로 환호받았다"고 썼다. 그는 인권운동가인 브라이언 콘캐넌Brian Concannon의 말을 인용했다. "피해자들 사이에서 박수갈채가 터져 나왔다. 아이티인들은 그가 진실로 미안해하고 있음을 알 수 있었다. 사과문에 담긴 진심은 사과의 범위가 제한되어 있다는 사실을 능가하기에 충분했다."[23]

상처 입은 사람들에게 가장 중요한 것은 그들이 어떤 고통을 받았는지 알리고 인정받는 것이다. 물론 그게 전부는 아니지만 상대의 마음에 공감하고 이해하고 진심이 담긴 언어로 반성을 표현할 수 있다면 효과적인 사과를 하는 올바른 길을 가고 있는 것이다.

습관적인 "미안해"

앞에서 사과가 아닌 "미안해"의 두 가지 형태에 대해 설명한 바 있다. 하나는 연민에서 우러나온 애도의 표현으로 대부분 고맙다는 대답을 듣게 된다. 다른 하나는 습관적인 "미안해"로 대화의 진행을 방해하는 경향이 있다. 이런 "미안해"는 정말로 필요한 사과를 가로막고 당신의 전문적인 이미지에 유해한 영향을 끼친다. 의사소통 컨설턴트인 도나 모리아티Donna Moriarty는 이런 말이 "권위와 자신감을 손상시키고, 나약하고 우유부단하게 보이게 할 수 있으며, 나아가 신뢰성을 해칠 수 있다"고 지적한다.[24]

습관은 고치기 힘들다. 하지만 만일 제안이나 부탁을 할 때마다 습관적으로 "미안해"라고 덧붙이는 버릇이 있다면 당신의 단어장에서 이 말을 지워버리는 게 좋겠다. 중요하고 확고한 메시지를 던진 다음 잠시 말을 멈추는 연습을 해라. 나는 언어 습관을 고치고 싶은 사람에게 이 말이 나오려고 할 때마다 손바닥으로 입을 막는 상상을 하라고 가르친다. 실제로 그렇게 하는 것도 효과적이다. 가짜 사과를 할 때마다 지적해달라고 친구들에게 부탁할 수도 있다.

개인적으로 나는 "미안해" 대신 "고마워"라고 말하려고 노력하는데, "고마워" 쪽이 내 의도를 더 정확하게 반영하기 때문이다. 예를 들어 화장실에 가려고 대화를 중단해야 할 때면—내게는 흔한 일이다—나는 "기다리게 해서 미안해" 대신 "기다려줘서 고마워"라고 말한다.

늦어도 아예 안 하는 것보다는 낫다

#미투 운동은 많은 사람들에게 과거에 겪은 성추행이나 성폭력에 대한 기억을 일깨웠다. 대부분 끔찍하고 불쾌하고 트라우마가 남는 사건이었기에, 많은 이들이 과거의 경험을 되새김하고 또다시 적응해야 했다. 나와 동료 상담치료사들의 환자 중에서도 고통스러운 기억을 다시 견뎌내야 했던 이들이 많았다. 또한 가해자가 아닌 사람들도 과거에 성폭력을 경험한 동료나 친구들을 지지하거나 도와주지 못했다는 죄책감에 시달렸다.[25]

나는 보스턴대학 방송국의 블로그인 《코그노센티Cognoscenti》에 칼럼을 쓴 적이 있다. 남성들이 과거의 삶과 행동을 돌아보며 예전에는 괜찮다고 여겨졌던 행동들에 대해 오늘날 주류 개념이 된 '명백한 동의'라는 관점에서 다시 한 번 진지하게 생각해보길 바란다는 내용이었다. 나는 "선량한 남자라면 그들의 유감스러운 행동이 초래한 피해를 바로잡기 위해 최선을 다해야 한다"고 믿는다. 상처를 입은 사람들은 물론 그들 자신에게도 변화를 줄 수 있기 때문이다.[26]

내가 그 칼럼을 쓴 이유는 고교 시절 한 여성을 성폭행하려 했다는 의혹이 있는 브렛 캐버노Bratt Kavanaugh 판사의 연방대법관 인사 청문회가 열렸을 때,《뉴욕 타임스》에서 남성 독자들에게 청소년기에 그와 비슷한 추행을 저지른 기억에 대해 투고해달라고 요청했기 때문이다. 서신과 메시지를 보내온 수백 명의 남성들 중 몇몇은 당시 잘못을 저지른 사람들에게 해야 했던 사과, 수십 년이 지난 지금이라도 기회가 생긴다면 전하고 싶은 사죄의 말을 구체적으로 적거나 사과문을 보내왔다. 과연 그들의 고백이 실제 피해자들에게 도움이 됐을지는 모르겠지만 적어도 그들은 늦게나마 책임을 인정하고 받아들임으로써 바람직한 모범을 보여주었다.[27]

잘나가는 TV 제작자 댄 하먼Dan Harmon은 유튜브 영상을 통해 오래전에 그가 입힌 피해에 대한 책임을 인정하고 사죄했다. 그는 6년 전 자신의 밑에서 일하던 여성 작가를 괴롭힌 적이 있었다. 그는 그녀가 마음에 든다는 이유로 그녀의 삶을 비참하게 만들었다. 처음에는 같은 팀에서 일하는 다른 작가들보다 유독 그녀를 편애했고, 그녀가 그에게 이성적인 관심이 없다고 밝혔을 때에는 모욕적인 언사로 그녀를 학대했다. 그렇다, 그는 나쁜 놈이었다. 하지만 하먼은 다른 여성 동료들의 도움과 상담사가 추천한 한 권의 책—정신과 전문의인 아론 라자르Aaron Lazare의 『사과에 대하여On Apology』— 덕분에 그가 저지른 짓을 직시하게 되었다.

피해자인 메건 갠츠Megan Ganz의 말에 따르면, 하먼은 이른바 "사과의 정석을 가르치는 최고의 수업"을 보여주었다. 그가 유튜브에

게재한 7분 30초 길이의 영상은 그야말로 볼 가치가 충분하다. 좋은 사과의 모든 핵심을 빠짐없이 담고 있기 때문이다. 하먼은 그가 어떤 행동을 했는지 변명 한마디 없이 자세히 설명하고, 전적으로 그의 책임임을 시인하고, 다른 남성들에게 결코 자신과 같은 실수를 저질러서는 안 된다고 경고했다.

다만 그가 그런 사과문을 작성하는 데 갠츠가 중대한 역할을 했음을 지적해야겠다. 하먼이 처음 사과문을 올렸을 때 그녀는 트위터로 적절하지 못한 부분을 지적했다. 처음에 하먼은 "상사로서 적절치 못한 행동을 해서 미안해" 같은 표현을 사용했고, 그가 마음의 평온을 얻을 수 있게 도와달라고 부탁했다. 하먼이 올바른 사과를 할 수 있을 때까지 두 사람이 계속 사과의 내용을 개선하며 협력했다는 사실은 찬사를 받아 마땅하다.[28] 사과를 받아야 하는 사람이 사과에 미칠 수 있는 다른 영향에 대해서는 9장에서 살펴보도록 하겠다.

시기적으로 늦은 또 다른 사과는 다소 모호한 결과를 낳았다. 2016년 피터 디마르코Peter Demarco의 부인이 심한 천식 발작으로 고통받다 결국 세상을 떠났을 때, 피터와 가족들은 하늘이 무너진 것 같았다. 아직 상심에서 헤어나지 못했을 무렵, 《보스턴 글로브》 기자였던 디마르코는 부인인 로라 리바이스Laura Levis를 치료한 병원과 특히 그녀가 혼수상태로 누워있는 동안 간호해주었던 중환자실 직원들에게 매우 감동적인 감사 편지를 썼다. 그의 감사 편지는 널리 퍼져 유명해졌고 심지어 《뉴욕 타임스》에도 실렸다. 그러나 당시에 그는 부인이 쓰러진 날 실제로 무슨 일이 있었는지 전혀 모르고 있었다.

슬픔에 잠겨있던 디마르코는 어쩌다 그녀가 혼수상태에 이르게 되었는지 알고 싶었다. 그는 2년간의 조사를 거쳐 단편적인 정보를 끼워 맞춘 끝에 아내가 병원에 입원하기 직전에 무슨 일이 있었는지 알아낼 수 있었다. 그는 큰 충격을 받고 격분했다. 사실 리바이스는 병원에 때맞춰 도착했지만 응급실 문이 잠겨있어 안으로 들어갈 수가 없었다. 그녀는 다른 출입구를 찾다가 문에서 겨우 몇 미터 앞에 쓰러졌고, 응급실 문 바깥쪽의 조명은 그리 밝지 않았다. 간호사가 문밖을 확인해보라는 지시를 받고 내다봤으나 쓰러져 있는 그녀를 발견하지 못했다. 게다가 리바이스는 병원에 가기 전에 911에 연락해 그녀의 상태와 위치를 신고했지만 응급 요원들도 그녀를 제때 찾아내지 못했다. 발작 초반에 놓친 이 소중한 시간들이 그녀의 생존 여부에 지대한 영향을 끼쳤다.

케임브리지 건강보건 연합Cambridge Health Alliance —— 리바이스가 응급실에 들어가지 못했던 서머빌 병원Somervile Hospital과 그녀가 집중 치료를 받은 마운트 어번 병원Mount Auburn Hospital을 운영하고 있는 곳 —— 에서는 2년 동안 디마르코의 문의에 응답하지 않았다. 그들은 그의 공개적인 감사 표시는 받아들였으면서도 부인의 죽음에 어떤 역할을 했는지는 인정하지 않았다. 사과는커녕 그날 밤에 어떤 일이 있었는지 디마르코와 가족들에게 정보를 제공하지도 않았다. 디마르코는 병원 측의 도움 없이 경찰과 응급대원들의 기록을 포함해 최대한 정보를 수집했다. 결국 그는 진상을 밝혀냈고, 그가 발견한

모든 병원의 실책들을 《보스턴 글로브 매거진》에 보도했다.[29]

리바이스의 사망과 관련된 기사가 게재되고 열흘 후, (실제 사건이 발생한 지 2년 이상이 지난 시점에) 마침내 병원 경영진 측에서 아내를 잃은 남편에게 만남을 요청했다. 이제까지 그들은 법적 소송에 대한 우려 때문에 사건에 대한 언급을 거부했었다. 이제 리바이스 사건은 많은 사람들에게 알려져 있었고, 여론은 이미 병원 시스템에 결함이 있다는 결론을 내린 상태였다. 두 시간 동안 진행된 회의에서 디마르코는 병원 측에 정확히 무슨 일이 발생했으며, 앞으로 이와 같은 사건을 어떻게 예방할 것인지 물었다. 케임브리지 건강보건 연합의 최고 경영자인 패트릭 워델Patrick Wardell은 디마르코의 "끔찍한 고통"을 인지하고 사죄하며, 그런 비극이 발생한 데 대해 개인적인 책임을 지겠다고 말했다. 최고의료책임자인 아사드 사야Assaad Sayah는 리바이스 부인이 때맞춰 필수적인 의료 처치를 받지 못한 것에 대해 책임을 통감하며 그 사실에 기반해 병원 시스템에 많은 변화를 도입했다고 말했다. 디마르코는 오랜 시간이 지났음에도 직접적으로 답변을 해주어 감사하다고 응답하며, "그들은 마침내 잘못을 인정하고 옳은 일을 함으로써 책임의식을 보여주었다"고 전했다.

기사에 따르면 디마르코는 병원 측의 공식적인 사과가 큰 도움이 되었지만, 긴 시간 동안 사랑하는 사람을 어떻게 기려야 하고 그녀를 잃은 상처를 어떻게 치유해야 할지 아무 도움도 받지 못한 채 혼자 고심하고 분투해야 했다고 말했다. 병원은 2년 동안 사랑하는 아내에게 무슨 일이 있었는지 정확히 이해할 수 있게 도와주지 않

왔고, 그녀를 사랑한 사람들은 궁금증을 해소할 수가 없었다.[30]

아무리 늦은 사과라도 명백한 도움을 줄 수 있다. 실제로 어떤 사람들에게는, 어떤 상황에서는 그것만으로도 충분하다. 그러나 조금만 더 일찍 책임을 인정하고 잘못을 뉘우친다면 — 외부의 압력을 받지 않더라도 — 상처 입은 사람들은 불필요한 혼란과 고통을 경험할 필요가 없을 것이다.

자주 실수하는 잘못된 화법

어쩌면 당신도 사과의 2단계에 맞지 않는 사과를 한 적이 있을 것이다. 혹시 이렇게 잘못된 방식으로 후회를 표현했을지도 모른다.

1. "미안해, 하지만⋯⋯"으로 시작하는 2단계는 실패하게 되어 있다. "하지만"이 뒤따르는 순간("하지만 너한테 상처 줄 마음은 없었어" "하지만 농담이었는데" "근데 너무 예민하게 구는 거 아니야?" "하지만 네가 먼저 시작했잖아" 등등) 사과는 무용지물이 된다.

2. 마찬가지로, "만약 ~했다면 미안해"("내 말 때문에 화가 났다면" "내 행동이 불쾌했다면" "내가 X나 Y를 의도한 것처럼 보였다면")와 같은 사과는 진심으로 책임을 인정하는 것처럼 느껴지지 않는다.

3. 수동적 표현을 사용하면("그 일 때문에 불쾌감을 느끼게 됐다면""너에게 불공평한 일을 겪게 해서""예기치 못한 일로 인해 어쩔 수 없이 약속을 어기게 되어" 등등) 당신의 행동이나 그 결과에 대해 책임지기를 꺼려하는 것처럼 보인다.

4. "내 잘못은 아니었어"나 "그럴 생각은 없었어"로 끝나는 사과는 진심으로 책임을 인정하는 것이 아니다.

5. 당신의 잘못이 미친 실질적인 영향을 언급하는 게 아니라 (엉뚱한) 반응에만 초점을 맞추는 말은("나한테 화가 많이 났다니 미안해""그렇게 생각했다니 미안해""기분 나빴다니 미안해") 사과처럼 들릴지는 몰라도 사과가 아니다.

6. 사과의 2단계에서 애매모호한 표현은 커다란 결함이다("그 일은 유감이야""어떤 식으로든 해가 됐다면 미안해""의사소통이 잘 안 된 것 같아 미안해" 등등).

7. 상대방이 어떤 상처를 입었는지 이해하기보다 대화를 중단하려 하거나("내가 미안하다고 했잖아. 뭘 더 원하는데?"), 잊고 넘어가라고 요구한다면("제발 용서해줘. 너한테 미움받는 걸 견딜 수가 없어") 상대를 만족시킬 수도 없고 문제를 해결하지도 못한다.

8. "미안하게 됐네!"는 "저런, 안됐다. 그런데 내가 그런 것까지 신경 써야 해?"와 같은 태도다. 그런 말은 사과를 하는 사람과 상처 입은 사람 모두를 폄하한다.

9. 지나치게 길고 장황한 말을 늘어놓으면 메시지가 희석되어 핵심을 이해할 수가 없다. 예컨대 미국 정부가 미대륙 원주민에게 사죄할 때처럼 "~라는 사실에 근거하여" 같은 표현을 사용하거나, 관련 상황에 대해 자세하게 설명하는 것은 진짜 사죄가 아니다.

10. 2단계에서는 자기 정당화나 합리화를 피해야 한다. 나중에 필요해질 때를 대비해 남겨두어라.

사과의 2단계에서 모니크와 마고, 데이비드는 사랑하는 사람이 상처를 입었다는 사실에 마음이 쓰이고 걱정된다고 말했다. 그들은 자신이 어떤 잘못을 했는지 시인하고, 상대방의 심정에 공감하고, 후회와 반성을 명확한 말로 표현했다. 또한 자신들의 행동을 옹호하거나 해명하지도 않았고 그렇게 행동한 의도나 성격적 면모를 내세우지도 않았다.

2단계 실행 대본

✳ "술을 너무 많이 마셔서/네 동생과 싸워서/너무 늦게 와서/네게 중요
한 날을 망쳐버려서 정말 미안해. 어떤 말로도 변명의 여지가 없다."

✳ "기차가 연착해도 제시간에 맞출 수 있게 미리 대책을 세워놓지 않은
내 잘못이야. 진심으로 미안해."

✳ "친척 장례식에 같이 가는 게 너한테 얼마나 중요한 일인지 몰랐어. 너
혼자 그렇게 힘든 시간을 견디게 해서 정말 미안해."

✳ "내가 한 농담이 너한테 얼마나 큰 상처가 됐는지 이제야 알 것 같아.
애초에 그런 말을 하지 말았어야 했는데."

✳ "환불이 안 되는 티켓을 사기 전에 너한테 미리 물어봤다면 좋았을걸.
나 때문에 너만 난처해졌구나."

Chapter 6

3단계:
갚을 건 갚고,
깔끔하게 바로잡기

사과의 3단계에서 던져야 할 질문은 '어떻게 하면 상처를 치유하거나 잘못을 만회할 수 있을까?', '어떤 배상이나 보상을 해야 기울어진 균형을 회복하고 문제를 올바르게 해결할 수 있을까?' 같은 것들이다.

    법률적으로 원고에 대한 '완전한' 보상이란 대개 피해를 입은 사람들의 재정 상태를 원래대로 되돌리는 것을 뜻한다. 개인 관계에서 배상이나 보상의 목적은 관계를 온전히 되돌리고 신뢰를 회복하거나, 연결성을 더욱 강화하는 것이다. 개인적 관계에서 보상이란 단순히 (혹은 전적으로) 금전적인 것만을 지칭하는 게 아니다. 친밀한 관계, 특히 커플 사이에는 보상이라는 개념이 어울리지 않을 것 같지만 사실 이는 피해 바로잡기라는 가장 중요한 문제에서 창의적 해결안을 이끌어낼 수 있다.

인간관계라는 영역의 특성상 때때로 진심 어린 반성과 뉘우침만으로도 치유가 시작될 수 있지만, 대개는 그 과정에서 어떤 형태로든 배상이 이루어져야 한다. 개인적인 관계에서 3단계는 피해자의 입장에서 '지난 잘못을 바로잡고 난 후' 올바른 일을 할 두 번째(혹은 세 번째) 기회를 잡거나, 상징적 또는 금전적 가치가 있는 물질적 재화나 혹은 그 둘 모두를 제공하는 것을 의미한다.

상담실을 찾아온 샘은 왜 마리오가 화가 났는지 이해하지 못하고 있었다. 그는 몇 달 전 가족모임에 늦은 일에 대해 벌써 사과를 했다고 말했다. 두 사람은 샘이 시간 약속을 제대로 못 지키는 데 대해 심한 말다툼을 했다. 하지만 마리오는 샘이 "미안하다"고 말한 뒤에도 여전히 화를 거두지 못했다. 시간이 지날수록 마리오는 그답지 않게 자주 짜증을 내기 시작했다. 평소에는 가볍게 넘어가곤 했던 작은 말다툼이 점점 신랄하고 격렬해졌다.

나는 샘에게 사과의 1단계를 가르쳤다. 그런 다음 마리오에게 가족 모임이 있었던 날 — 그리고 지금까지 — 무슨 일이 있었는지 물었다.

마리오의 말투는 딱딱했고 자세는 굳어있었다. "내가 준June 고모님 생신 파티를 얼마나 기대했는지 알지? 축사를 쓰느라 몇 주일이나 고민한 것도 알잖아, 그렇지?" 샘이 고개를 끄덕였다. "그럼."

"옆에서 네가 축사 쓰는 걸 도와주기도 했고. 뎁이 꼭 넣어야 한다고 말했던 롤러코스터 이야기도 까먹지 말라고 말해준 것도 너잖아." 마리오가 나를 돌아보았다. "우린 파티에 조금 늦은 게 아니에요. 우리가 도착했을 즈음엔 생일 축하 노래도 끝나고 모두들 디저트를 먹고 있었다고요. 너무 허탈해서 샘에게 화가 났어요."

"그건 나도 이해해." 샘이 말했다. "하지만 이제 그만하면 안 돼? 벌써 몇 달 전 일이잖아. 그때 미안하다고도 했고."

"나도 알아. 하지만 난 아직도 화가 안 풀렸어. 지금도 울컥울컥 한다고. 생각하면 할수록 화가 치밀어. 나 때문에 준 고모님이 얼마나 실망하셨을지 생각하지 않을 수가 없어." 마리오가 내게 상황을 설명해 주었다. "고모님은 나한테 정말 잘해주셨어요. 내가 동성애자라고 밝혔을 때 부모님은 잘 받아들이지 못했는데 내 편을 들어준 것도 고모님이고요. 무슨 일을 해도 그분한테 진 은혜는 다 못 갚을 거예요. 그래서 이번에 고모님이 칠순이 되셨을 때 성대한 축하연을 열어드리고 싶었던 겁니다. 사촌들도 힘을 많이 썼지만 어쨌든 처음부터 다 내 아이디어였어요."

"그건 깜박했네." 샘은 난처해 보였다.

"고모님한테 약속했었는데……" 마리오가 갑자기 감정이 북받쳤는지 침을 삼키며 마음을 가라앉혔다. "그날 내가 사회를 보겠다고 약속했었어요. 내 축사가 너무 웃기고 위트 넘쳐서 당신이 몇 살이신지도 잊어버릴 거라고 했죠."

샘이 몸을 기울여 파트너의 어깨를 다정하게 쓰다듬었다. 마리오가 샘에 대한 비난을 최대한 피하고 있었기 때문에 샘도 방어적인 태도를 버리고 자연히 그에게 연민을 느낄 수 있었다. 그는 전보다 더욱 조심스럽고 철저한 방식으로 사과를 표현했다(2단계). "그렇게 중요한 날을 망쳐버려서 정말 미안해. 내가 시간을 깜박하지 않왔다면 너도 늦지 않았을 텐데."

마리오가 고개를 끄덕였다. "고마워." 그러나 그의 미소는 다소 어두웠다. 화는 조금 가라앉았지만 여전히 뭔가 그를 괴롭히고 있었다.

잠시 후에 내가 개입했다. "아주 훌륭한 시작이었어요, 샘. 샘의 사과가 도움이 되었나요, 마리오?"

마리오는 재차 고개를 끄덕였지만, 그다지 기쁜 듯이 보이지는 않았다. 샘에 대한 분노가 가신 뒤에도 실망과 후회만이 남아있는 것 같았다.

우리는 잠시 침묵 속에 앉아있었다.

"어떻게 하면 이 문제를 완전히 해결하는 데 도움이 될까요?" 내가 물었다.

"과연 가능할지 모르겠네요. 중요한 순간은 다 지나가버렸는걸요."

나는 마리오의 감정을 다시 자극할지도 모른다는 위험을 무릅쓰고 다시 물었다. "'지금' 와서 돌이켜볼 때 그 경험에서 최악이라고 생각되는 부분이 뭔가요?"

마리오는 한참 동안 말을 골랐다. 우리는 기다렸다.

"두 가지인 것 같군요. 하나는 내가 고모님께 얼마나 감사하고 있는지 내가 원했던 특별한 방식으로 말씀드리지 못했다는 거예요. 물론 그런 걸 못 했다고 세상이 무너지거나 그런 건 아니죠. 진심을 전할 다른 방식도 있긴 할 거고요……."

마리오가 그의 메시지를 계속 흐릿하게 만들게 내버려둘 수는 없었다. "그렇군요. 그럼 다른 한 가지는요?"

"이런 말을 하는 게 좀 부끄럽긴 한데…… 어, 알아요, 알아. 어…… 우리가 늦게 들어갔을 때 거기 있던 사람들이 전부 우리를 쳐다봤는데 그게 너무 창피했어요. 고모님까지 우릴 보셨다고요. 고모님 마음을 상하게 하고 싶지 않았는데, 얼마나 무례하고 버릇없어 보였을까요. 난 그런 사람처럼 보이고 싶지 않았어요." 마리오가 샘에게 어깨를 으쓱해 보였다. "전에도 말했지만, 남들 시선을 신경 쓰지 않으려고 해도 저절로 그렇게 되는 걸 어쩌겠어."

샘은 잠깐 생각에 잠겼다. "그 일이 너한테 얼마나 중요했는지 알겠어. 내가 평소에 시간 감각이 형편없다는 걸 미처 생각 못 해서 정말 미안해. 그 일은 절대로 네 잘못이 아냐. 전적으로 내 잘못이야."

또다시 침묵이 깔렸다.

샘은 마리오가 느끼는 고통에 대해 자신의 책임을 인정하는 어려운 일을 막 시작한 참이다. 그는 열린 마음으로 이야기를 듣고, 파트너에게 상처를 주어 진심으로 미안하다고 말했다. 명확한 언어로 본인의 책임을 인정했다. 그러나 대학 교목校牧이자 사법 프로그램 감독인 브랜디 밀러Brandi Miller가 《허프포스트》에 쓴 글처럼 "잘못을 인정한다고 해서 잘못된 일이 바로잡히는 것은 아니다." 그녀는 유색인종을 해친 백인들이 사과를 하는 것처럼 보이지만 "실질적으로 그들이 끼친 손상을 바로잡기 위한 조치는 아무 것도 하지 않는다"고 비판했다.[1] 아마 이 말은 어디에든 적용할 수 있을 것이다.

"말은 값싼 것"이라는 흔한 경구가 있다. 사과는 상대가 입은 피해를 가능한 한 보상할 수 있는 뭔가 귀하고 소중한 것으로 뒷받침되어야 한다. 캠벨 수프Campbell Soup Company의 전 CEO인 더그 코넌트Doug Conant가 이렇게 말한 적이 있다. "말만으로는 이미 행동의 일부가 된 무언가를 바꿀 수 없다. 행동으로 실천해야 한다."[2] "미안해"는 뭐든 무마할 수 있는 마법의 말이 아니다. 많은 사람들이 "미안해"라는 말을 하는 데 어려움을 겪지만 사실 미안하다는 말만으로는 충분하지 않다. 게다가 이 말은 가끔 정말로 필요한 다른 조치들을 간과하게 만든다.

아이들의 교육에 관해 생각해보자. 아이들에게 잘못을 저질렀을 때 "미안해"라는 한마디만 하면 된다고 가르친다면, 우리는 관계의 회복과 벌충에 대해 가르칠 기회를 놓치는 것이다. 잘못된 상황을 바로잡으려면 무엇을 해야 할지 물어봐야 한다. 금이 간 관계를 원래대로 되돌리려면 어떻게 해야 할까? 내가 한 일을 바로잡고 상대방이 입은 피해를 배상하려면 어떻게 해야 할까?

나는 샘이 마리오에게 잘못한 것을 어떻게 바로잡을 수 있을지 스스로 방법을 생각해내도록 기다렸다.

잠시 후 샘이 말했다. "내가 고모님한테 전화를 걸어서 네가 어쩌다 늦었는지 이유를 설명 드릴까? 네가 잘못한 게 아니라 내가 문제였다는 걸 그분도 아셔야지."

마리오는 고개를 끄덕일 뿐, 여전히 마음이 착잡한지 아무 대꾸도 하지 않았다.

"그리고 생일 파티에 참석한 사람들한테도 문자를 보내서……"

"그건 좀 그런데." 마리오가 불쑥 말했다. "몇 명은 좀 조심스럽게 대해야 해서."

"나도 알아. 가볍게 지나가는 말투로 하면 되지. 모두에게 연락해서 '그날 뵈어서 정말 반가웠어요! 유일하게 아쉬운 점이 있다면 저 때문에 마리오가 늦어서 여러분과 충분히 즐기지 못했다는 거예요'처럼 알려주는 거야." 샘이 경쾌하고 발랄한 영국식 발음을 흉내 냈다가 금방 평소 말투로 돌아왔다. "물론 보내기 전에 너한테 먼저 보여주고 검사를 맡을 거야. 어떻게 생각해?"

마리오는 샘의 익살스런 모습에 살짝 미소를 지었다. "그러면 좋을 것 같아."

남들에게 정확한 사정을 알려 "평판을 회복시켜 주겠다"는 샘의 제안은 일반적으로 할 수 있는 원상회복을 위한 노력이다. 당신이 다른 사람들에게 말을 잘못하거나 잘못 전달해 상대에게 상처를 주었다면, 그 상대가 신뢰를 다시 회복하게 도울 수 있는 것도 바로 당신이다. 누군가 부당한 비난을 받고 있다면(마리오가 생일축하연에 지각을 한 것보다도 더 심각한 문제 때문에), 관련된 사람들에게 편지를 보내거나 직접 말을 하거나 공개적으로 발언하거나 글을 게시해 상황을 바로잡고 진실을 알릴 수 있다. 당신의 발언은 무고한 사람들을 부당한 비난으로부터 해방시켜 줄 것이다(뒤에 언급할 「기록 바로잡기」 섹션을 참고하라).

처음보다 진전은 있지만 아직 문제가 완전히 해결되지는 않았다. 샘이 물었다. "또 어떤 방법이 있을까?"

좋은 질문이다. 마리오가 문제 해결에 같이 참여할 수 있게 끌어들이고 있기 때문이다. 그러나 마리오가 해결방안을 제시해서는 안 된다. 나는 샘에게 물었다. "다른 생각은 없나요?"

"있어요. 고모님께 파티를 다시 열어드리는 거예요. 고모님한테 근사한 저녁식사를 대접하고 네가 축사를 발표하는 거야. 방이 있는 식당으로 잡으면 되겠다. 아니면 집으로 초대해서 고모님이 좋아하는 음식을 우리가 직접 만들어도 되고."

마리오가 고개를 끄덕였다. "그거 정말 좋은 생각이다. 그러면 좋을 것 같아."

샘의 제안은 그가 진심으로 잘못된 상황을 바로잡기 위해서뿐만 아니라 마리오에게도 특별한 경험을 선사하기 위해 고심했음을 보여준다. 샘은 고모님께 감사의 마음을 전하고 싶다는 마리오의 소원을 중요하게 여겼기 때문에 적극적인 해결책을 제안할 수 있었다.

만회할 기회는 있다

처음에 한 시도가 실패하고 이를 만회하기 위해 두 번째 시도를 하게 되면 자신이 한심하게 느껴지기도 한다. 그러나 꾸준한 시도는 생각보다 훨씬 효과적이다.

중요한 행사나 기념일, 생일을 깜박 잊었다면 실수를 만회할 계획을 세우는 것도 좋다. 한 어머니가 《워싱턴 포스트》의 '나도야! Tell Me About It' 칼럼에 글을 보내왔다. 그녀와 아이들이 아버지의 날에 남편을 실망시켰지만 나중에 만회할 수 있었다는 내용이었다. 그들은 다음 날을 '아빠에게 감사하는 날'로 선포하고, 집안 가득 손수 만든 깃발과 현수막을 걸고, 하루 행사를 아빠가 좋아하는 일로 채웠다. "우리의 진심 어린 노력과 뜻밖의 선물 덕분에 그날은 남편이 가장 좋아한 '아버지의 날'이 되었습니다."[3]

내 친구도 비슷한 이야기를 들려준 적이 있다. 그녀는 남편의 생일을 깜박 잊어버리고 말았는데, 그래서 내 친구와 자녀들은 다음 주 내내 하루에 하나씩 작은 선물과 남편이 좋아하는 디저트를 선사했다. 그 후로 수년이 지난 뒤까지도 친구는 애정이 듬뿍 담긴 말투로 실수를 만회할 수 있었던 이야기를 들려주곤 했다. 또 어떤 가족은 어머니의 생일을 자주 잊어버렸는데, 그녀의 생일이 하필 크리스마스 직전이기 때문이었다(남의 이야기 같지가 않다. 내 생일도 12월 27일이기 때문이다). 그래서 가족들은 6월에 어머니의 '절반 생일'을 정해 깜짝 축하파티를 열었다. 어머니는 깊은 감동을 받았고, 결국 그 뒤로 계속 그날은 어머니의 절반 생일이 되었다. 이 이야기는 3단계의 강력한 위력을 보여준다. 3단계는 잘못된 일을 바로잡을 뿐만 아니라 나아가 사람들을 더욱 가깝게 해주며 유대감을 쌓을 수 있는 새로운 기회를 제공한다.

결혼식 전날 밤에 있었던 총각파티 일로 상처를 입어 삐걱거리는 결혼생활을 하던 리사와 필립은 수년 전에 있었던 실망스러운 일에서 벗어나지 못하고 있었다. 그들은 특별한 날에 누려야 할 즐거움과 앞날의 가능성, 그리고 행복한 결혼생활마저 잃을 위기에 처해있었다. 자신이 리사에게 어떤 영향을 끼쳤는지 깨달은 필립은 아내를 실망시킨 데 대해 미안함을 느꼈다. 그는 아내에게 사과했다. "완벽한 날이 되었어야 할 결혼식 날에 당신 이야기를 무시해서 정말 미안해. 그때 무슨 일이 있었는지 확실하게 말했더라면 애초에 이런 일이 일어나지도 않았을 텐데. 아무 일도 없었어. 정말이야. 그 일 때문에 우리가 너무나도 많은 것을 잃었다는 게, 당신이 그토록 괴로워했다는 게 너무나도 가슴 아파." 그러나 이것은 2단계일 뿐이다. 필립은 리사가 입은 상처를 치유하고 보상할 수 있을까?

이후 상담시간에 두 사람은 더욱 긴밀한 이해의 순간을 공유했다. 필립이 상담실 카펫 위에 한쪽 무릎을 꿇고 지난 몇 년간 입에 올리지 않았던 애칭으로 리사를 불렀다.

"리리, 나와 결혼해줄래? 우리가 꿈꾸는 결혼생활을 함께 만들어갈 수 있게 나한테 두 번째 기회를 주겠어?"

리사는 너무 격하게 울음을 터트린 나머지 말도 제대로 잇지 못할 정도였지만, 필립의 손을 잡고 고개를 끄덕였다.

두 사람은 깨끗한 새 출발을 할 수 있길 바라며 두 번째 결혼식을 준비했다. 결혼식 계획을 짜고, 드레스를 사고, 가족과 가까운 친구들을 초대했다. 심지어 반지도 새로 사고 혼인 맹세도 다시 했다. 그리고 계획을 세우는 동안 서로에게 더욱 애틋한 마음을 느끼게 되었다.

상대가 원하는 방식으로 해결할 것

잘못을 바로잡기 위해서는 두 사람 사이에 갈등을 유발한 특정 상황에 걸맞는 노력을 해야 한다. 상처를 치유하거나 잘못을 보상하기 위한 노력은 상대가 입은 피해에 상응해야 한다. 문제를 올바른 방식으로 해결해야 한다.

캐럴라인은 새 차를 고를 때 남편이 그녀의 의견을 조금도 듣지 않아 속이 상했다. 짐은 이른바 '자동차 애호가'였고 차량 모델과 기능에 대해 확고한 의견을 가지고 있었다. 그는 자동차 판매원과 만족스러운 협상을 했으며, 최고의 옵션이라고 자부하는 새 차를 캐럴라인에게 전달하며 뿌듯해했다. 남편의 기분을 망치고 싶지 않았던 캐럴라인은 그의 노력을 칭찬했다. 하지만 그녀는 자동차가 마음에 들지 않았다. 그것은 너무 컸고, 너무 화려했고, 너무 은색이었다. 처음에는 어차피 엎질러진 물이니 꾹 참고 그냥 사용하려고 했지만, 어느 날 자동차 라디오가 남편이 좋아하는 주파수에 맞춰져 있는 걸 보고는 폭발하고 말았다. 이 새 자가용은 순전히 '남편의' 차였다.

캐럴라인은 남편 짐이 그녀의 생각에는 관심도 없고, 듣고 싶어하지도 않고, 실제로 신경 써서 들은 적도 없다고 불평을 쏟아냈다. 그러자 짐은 두 사람이 살고 있는 집이 캐럴라인의 취향에만 맞춰져 있다고 반박했다. 나는 짐에게 캐럴라인의 말을 다시 주의 깊게 들어달라고 요청했다. 그런 다음 캐럴라인에게 짐이 그녀의 말에 전혀 신경 쓰지 않는다는 단호한 진술은 피하고, 이 자동차 사건에 대해 어떤 기분을 느끼는지 구체적이고 확실하게 설명해달라고 부탁했다. 1단계가 끝난 뒤, 짐은 자신이 일방적으로 자동차를 고르고 결정한 것이 아내의 기분을 상하게 했다는 사실을 알게 되었다. 그는 캐럴라인에게 정말 미안하다고 사과했다(2단계).

다음 주에 짐은 이렇게 말했다. "당신도 당신이 좋아하는 자동차를 몰아야 한다고 생각해. 이렇게 하면 어떨까. 내가 링컨을 골랐으니까, 당신이 아니라 '내가' 그 차를 쓰는 거야. 그리고 내가 쓰던 차를 다른 걸로 교환하는 거지. 당신만 괜찮으면 차를 고를 때 같이 따라갈게. 당신이 먼저 묻지 않으면 내 생각은 입도 뻥긋 안 할 거고."

캐럴라인은 남편이 그녀의 불만을 귀담아듣고 태도를 바꾸려고 노력하는 모습에 깊은 감명을 받았다. "그러면 정말 좋을 것 같아. 고마워, 여보."

잠시 후, 그녀가 덧붙였다. "그런데 판매원이랑 협상하는 건 당신이 맡아줄 거지?"

보상을 해야 하는 이유는 그래야 잃은 것을 되돌려주거나 대체할 수 있기 때문이다. 다른 사람의 소유물을 가져가버렸다면 돌려줘야 하지 않을까? 다른 사람의 무언가를 잃어버리거나 훼손했다면 물어줘야 하지 않을까? 만일 물어줄 수 없다면 그것을 대신할 수 있거나, 대신할 상징적 가치가 있는 것이라도 제공해줘야 한다. 당신은 상대가 피해를 입기 전에 지니고 있던 것을 원래대로 '온전히' 되돌려주거나 당신이 초래한 손해를 메워야 할 의무가 있다.

이를테면 자전거 선수인 마이크 프리드먼Mike Friedman은 15년 전한 시합에서 그가 부당하게 이긴 다른 선수에게 연락을 취했다. 그는 부정행위로 이안 딜Ian Dille을 이긴 데 대해 오랫동안 양심의 가책에 시달렸다고 고백했다. 프리드먼은 딜의 눈을 정면으로 바라보며 말했다. "당신이 옳았어요." "미안합니다."(사과의 2단계) 더불어 그는 과거의 잘못을 바로잡기 위해 두 가지 행동을 했다. 프리드먼은 실질적으로 입은 피해는 물론 상징적인 가치까지 복구하는 모범적인 사례를 보여준다. 자전거 시합에서 부당하게 딜의 우승을 빼앗고 수년이 지난 뒤, 프리드먼은 원래 딜이 받았어야 했을 우승 상품인 '캡틴 아메리카' 셔츠를 딜에게 주었다. 그리고 시합을 주관한 단체에 딜을 우승자로 기재하여 공식 기록을 정정해달라는 청원을 보냈다.[4]

아티야 칸Attiya Khan이 그녀가 원하는 방식으로 전 남자친구가 과거의 잘못된 행동을 사죄하게 한 것은 내가 가장 좋아하는 회복적 행동에 관한 이야기 중 하나다. 그가 십 대 때 칸에게 주기적으로 폭력을 행사한 데 대해 미안하다고 사죄했을 때, 그녀는 자신의 영화 촬영 프로젝트에 협력해달라고 말했다. 남자는 20년 전 두 사람이 사귀고 있을 때 그가 저지른 신체적 학대에 관한 대화를 카메라에 담는 데 동의했다. 두 사람은 약 2년에 걸쳐 대화를 나누었다. 때로는 상담사를 찾아갔고, 과거에 두 사람이 함께 시간을 보내던 장소를 방문하기도 했다. 칸이 찍은 다큐멘터리 〈어 베터 맨A Better Man〉은 2017년에 상영되었다.[5] 그녀가 실제로 경험한 신체적 학대와 도움이 전무했던 무력한 상황에 대한 이야기가 담긴 이 고통스러운 영화는 사람들의 관심을 사로잡았다. 칸은 옛 남자친구의 협조를 받아 영화를 통해 본인의 이야기를 털어놓음으로써 상처를 치유할 수 있었다. 그녀의 악몽은 끝났고, 두려움은 잦아들었다.[6] 영화 속에서 스티브라고 불리던 남자친구가 영화제목처럼 '더 나은 사람'이 되었는지는 알 수 없지만, 그녀가 필요로 하던 회복 과정을 제공해준 것만은 분명하다.[7]

당신이 입힌 피해를 보상할 때와 마찬가지로, 잘못된 상황이나 문제를 바로잡을 때에도 상처 입은 사람이 받아들일 수 있는 방법을 이용해야 한다. 사람들은 각자 필요로 하는 소통 방식이 다르다. 당신의 배우자나 친구, 가족은 값비싼 선물이나 신체적인 애정 표시를 별로 좋아하지 않을지도 모른다. 그런 소통 방식이 당신의 기분을 낫게 할 수 있을지는 모르지만, 반드시 상대가 이해할 수 있는 언어로 말을 걸어야 한다. 그리고 그것은 종종 당신이 선호하는 언어가 아닐 수도 있다. '특정한' 사람에게 당신의 진심을 전하고 잘못을 바로잡으려면 어떤 종류의 행동이나 물질적 보상이 적절할지 고민해보라.[8]

친구 애니와 "연락을 끊는" 바람에 친구가 과거의 고통스런 기억을 되살리게 한 마고를 기억하는가? 마고는 친구에게 준 상처를 근본적으로 치유할 수 있는 독창적인 해결책을 찾아냈다. 두 사람이 다시 서로의 존재에 편안함을 느끼게 되면서 애니는 가족들과의 연결을 잃은 경험에 대해 전보다 더 자유롭게 털어놓을 수 있게 되었다. 그녀는 이제껏 소중히 간직해온 낡은 사진과 할머니가 뜬 누렇게 바랜 레이스 조각을 마고에게 보여주었다. 애니는 어린 시절 늘 살갑고 다정하게 대해줬던 할머니와의 애틋한 추억을 간직하고 있었다. 마고는 애니와 함께 이탈리아에 있는 할머니의 고향을 찾아가 가족의 뿌리를 찾아보자는 생각을 떠올렸고, 애니에게 조심스럽게 여행 비용을 대주겠다고 제안했다. 처음에 애니는 그다지 내켜하지 않았지만 1년 뒤 두 사람은 애니의 50번째 생일 선물로 함께 이탈리아 여행을 떠났다. 그 여행은 마고가 애니에게 입힌 상처 — 가까운 사람과의 단절 — 와 비슷한 상처를 치유해주었기 때문에 두 사람에게 커다란 감정적 의미를 주는 선물이 되었다.

기록 바로잡기

기록 바로잡기는 공개적인 비난을 인정하거나 책임을 받아들이는 것과 비슷한 형태를 띤다. 준 고모님과 다른 가족들이 생일 파티에 지각한 마리오를 책망하지 않도록 진실을 알리겠다는 샘의 계획도 기록 바로잡기에 속하는 작은 사례라고 할 수 있다. 자전거 선수가 올바른 승자를 알리고 대회 기록을 정정한 것도 그렇다.

　개인적인 피해나 수치심을 공개적으로 드러내는 것 역시 상처 입은 사람에 대한 응원이나 적절한 보상으로 이어질 수 있다. 사람들에게 잊힌 이야기를 되살리거나 기억하는 것도 피해를 복원할 수 있는 또 하나의 방법이다. 이러한 종류의 보상적 행동은 설사 당신이 피해를 입힌 당사자이거나 실제 역사를 지운 사람일지라도 실천할 수 있다. 불의가 지속되는 것을 막고 다른 사람들이 상처를 회복하게 돕는 것이다. 특히 소셜 미디어 세상에서는 가짜 정보나 허위 정보가 순식간에 바이럴이 되어 퍼질 수 있기 때문에 재빨리 행동해야 한다.

정부를 대변하는 정치 지도자들의 공식 발언도 이런 회복과 복구를 실현할 수 있다. 이는 대개 과거의 잘못을 시인하는 것에서부터 시작된다. 쥐스탱 트뤼도 총리는 수십 년 전 캐나다 정부가 LGBTQ2 시민들에게 저지른 억압 행위에 대해 사죄하면서, 개인들의 관련 기록을 삭제하겠다고 약속했다. 그에 따라 특정한 범죄기록 말소를 금지하는 법률이 개정되었고, 과거 성적 지향에 관한 차별적 법령으로 유죄 판결을 받은 사람들의 전과 기록이 소멸되었다. 트뤼도 총리의 사과문에는 이처럼 뭔가를 잃은 사람들에게 배상하기 위한 조치들이 포함되어 있었다. 상처의 치유는 공개 사과를 통해 시작될 수 있지만, 실질적 배상이 없다면 지속되지 못한다. 개인적인 인간관계에서도 마찬가지다. 트뤼도 총리처럼 진심이 담긴 사과의 말은 할 수 있어도 진정한 변화 — 트뤼도의 경우 피해의 일부였던 전과 기록 소멸 — 를 만들지 못한다면 당신의 말은 내용 없는 허울에 불과하다.

얼마 전에는 에마뉘엘 마크롱 프랑스 대통령이 '정부의 실책은 인정하지 않는다'는 과거 프랑스 정부의 정책에 반기를 들었다. 1950년대와 1960년대 알제리 전쟁에서 프랑스군이 알제리인에게 체계적으로 고문을 자행했음을 정식으로 인정한 것이다. 나아가 마크롱 대통령은 많은 실종자들의 이야기가 담긴 기록물을 공개할 것을 명령했다. 이러한 조치는 "역사가, 가족, 관련 단체 등 모두가 알제리 전쟁에서 실종된 사람들의 기록을 찾아볼 수 있도록" 하기 위한 것이었다. 진실화해위원회의 청문회처럼, 사랑하는 사람에게 무슨 일이 있었는지 진상을 규명할 수 있게 돕는 것은 엄청난 힘을 지닌다. 기록과 문헌을 통해 드러난 진실은 암울했고, 고통스러웠으며, 프랑스 정부는 비난의 대상이 되었다. 그러나 마크롱 대통령의 조처는 고통을 치유하는 것이 국가의 체면을 지키는 것보다 훨씬 더 중요하다는 것을 보여주었다.

프랑스 역사학자 벤자민 스토라Benjamin Stora는 마크롱의 결단이 과거 제국주의 식민지 시절에 대한 언급을 꺼리는 "아버지의 침묵"으로부터 벗어나는 움직임을 상징한다고 말했다.[9] 프랑스 대통령의 성명문은 과거 국가가 외면했던 사람들의 피해와 상처에 대한 책임을 인정했다(2단계). 그러나 더욱 중요한 것은 3단계로 나아가 '과거의 진실을 숨긴 데 따른' 더 큰 피해를 치유할 방법을 보여주었다는 것이다. 그의 첫 사과문은 그 자체로도 의미가 깊었지만 보상 단계가 없었다면 효과가 크게 덜했을 것이다.

이처럼 여러 국가 지도자들이 과거 정부와 국민들의 잘못된 행동을 바로잡을 방법을 찾고 본보기를 제시해주었다. 그러므로 우리 개인들도 아무리 오래전에 있었던 일이라도 사과를 할 수 있을 것이다. 우리 또한 진심이 담긴 반성과 후회를 표명하고 '기록을 바로잡을' 수 있을 것이다. 진실을 밝히고 사실을 알릴 수 있을 것이다.

의견을 듣고 반영하기

깜짝 선물은 당신을 행복하게 해주고 싶다는 의도를 보여주는 기분 좋은 일이다. 예를 들어 사과를 할 때 전통적으로 따라오는 꽃다발은 더욱 구체적이고 철저한 사과의 문을 여는 화해의 표시가 될 수 있다. 하지만 동시에 사과받는 사람이 상대방의 시도와 노력에 고마운 마음을 표시해야 한다는 의무감을 느낄 수도 있다는 점에 주의하라. 여기서 중요한 것은 어떻게 해야 당신이 일으킨 실수나 상처를 진정으로 치유하고 바로잡을 수 있을지 생각해봐야 한다는 것이다. 가능하다면 회복과 배상은 양측의 협력을 통해 이뤄져야 한다.

의료사고가 발생했을 때 일부 병원이나 의사들은 피해 환자 및 가족에게 직접 연락해 어떤 조처가 필요한지 묻는다. CARe(소통, 사과, 그리고 문제해결)에서 가장 먼저 실시하는 조치는 환자와 가족들에게 지금 즉시 무엇이 필요한지 묻는 것이다. 그들은 피해자에게 뭐가 필요한지 알기 위해 의료과실 소송이 시작될 때까지 기다리지 않는다. 환자들에게 필요한 장기적인 금전 지원 역시 협상을 통해 최대한 빨리 해결한다. 우리는 이미 1장에서 이런 종류의 대화가 빠르고 만족스러운 해결책으로 이어진 사례를 봤다. 유방암에서 살아남은 와그너는 병원 측이 그녀의 말을 경청해주어 만족했고 적절한 시일 내에 아들을 위한 교육비를 보상받을 수 있었다.

효과적인 보상이 이뤄지려면 어떤 형태로든 피해자나 그의 대변인을 보상 계획에 참여시켜야 한다. 대표적인 사례로 노예제도와 같은 비인간적인 관행으로 이득을 얻은 단체나 기관들이 최근

그로 인한 피해를 검토하고 배상하려는 노력을 들 수 있다. 일례로 2015년에 조지타운 대학교 총장 존 드조이어John DeGioia는 조지타운 대학의 성공 기반에 노예제가 있었다는 문제를 해결하기 위한 위원회를 설립했다. 조지타운은 설립 이후 줄곧 노예들의 노동력에 의존했고 1838년에는 272명의 노예를 루이지애나에 팔았다. 2016년에 드조이어 박사는 일부 연구진의 권고안을 공개적으로 지지했다. 그 권고안은 공식 사과 성명을 내고, 노예제도를 연구하는 기관을 설립하고, 대학 설립에 기여한 '노예화된 노동자들'을 기리는 추모식을 열고, 두 개의 학교 건물에 아프리카계 미국인의 이름을 붙이라는 내용을 담고 있었다. 그 이름 중 하나인 아이작 호킨스Issac Hawkins는 200년 전 노예로 팔려간 노동자 중 한 명의 이름이었다. 또한 드조이어는 조지타운에 노동력을 제공한 노예들의 모든 후손들에게 우선적으로 입학 자격을 부여하는 추가 계획을 발표했다.

이런 강력한 회복적 조처에도 불구하고 성명서가 발표된 후 유의미한 비판이 일었다. 그중 하나는 피해를 입은 노예들의 후손들이 위원회의 논의 과정에 참여하지 못했다는 지적이었다. 실제로 그들 중 상당수가 사과문을 발표하는 공식 석상에 초대받지도 못했다. 일부는 후손들에게 장학금을 지급해야 한다고 주장했다. 그 결과 드조이어는 추모식을 기획하는 새 위원회에 후손들을 참석시키고 대학 기록보관소가 소장한 족보 정보에도 접근할 수 있게 했다.[10]

몇몇 후손들은 새로운 제안을 받아들이고 가족의 역사에 대한 정보를 얻을 수 있게 된 데 기뻐했지만, 다른 이들은 이마저도 불충분하다고 여겼다. 2018년 1월, 조지타운 대학과 예수회 지도자들이

후손들에게 "장기적인 대화와 파트너십, 협력을 위한 제도를 마련하자"고 제안했다.[11] 대화는 효과적인 해결책으로 이어질 수 있지만, 상처를 치유하려면 과거를 바로잡기 위한 노력이 지체 없이 행동으로 이어져야 한다.

후손들의 공동체와 학계의 몇몇 목소리들은 경제적 보상이 중요하다고 주장했다. 사회학자 트레시 맥밀런 코텀Tressie McMillan Cottom은 드조이어의 성명문과 반성을 위한 노력(2단계)을 칭찬하면서도 배상이 올바르게 이뤄지려면 과거의 피해를 구체적으로 복구해야 하며, 이 경우 그 피해란 과거 노예로 일한 사람들이 노동에 대해 보상받지 못한 비용이라고 주장했다. 그녀는 대학 입학 우선권은 일부 똑똑한 학생들에게는 좋은 기회가 될지 몰라도 이는 빚을 복권으로 갚는 것과 비슷하다고 말했다.[12]

2019년 4월에 실시된 투표에서 조지타운 재학생들의 3분의 2는 1838년에 팔려간 노예 272명의 후손들에게 금전적 배상을 하는 데 찬성표를 던졌다. 학생 투표 결과가 실질적인 구속력을 지니지는 않으나 이 투표를 주도한 학생회는 현재 학생들이 내는 등록금으로 배상금을 지불할 것을 학교 당국에 요구했고,[13] 해당 논의는 지금까지 진행 중이다.

조지타운 대학교의 경우 이 문제가 특히 까다로운 이유는 배상을 받아야 할 사람들이 현재 살아있지 않기 때문이다. 그나마 노예제도의 경우는 이 부당한 제도의 사회적 및 재정적 유산으로 인해 후손들이 직접적 피해를 입고 있다는 확고한 논거가 마련되어 있는 편이다. 대리 배상 절차 역시 당사자들과 최대한 협력적으로 진행하고 진행되어야 한다. 과거 대학이 소유한 노예들의 후손이나 역사적 사건으로 피해를 입은 사람들은 배상과 관련된 결정에 참여할 수 있어야 한다.

얼마 전 렌티Renty라는 노예의 직계 후손인 타마라 래니어Tamara Lanier가 하버드 대학교에 그녀의 조상을 찍은 은판 사진을 반환할 것을 요구하는 소송을 걸었다. 사진을 찍은 루이스 애거시즈Louis Agassiz 교수는 19세기에 아프리카인들의 열등함을 입증하기 위해 노예들의 나체 사진을 찍고 전시했다. 래니어의 소송이 제기되자 애거시즈 교수의 후손들 역시 그녀의 요구를 지지하는 청원을 대학 측에 제출했다. 그들의 대표인 마리안 무어Marian Moore는 래니어와 함께 그 편지를 하버드 총장에게 전달했다. 박물관의 관리 없이는 유물이 손상될지 모른다는 우려와 복잡한 법적 문제가 대두되긴 했지만, 그보다 더욱 중요한 것은 수세대 전 한 남성이 초래한 피해를 바로잡기 위해 두 명의 증-증-증손녀들이 어깨를 마주하고 나란히 전진했다는 점이다.[14]

당신이 끼친 피해를 어떻게 바로잡아야 할지 모르겠다면 가장 좋은 방법은 상대방에게 직접 물어보는 것이다. 페미니스트 변호사 질 필리포빅Jill Filipovic은 #미투 운동의 영향을 받은 유명인사 남성들에게 어떻게 다시 힘을 되찾을 것인가가 아니라 어떻게 잘못을 바로잡을 것인가에 먼저 집중해야 한다고 충고한다. 어떻게 해야 할지 잘 모르겠다면 그 문제를 해결하는 데 평생을 바친 여성들에게 물어보면 된다. 또 필리포빅은 전문적인 도움을 제공해준 사람에게

도 보상을 해줘야 한다고 제안한다.[15]

　유튜브에 사과 영상을 올린 댄 하먼을 기억하는가? 처음에 그는 자신이 끼친 피해를 어떻게 해결해야 할지 몰랐다. 그는 갠츠의 도움을 받은 후에야 방어적 태도를 내려놓고 좋은 사과를 할 수 있었다. 그러는 한편 그는 다른 여성 동료들에게 조언을 구하고, 질문을 던지고, 대답을 듣고, 사과에 관한 책을 읽었다. 그가 올린 사과 영상은 여러 사람이 함께 힘을 합친 결과였다. 만일 지금 당신이 상처를 입힌 사람과 계속 관계를 유지하고 있지 않다면 이런 협력적인 노력은 특히 유용하다.

　조지타운 대학교 사례에서 볼 수 있는 것처럼, 개인적으로 올바른 일을 하고 싶을 때에도 관계를 회복하고자 하는 사람에게 연락을 취하고 그 사람의 의견을 확인해봐야 한다. 당신이 피해를 입힌 사람과 관계를 개선하기 위해 함께 노력하는 것은 형벌이 아니다. 신뢰와 의사소통의 새로운 기반을 다지는 일이다. 배상과 관계 복구를 위해 노력하며 창의적인 협력 관계를 쌓아 올려라.

내 마음의 변화도 느끼기

배상은 피해자가 상처를 회복하는 데 큰 도움이 된다. 사과를 하는 사람이 해야 할 일은 배우자나 친구, 또는 동료가 상처를 입기 전의 상태로 회복시키는 것이다. 나아가 그 과정에서 종종 예전보다 더 나은 상태로 끌어올릴 기회를 만날 수도 있다. 사과하는 사람으로서는 뭔가 대가를 치러야 할 수도 있지만 만족스러운 해법만 찾아낸다면 모두가 기뻐할 수 있다. 마고는 친구 애니와 함께 이탈리아를 방문했을 때, 애니의 상처를 치유하는 데 의미 깊은 일을 해줄 수 있다는 게 기뻤다. 그녀는 친구가 가족과의 연결 고리를 찾는 과정에 함께한다는 사실이 좋았다. 샘은 마리오가 정성 들여 준비한 축사를 준 고모님께 전할 수 있도록 저녁식사 계획을 세우면서 더 좋은 배우자가 되었다는 뿌듯함을 느꼈다.

3장에서 읽은 종교적 의식에서 참회자는 그가 해를 끼친 사람에게 배상을 하고 나면 신에게 용서를 받았다고 느낀다. 본능적으로 우리 인간은, 남의 것을 망가뜨렸다면 이를 복구하거나 바로잡아야만 공평하다고 느낀다. 피해를 입은 사람들에게 배상이나 보상이 가장 기본적인 해결책이 되는 것도 그런 이유에서다. 잘못된 일을 공정하게 바로잡고 나면 스스로 더 좋은 사람이 된 것 같은 뿌듯함을 느끼게 된다.

1990년대, 심리학자 조녀선 셰이Jonathan Shay가 심리학계에 '도덕적 부상moral injury'이라는 개념을 몰고 왔다. 도덕적 부상은 PTSD(외상후 스트레스장애)의 일종으로, 특히 개인이 품고 있는 도덕적 신념과 실제 행동이 충돌했을 때 발생하는 현상을 가리킨다. 셰이가 면담한 병사들은 대개 가치관의 충돌 때문에 도덕적인 부상을 입었다. 가령 생명의 존엄성을 믿는 자아와 지휘관에 대한 충성심이 서로 상반되는 것처럼 말이다. 상관의 명령을 따르기 위해 타인의 생명을 빼앗아야 한다는 것은 도덕적 부상이 발생하는 가장 큰 원인이었다.[16] 제대군인은 끝없는 죄책감과 수치심에 시달렸고, 도덕적으로 명료하지 않은 문제 때문에 혼란을 느꼈다. 때로는 생명존중 개념에 대한 확신을 잃기도 했다. 기존의 전통적인 심리요법으로는 다루기 힘든 끔찍한 고통이었다.

2017년《뉴욕 타임스》에는 이 같은 문제 때문에 고통받고 있는 제대군인들에 관한 에세이가 실렸다. 아론 프랫 셰퍼드Aaron Pratt Shepherd는 돌이킬 수 없는 비극적 행동의 후유증을 '치료'하려면 무엇이 필요한지 이야기하면서 철학자 조사이어 로이스Josiah Royce의 글을 인용한다. 일반적인 예상과는 달리 이런 종류의 질환은 타인의 용서나 감정적 지지로는 해결할 수가 없다. 셰퍼드 박사는 망가진 것을 고치거나 산산이 부서진 것을 다시 하나로 이어 붙이는 일종의 속죄를 하라고 권고한다. 가장 먼저 실제 전투의 열기 속에서 또는 관념적으로 자신이 어떤 개인적 가치나 도덕적 규범을 희생시켰는지 파악한다. 그런 다음 손상된 가치를 회복하거나 바로잡는 데 도움이 될 행동을 실천한다.[17] 예컨대 전투 중 민간인에게 피해를 입힌 데 대해 죄책감을 느끼는 일부 병사들은 지역사회를 돕는 재난구호 비영리단체인 팀 루비콘Team Rubicon에서 활동한다.[18] 민간인 지역에 군인들의 주둔을 줄이기 위한 정치적 활동을 할 수도 있고, 바람직한 육아 환경 및 안전한 지역사회 만들기에 초점을 맞추는 사회 활동도 가능하다. 이러한 노력은 도움을 받는 사람들은 물론 군인들의 정신적 회복에도 도움이 되기 때문에 탁월한 효력을 발휘한다.

잘못은 없지만 책임이 있는 경우

역사적으로 거대한 사건이 일어나 엄청난 부정적 결과가 발생했고, 그것이 개인의 행동과는 관련이 없어 보이는 경우에는 어떻게 해야 할까. 유해한 행동에 대한 비난을 인정하는 것과 그로 인한 피해나 여파의 책임을 인정하는 것 사이에는 큰 차이가 있다. 얼마 전 보수 칼럼니스트인 데이비드 브룩스David Brooks는 이렇게 쓴 적이 있다. "때때로 죄악을 바로잡는 비용은 그 일이 일어난 후에 태어난 세대가 짊어지게 된다."[19]

'바로잡는 비용'이란 바로 배상과 복구를 의미한다. 피해자가 입은 상처에 대한 보상이나 재정 상태의 회복, 또는 불의를 바로잡는 것을 뜻할 수도 있다. 우리 미국의 경우 두 가지 원죄, 즉 원주민 학살과 노예제도는 아직도 격렬한 논란의 대상이다. 많은 사람들이 내가 페이스북에서 본 다음과 같은 글과 비슷한 견해를 갖고 있다. "나는 150년 전에 있었던 일로 사과하기를 거부한다." 사과가 개인으로서 듣는 비난을 인정하는 것과 같다는 전제에서 주장하는 말이라면 나도 이들의 논지를 이해한다. 물론 '나'는 원주민의 땅을 부당하게 몰수하거나 서아프리카 사람들을 납치한 데 대해 개인적인 책임이 없다. '나'는 잔인한 짐 크로 법에 찬성하지도 않았고 이웃들을 갈라 차별하지도 않았다. '나'는 사람들을 억지로 그들의 터전에서 쫓아내지도 않았고, 학교에 보내 그들 고유의 문화와 언어를 박탈하지도 않았으며, 또 그렇게 한 사람들을 지지하지도 않았다. 나는 대량 투옥 정책mass incarceration°의 결과를 혐오한다. 그런데 내가 왜 사과를 해야 한단 말인가?

여기에는 명심해야 할 점이 있다.

내 백인 아버지는 대학 교육을 받았고, 2차 세계대전에 참전한 덕에 처음으로 자기 집을 마련할 수 있었다. 한편 내 아버지와 똑같은 애국심을 발휘해 전쟁에 참전한 다른 많은 병사들은 오직 피부색 때문에 그러한 기회를 거부당했다. 미국 백인들의 재산은 내가 가진 수많은 혜택들과 더불어 시간이 지날수록 (평균적으로) 증식했는데, 이는 그저 내가 특정한 외모를 갖고 있다는 이유 때문이었다. 나는 가난했지만 만일 내가 백인이 아닌 가난한 흑인이나 히스패닉이었다면 나와 내 자식이 가질 수 있는 기회는 완전히 달라졌을 것이다. 나는 그러한 역사적 사실 덕분에 개인적으로 이득을 취할 수 있었다.

내가 부당한 사회체계 덕분에 개인적인 이득을 얻었다면, 사적인 비난을 들었을 때만큼 그에 대해 책임을 져야 한다고 생각한다. 물론 어떤 사람들을 다른 사람들보다 더 가치 있게 여기는 이런 강력한 시스템을 만든 것은 내가 아니다. 그러나 과거사를 바로잡는 데 있어 내가 기여할 수 있는 한 가지 방법은 내 몫의 책임을 인정하고, 현재를 바꾸고, 바라건대 미래를 바꾸는 것이다. 전반적으로 우리 시대가 가장 오랫동안 미뤄온 중요한 사과는 백인 미국인들이 유색인종 미국인들에게 해야 하는 것이다. 영화감독 카트리나 브라운Katrina Browne은 영화 〈트레이스 오브 트레이드Traces of the Trade〉에서 그

○ 최대한 많은 범죄자를 최대한 오래 사회로부터 분리해야 한다는 미국의 정책으로, 1970년 대 흑인의 인권운동 탄압에서 시작되었다.

녀가 속한 북부 백인 가문이 과거 노예무역에 종사했다고 털어놓는다. 또 그녀는 불의에 대해 알게 되면 잘못된 것을 바로잡고 싶은 마음이 들지만, 그러한 충동은 죄책감이 아니라 애석함에서 비롯된다고 말한다.[20]

불평등이라는 유산을 바로잡을 방법에 대해 논할 때에는 이런 어마어마한 규모의 배상 문제를 어떻게 해결할 것인가 하는 질문이 대두될 수밖에 없다. 2014년 작가 타네히시 코츠Ta-Nehisi Coates는《디 애틀랜틱》에 게재한 에세이 「배상금의 사례들The Case for Reparations」에서 수세기에 걸친 노예제도와 뒤이어 거의 200년 동안 이어진 인종 차별적 법률과 주택 정책이라는 상황을 바로잡기 위해서는 미국 정부의 직접적 개입이 필요하다고 주장한다. 그는 사례를 들어 노예제의 희생자였던 아프리카계 미국인의 후손들에게 금전적 배상을 하는 것이 가능하다고 말한다.[21]

한편 당시 그 주장의 타당성에 의문을 제기했던《뉴욕 타임스》의 칼럼니스트 데이비드 브룩스는 그로부터 5년 뒤인 2019년에는 조금 달라진 견해를 내놓았다. 그는 "미국 전역을 돌며…… 양극화 현상을 살펴본" 뒤, "배상은 극단적이고 실행이 어려우나 그에 대해 논의하고 계획하는 행동 자체만으로도 상처를 치유하고 새로운 이야기를 열 수 있다"고 했다.[22] 이 같은 발상은 2019년에 미국 노예제 배상을 연구하는 의회 위원회 설립 제안안이라는 형태로 재등장했는데, 이는 30년 전인 1989년에 도입된 법안과도 유사하다. 이런 의견들이 계속 부활하며 지지를 얻고 있는 것이다.

배상 문제를 해결하려고 할 때 한 가지 어려운 점은, 너무나 많은 미국인에게 영향을 끼칠 수 있는 보상을 어떻게 체계적으로 구상하고 관리할 것인가이다. 일부 학계에서 이미 해결안을 제시한 적이 있다. 2019년 《뉴욕 타임스》의 경제특파원 퍼트리샤 코헨Patricia Cohen은 배상을 받을 사람과 액수, 그리고 경제에 미칠 여파를 비롯해 관련 개념들에 관한 조사 결과를 제시했다. 그녀는 윌리엄 T. 셔먼William T. Sherman 장군이 흑인 미국인을 노예 신분에서 해방시키며 약속했던 '40에이커의 땅과 당나귀'를 시작점으로 삼는다.[23] 에이브러햄 링컨 대통령과 의회가 이 합의를 승인하면서 새로 자유인이 된 4만 명이 땅을 일구고 농장을 운영하기 시작했다. 그러나 링컨 대통령이 암살된 뒤 대통령이 된 앤드루 존슨 대통령은 이 명령을 폐지하고 땅을 몰수했다. 이후 의회에서 다시 노예들에 대한 배상을 시도했으나 존슨 대통령에게 거부당했다. 일부 학자들은 이 40에이커를 재정적 보상의 기준으로 삼아 현재 가치를 산정하려고 노력 중이다. 만일 당신이 이 모델, 또는 다른 방법이 합리적이라고 생각한다면 노예제에 대해 올바른 배상을 하기 위한 노력에 목소리를 보탤 수도 있을 것이다.

국가 정책과는 별개로, 노예제도처럼 거대한 문제에 대해 우리 개개인은 어떤 배상을 할 수 있을까? 『멈출 수 없는 눈물Tears We Cannot Stop』은 침례교 목사이자 대학교수인 마이클 에릭 다이슨Michael Eric Dyson이 설교문 형태로 저술한 책이다. 다이슨은 미국 백인들이 인종차별적인 과거를 개인적으로 바로잡을 수 있는 방법에 대해 긴 목록을 제시한다. 그중에서도 그는 특히 개인적으로 배상 계좌를 만들어 가령 대학생에게 교과서를 지원하거나 직원들에게 보다 공정한 보상을 하라고 권고한다.[24] 이는 거창한 제도적 변화가 생길 때까지 무작정 기다리기보다는 지금부터 일상생활에서 작게나마 배상을 위한 노력을 실천하라는 의미다. 백인들의 특권 의식이 초래한 역사적 불공평을 바로잡기 위해 노력한다면 다른 사람의 안정을 증진하는 데 기여할 수 있을 것이다.

사과는 손상된 인간관계를 회복시킨다. 상처 입은 사람에게 공감하고 상처를 치유하기 위해 함께 협력하는 3단계는 신뢰를 강화하고 친밀감을 증진한다.

우리는 본능적으로 정의와 공정함을 추구하고, 배상은 그러한 욕구를 만족시키는 행위다. 좋은 사과는 사과하는 사람도 내적 균형을 회복할 수 있게 돕는다. '좋은 죄책감'을 느끼는 평범한 사람, 즉 정상적인 사람은 남에게 입힌 상처를 책임지고 적절한 회복적 조치를 취함으로써 마음의 짐을 덜 수 있다. 사과를 하는 사람은 도덕적 부상에 시달리는 군인들처럼 긍정적인 자기 이미지를 되살리고 자신이 가장 중요하게 여기는 게 무엇인지 명료하게 사고할 수 있다.

어쩌면 이 단계가 어색하게 느껴질 수도 있다. 후회와 반성을 표현하는 2단계는 어렵긴 하지만 적어도 익숙한 영역이다. 그러나 잘못을 시정하기 위해 보상적 행동이 필수적이라는 생각은 낯설게 다가올 수 있다. 하지만 여기 좋은 소식이 두 가지 있다. 첫째, 잘못을 배상할 방법은 다양하다. 망가진 것을 대체하거나, 어떤 일을 다시 하거나, 혹은 빚진 것을 갚을 수도 있다. 둘째는 어떻게 해야

할지 혼자서 고민할 필요가 없다는 것이다. 가장 이상적인 3단계
는 당신과 당신이 잘못을 바로잡고자 하는 상대와의 대화에서 시작
된다.

3단계 실행 대본

✳ "네 상처를 치유하는 데 도움이 되고 싶어. 몇 가지 생각해둔 게 있는데, 얘기해도 될까?"

✳ "내가 너한테 한 실수를 만회할 수 있는 방법이 있을까?"

✳ "어떻게 해야 네 신뢰를 다시 얻을 수 있겠니?"

✳ "이 문제를 바로잡기 위해 내가 할 수 있는 다른 일이 있다면 말해주지 않을래?"

✳ "그 일로 영향을 받은 사람들한테 전부 다 내 책임이라고 알려야겠어. 어떻게 해야 할지 우리 얘기해보자."

Chapter 7

4단계:
결코 다시는!
되풀이하지 않기 위해

사과를 하고 필요한 보상을 한다고 해서 다시는 그런 일이 일어나지 않는다고 보장할 수 있을까? 상처를 입은 사람은 또다시 그런 일이 생기지 않을까 불안할 수밖에 없다. 비슷한 일이 또 발생한다면? 정말로 과거를 극복하고 앞으로 나아갈 수 있을까? 상처를 주는 상황이 지속된다면 과연 상처가 치유되었다고 말할 수 있을까? 4단계는 사과를 하는 사람들이 가장 자주 간과하는 것이다. 잘못된 관계를 바로잡는 데 능숙한 사람들조차도 그렇다. 그러나 4단계야말로 사과의 진정한 결실이 탄생하는 곳이다.

이 책 앞부분에서 언급한 인지 편향 외에도 우리 인간은 기존의 생각과 행동을 유지하려는 강력한 경향을 지니고 있다. 개인적인 습관뿐만이 아니다. 사람과 사람 사이의 상호작용 패턴 역시 지속하려는 경향을 지닌다. 흔히 말하는 것처럼 미래의 행동을 예측하고 싶다면 과거의 행동을 들여다봐야 하는 것이다.

그러나 지금까지 내가 관찰한 결과에 따르면 사람들 사이의 관계는 물론 사람도 변할 수 있다.

나이가 들어 새로운 깨달음을 얻게 된 사이먼은 삶의 많은 부분들을 다시 평가하게 되었다. 그가 가장 고민하는 것은 청소년기에 들어선 막내딸 수잔과의 관계였다. 과거의 행동을 돌이켜본 사이먼은 그가 어린 딸에게 지나치게 친밀한 관계를 바라고 있었음을 알게 되었다. 그는 딸과 자주 여행을 다녔고 저녁에도 자주 같이 외출을 하곤 했다.

그는 자신이 딸에게 가까운 파트너의 역할(성적인 의미가 아님)을 요구한 나머지 수잔이 정상적인 사회생활을 하는 데 방해가되었을까 봐 걱정되었다. 수잔은 고등학교 2학년 때부터 아버지와 함께 콘서트에 가거나 보트 여행을 다녔다. 사이먼은 딸과 함께 시간을 보내는 것이 좋았다. 하지만 그가 바라는 것보다도 수잔의 성장에 무엇이 최선일지를 먼저 고려해야 했다. 수잔이 연애에 별로 관심이 없는 것도 자기 탓인 것 같았다.

사이먼은 수잔을 앉혀두고 조심스럽게 그가 '깨달은 것'을 말해 주었다. 그는 자신이 수잔에게 어떤 피해를 주고 있는지 수잔보다 더―적어도 의식적으로는―잘 알고 있었다. 사이먼은 딸에게 무지하고 이기적인 행동을 해서 미안하다고 고백했다.

수잔은 아버지의 고백이 어색하고 불편하다고 말했다. 수잔은 두 사람의 관계가 다른 집과는 조금 다르다는 것을 알고 있었고, 때때로 친구들이 아버지를 그녀의 '남자친구'라고 놀리기도 했지만 한 번도 둘의 관계를 그런 식으로 생각한 적은 없었다. 수잔이 이 새로운 상황에 익숙해지는 데에는 조금 시간이 걸렸다. 아버지를 이해하는 데에는 더 오래 걸렸다.

그러나 아버지의 사과는 놀라우리만큼 수잔의 세상을 순식간에 변화시켰다. 일주일쯤 지나자 수잔은 또래 남학생들이 자신에게 관심을 갖고 있음을 알아차렸다. 지금까지 줄곧 그랬지만 이제야 눈치챈 건지, 아니면 이제야 수잔이 남자아이들에게 다른 종류의 신호를 보내게 된 건지 궁금했다.

아버지의 고백은 수잔에게 명백한 영향을 끼쳤다. 시간이 지나면서 수잔은 아버지가 그의 결심을 철저하게 행동으로 옮기고 있다는 사실을 깨달았다. 아버지는 수잔이 예전과 같은 패턴으로 돌아가려고 할 때마다 자연스럽게 휩쓸리지 않도록 주의하고 저항했다. 무엇보다 사이먼은 다시 아내와 가까워지기 위해 노력했다. 딸과 시간을 보내는 대신 아내가 좋아할 만한 일을 생각해내고 함께하려고 했다. 한편 '스스로에게 정직해지기 위해' 상담치료사와 정기적으로 만나 이야기를 나눴다.

딸과 여전히 가깝게 지내며 꾸준히 얼굴을 보고 다정한 대화를 나누고 이메일을 주고받았지만, 사이먼은 다시는 저녁에 둘이서만 외출하지 않았다. 수잔과 함께 여행을 가고 싶을 때면 수잔에게 '남자친구가 없을 때에도' 친구들과 함께 놀러가라며 여행비를 대주겠다고 말했다. 사이먼은 과거의 패턴으로 돌아가지 않기 위해 열심히 노력했다. 그는 몇 년 뒤 수잔의 손을 잡고 결혼식장에 함께 걸어가던 순간이야말로 인생에서 가장 행복한 순간이었다고 말했다.

시스템 바꾸기

4단계는 피해가 재발하지 않도록 일정한 한도와 기준을 정하는 것이다. 또한 미래에 다른 사람이 피해를 입지 않도록 상황 자체를 변화시키는 것이기도 하다. 미래의 피해를 막기 위해 노력한 한 가지 사례는 아주 끔찍한 사건에서 시작되었다. 1998년, 브렌다 트레이시Brenda Tracy는 네 명의 대학 미식축구 선수들에게 성폭행을 당하는 악몽 같은 일을 겪었다. 그녀가 피해를 신고했을 때 오리건 대학 미식축구팀의 감독인 마이크 라일리Mike Riley는 그들이 "나쁜 선택을 했을 뿐인 좋은 청년들"이라고 말하며 겨우 한 경기 출장 정지 처벌을 주는 데 그쳤다.

트레이시는 대학 커뮤니티의 격렬한 비난을 감내해야 했고, 결국 형사 고발을 포기하기에 이르렀다. 이후 그녀는 강간 피해자들을 위해 일하는 사회운동가가 되었다. 트레이시가 언론에 이 이야기를 밝힌 것은 사건이 발생하고 16년이 흐른 뒤였다. 그 긴 세월 동안 그녀는 코치가 그녀에게 일어난 일을 대수롭지 않게 여겼다는 데 큰 상처를 입었다. 강간범들보다도 그가 더 증오스럽게 느껴질 정도였다.

트레이시가 자신이 겪은 일을 언론에 공개하고 난 뒤, 라일리는 당시에 다른 조치를 취하지 않았던 일을 후회한다고 말했다. 이후 네브래스카 대학으로 옮긴 그는 트레이시에게 만나고 싶다는 연락을 했다. 두 사람은 두 시간 동안 진지한 대화를 나눴다. 그녀는 그 동안 마음에 담아두었던 말을 전부 토로했고, 긴 세월 동안 궁금했던 것들을 전부 물어보았다. 그녀의 말에 따르면 라일리는 그녀의 질문에 성실하게 대답했으며, 사건을 자세히 조사하지 않은 것과 그 일이 그녀의 삶에 어떤 영향을 끼쳤는지 고려하지 않은 점에 대해 사과했다고 한다. 가장 중요한 것은, 자신의 결정이 트레이시에게 얼마나 큰 상처를 줬는지 이해하고 있으며 다시는 그런 짓을 하지 않겠다고 한 라일리의 말을 트레이시가 믿었다는 것이다.

그것은 한 사람의 완전한 변화, 다시는 잘못된 일을 반복하지 않겠다는 약속을 의미했다. 라일리는 트레이시에게 지금 그가 맡고 있는 팀에게 "그런 사건으로 인해 주변의 모든 사람들이 어떤 변화를 겪을 수 있는지…… 생생한 이야기"를 들려달라고 부탁했다. 트레이시는 그의 부탁을 받아들였다. 그녀는 운동선수들에게 자신이 라일리 코치를 얼마나 증오했는지 이야기했다. 그가 그녀를 이 자리에 초청할 필요가 없었다고도 말했다. "이게 바로 자신의 잘못을 인정하고 철저한 책임을 지는 모습입니다." 트레이시는 선수들이 "대학 미식축구계가 처해있는 이 암울한 시기에 좋은 본보기가 될 수 있기를" 바랐다.[1] 트레이시와 라일리 코치는 힘을 합쳐 대학 운동선수들의 특권 문화를 개선하는 데 기여하고 미래의 범죄를 예방할 수 있었다. 이후 트레이시는 다른 많은 감독들의 초청을 받아 대학 스포츠 팀을 찾아다니며 강연을 하고 있다.

그녀는 젊은 남자 대학생들에게 말했다. "나는 여러분이 문제라고 생각하기 때문에 이 자리에 선 게 아닙니다. 여러분이 해결 방안이기 때문에 찾아온 겁니다."[2] 당연한 말이지만 변화를 만든 것은 라일리의 행동이 아니라 트레이시의 용감한 증언이다. 그러나 또한 라일리가 잘못을 바로잡길 원했기에 이러한 변화가 시작될 수 있었다는 사실을 잊어서는 안 된다.

사과의 4단계는 해결책을 제시하는 과정이다. 대개는 유사한 피해가 다시 발생하지 않도록 예방책을 모색하지만, 트레이시가 보여준 것처럼 애초에 문제를 초래한 근본적 원인을 찾고 완전한 해결책을 추구하는 단계이기도 하다. 이것이 바로 당신이 실제로 과거의 피해를 야기했든 아니든 미래의 피해를 예방하는 데 어느 정도 책임이 있는 이유다. 트레이시가 만난 젊은이들처럼 당신도 사람들이 공동체 생활을 영위할 더 나은 방법을 찾을 수 있는 잠재력을 지니고 있다.

'의료사고 후 의사소통 및 해결을 위한 매사추세츠 연합Massachusettes Alliance for Communication and Resolution following Medical Injury, MACRMI'이라는 긴 이름을 가진 단체는 의료 기관이 더욱 책임감 있는 조직이 될 수 있도록 교육 및 지원을 제공한다. 향후 의료사고 예방에 대한 필요성은 사고 발생 초기 대응 때부터 논의되며 계속 중요한 요소로 작용한다. 사고의 원인을 자세히 분석하는 것 역시 비슷한 사고가 발생하는 것을 방지하기 위해 의료 절차 및 행정 정책을 수정하는 데 필수적이다. 실제로 이러한 조사는 자신의 고통스러운 경험이 긍정적 결과에 기여할 수 있길 바라는 환자들에게 매우 중요한 것으로 밝혀졌다.

피해 환자 가족들과의 소통 방법에 관한 MARCRMI 교육에서 미시간 프로그램의 책임자인 부스먼은 "그들에게 가장 중요한 사람은 어머니지만 지금 우리에게 가장 중요한 사람은 아직 우리가 다치게 하지 않은 다음 환자입니다"라고 말했다.[3] 이 책을 읽는 당신에게는 익숙할지 모르나 실제로 의학계에서는 매우 혁신적인 변화였다.

2008년에는 하버드 의대 부속병원인 베스 이스라엘 디코니스 메디컬 센터에서 — 공교롭게도 내가 몇 년 전 수련의 교육을 받은 곳이다 — 의료사고의 종류에 관한 연구를 시작했다. CEO인 폴 레비Paul Levy의 지휘 하에 이들은 의료사고가 발생할 경우 그 경위를 소상하게 밝히고 병원 홈페이지에 관련 내용을 게재했다.[4] 의료사고를 정면으로 직시하는 이 급진적인 변화는 실수를 배움의 기회로 만드는 병원 측의 전략이었다. 의료사고가 발생하면 의료진과 환자 사이에 개인적인 사과가 이뤄지는 건 당연하나, 이런 대대적인 공개 조사 및 평가는 미래 환자를 위한 조치라고 할 수 있다.

대부분의 사람들은 브렌다 트레이시처럼 고통스러운 경험을 공론화하거나 공공기관에 호소하지 않는다. 그러나 우리는 가족을 비롯해 다양한 작은 집단의 일원이다. 우리가 바꿀 수 있는 건 우리 자신뿐이라는 말도 있지만, 우리의 행동을 바꾼다면 — 아주 작은 부분이라도 — 다른 사람의 패턴을 변화시켜 상처 입은 사람에게 도움을 줄 수 있거나 미래의 피해를 예방할 수 있다. 집단에 속한 한 사람이 공정한 대우를 받을 수 있다면 다른 모든 사람도 혜택을 얻을 수 있는 것이다. 모니크는 가족들이 남편 데즈먼드의 마음을 다치게 했다는 사실을 깨닫고 아이들에게 데즈먼드를 존중하고 친절하게 대해야 한다고 직접적으로 말했다. 또 데즈먼드에게 한 약속을 꾸준히 지키는 한편 다른 식구들과의 소통에도 주의를 기울이기 시작했다. 아이들이 자신들의 행동이 데즈먼드에게 어떤 영향을 끼칠지 깊이 생각한 적이 없다는 사실을 알았을 때, 모니크는 그리 놀라지 않았다.

데즈먼드를 한 가족으로 포용해야 한다는 대화를 나누는 도중, 모니크의 아홉 살짜리 딸이 리처드 스케어리의 동화책 캐릭터인 '롤리 웜Lowly Worm'에 대한 이야기를 꺼냈다. 책 속에서 롤리 웜은 하찮은lowly 취급을 당하고 실제로도 벌레worm였지만 굉장히 쾌활한 캐릭터였다. 작은 몸집 때문에 늘 불리하고 처량해 보이기는 했지만 명랑한 성격과 나비넥타이, 운동화를 한 짝만 신은 모습 때문에 재미있고 친근했다. 다른 아이들도 롤리 웜에 대한 이야기가 나오자 감탄사를 내질렀다. 즐거웠던 어린 시절이 떠올랐기 때문이다. 아이들은 롤리 웜의 단순하고 우스꽝스러운 모험들에 대해 재잘거리기 시작했다. 그 뒤로 한동안 가족들 사이에서 롤리 웜은 주눅 들거나 초라함을 느끼는 사람을 가리키는 애칭이 되었다.

1년 뒤 데즈먼드는 직장생활 때문에 지쳐 우울감을 느끼고 있었다. 어느 날 밤 그는 식구들에게 자신이 '롤리 웜'이 된 것 같다고 말했다. 다음 날 아침 데즈먼드는 그가 즐겨 입는 운동복을 입은 벌레 그림과 'LW'라고 적힌 따뜻한 메모를 발견하고 감동을 받았다. 그 캐릭터를 좋아하는 아이들이기에 데즈먼드에게도 예전보다 더 친근감을 느끼는 것 같았다. 그 뒤로 LW는 식구들의 위안이나 지지를 받고 싶을 때 사용하는 단어가 되었다.

상담을 받는 동안 모니크와 데즈먼드는 두 사람만 이해할 수 있는 손짓 신호를 발명했다. 그가 가족들 사이에서 소외감을 느낄 때나 아이들 몰래 모니크와 따로 이야기를 나누고 싶을 때 사용하는 신호였다. 데즈먼드가 자기 귀를 슬쩍 잡아당기면 분위기를 가볍게 만들자는 뜻이었는데, 두 사람은 그런 식으로 긴장감을 해소할 수 있길 바랐다.

다행히도 데즈먼드는 그 신호를 사용할 필요가 없었다. 모니크가 좋은 사과를 한 덕분에 두 사람의 관계는 훨씬 개선되었다. 또 데즈먼드와 아이들이 편안하고 친밀한 관계를 맺게 되면서 그도 가족 내에서 목소리를 낼 수 있게 되었다. LW와 귀를 잡아당기는 제스처는 한 명 또는 집단 구성원 모두의 바람직하지 못한 습관적 행동을 억제하거나 변화시키기 위해 새로운 패턴을 만들어낸 사례라고 할 수 있다.

바꾸지 않으면 반복된다

예전에 다른 사람을 다치게 했고 그 사실을 후회하고 있다면 다시는 그런 행동을 하지 않겠다고 다짐할 것이다. 그러나 비슷한 일이 또 발생한다면 4단계의 중요성이 대두되게 된다. 한 번 실수를 한다고 해서 관계가 완전히 무너지지는 않지만 진지하게 고심하지 않고 가볍게 넘어가서는 안 된다. 예전과 똑같은 실수를 저지른다는 것은 무척 실망스럽고 의기소침해지는 일이다. 오랜 습관이나 버릇을 고치는 데에는 엄청난 노력이 든다. 나도 그랬다.

때때로 가해자는 반복적인 해로운 행동이 무심코 발생할 뿐이며, 특별한 의도나 감정은 없다고 주장하거나 스스로 그렇게 믿는다. 그러나 문제의 행동이 패턴이 되면 진지한 대화가 필요하다. 당신은 상처 입은 사람에게 문제를 해결할 더 나은 해결책을 찾아줘야 할 의무가 있다. 당신이 어떻게 생각하든 약속을 한 번 깜박하는 것과 열 번 잊어버리는 데에는 엄청난 차이가 있다. 아무 변화도 없이 "미안해"만 열 번째 말하는 경우도 마찬가지다.

상대방이 입힌 피해가 강박적인 행동(도박, 약물이나 알코올 중독, 포르노 등)과 연관이 있다면 사과하는 사람에게도 정신건강 치료가 필요할지 모른다. 어떤 사람들의 경우 AA의 12단계 프로그램은 중독 행동을 변화시킬 수 있을 뿐만 아니라 상담치료보다도 더 큰 효과를 발휘하기도 한다.

심리치료사와 상담을 한다고 해서 반드시 실질적이고 지속적인 변화로 이어지지는 않으며 따라서 4단계의 이행을 장담할 수는 없음을 지적해두고 싶다. 아무리 변화에 대한 욕구가 충만하더라도 좋은 의도만으로는 충분하지 않다. 대부분의 경우 새로운 행동 패턴을 지속하려면 제도적 변화나 체계적인 뒷받침이 필요하다.

머라이어가 남편 제임스와 결혼했을 때, 제임스와 그의 자녀들은 그녀의 직장과 먼 곳에 살고 있었다. 머라이어는 날마다 몇 시간이나 걸려 다른 마을로 통근을 해야 했다. 또 매사에 철저한 그녀는 제임스가 어린 아들을 위해 대학 등록금을 아직 모아두지 못했다는 사실이 걱정스러웠다. 제임스와 아들들은 미래에 대해 꽤나 태평한 생각을 갖고 있었기 때문에 머라이어는 자신이 더 열심히 일해 돈을 모으는 수밖에 없다고 느꼈다. 누군가는 그게 왜 그녀의 책임이냐고 타박할지도 모르겠다. 그러나 머라이어는 그런 가치관을 갖고 자랐고, 자신의 계획이 지금의 가족들에게 필요한 것을 채워줄 수 있는 최선의 방법이라고 여겼다. 커플 상담을 하다 보면 이렇게 커플 중에서 혼자 '과잉 기능'을 하는 사람을 자주 볼 수 있다.

그러나 한편으로 머라이어는 무리한 일정 때문에 항상 만성피로에 시달렸다. 그녀는 간간이 제임스에게 사는 게 너무 힘들고 늘 억지로 버티고 있다고 토로했다. 그의 반응은 항상 똑같았다. 머라이어가 이런 일을 감당해야 해서 너무 가슴 아프고 미안하며 그녀는 이보다 더 나은 대우를 받아야 한다는 것이었다. 그러나 변하는 것은 없었다.

결국 머라이어는 심한 바이러스성 질환에 걸렸다. 첫 아이가 대학에 입학한 뒤에도 그녀는 계속 날마다 멀리까지 통근하고 야근을 했다. 아이들이 모두 학교를 졸업할 때까지는 일을 그만둘 수가 없었다. 혼자서 온 가족을 떠맡고 있는 듯한 기분이 들었다. 가장 절망스러운 것은 머라이어가 가족들을 생각하는 만큼 제임스가 그녀를 위해 노력하는 것 같지 않다는 것이었다. 몇 년 동안 무리하게 채찍질한 끝에, 마침내 머라이어는 무너지기 시작했다. 그녀는 우울증에 걸렸고, 한번 울음이 터지자 멈출 수가 없었다. 제임스는 죄책감으로 대응했다. 그는 머라이어가 과도한 일에 시달려 건강을 해치게 된 데 대해 수치심을 느꼈다. "당신이 필요로 하는 남편이 될 수 없을까 봐 두려워."

부부관계에서 머라이어와 제임스는 감정적으로 서로 다른 역할을 맡고 있었다. 머라이어는 일종의 도덕적 권위를 쥐고 있었고, 제임스는 그녀 외에 다른 사람은 돌볼 수 없는 유약한 사람이었다. 하지만 실제로 제임스는 충분히 유능했으며 아이들을 잘 돌보는 아버지였다. 그럼에도 다른 많은 '혼합blended' 가족처럼 부부는 두 사람의 관계를 균형 있게 발전시킬 기회를 갖지 못했다(어쩌면 '혼합'이라는 표현을 버리고 패치워크나 직소퍼즐 가족이라고 불러야 할지도 모르겠다. 실제로 가족 구성원들이 혼합되는 일은 잘 일어나지 않기 때문이다. 그렇지만 여기서 이 문제는 다루지 말자).

제임스의 반복적인 사과는 두 사람의 관계를 교착상태에 빠트렸다. 반성과 후회를 표현하는 2단계에만 머물러 있었기 때문이다. 부부는 그다음 단계로 소통을 발전시킬 수가 없었다. 제임스의 죄책감과 수치심이 고조되면 머라이어는 성격상 거기서 포기해버렸다. 그래서 제임스가 머라이어의 상황에 어느 정도 주의를 기울이고 있었음에도 그들은 변화에 대해 깊은 대화를 나누지 못했고 따라서 상황을 개선하지도 못했다.

그들이 가장 먼저 해야 할 일은 감정에 휩쓸려 주제에서 벗어나지 않고 일단 서로의 말에 귀를 기울이는 법을 배우는 것이었다.

조언자로부터 영적인 도움을 받은 제임스는 즉각적인 반응을 늦추고 차분함을 유지하는 방법을 배웠다. 그는 이 새로운 방법으로 자기가 아니라 상대의 말에 귀를 기울이는 1단계를 통과할 수 있었다. 나약함을 드러낼 여유가 생긴 머라이어는 더는 남편을 책망하는 느낌 없이 솔직한 심경을 털어놓을 수 있게 되었다. 그녀는 "외롭고", "삶에 지쳐 빈털터리로 혼자 쓸쓸하게 죽음을 맞을까 두렵다"고 말했다. 머라이어가 힘들어하는 모습을 본 제임스는 더욱 책임감 있는 사과를 하고 싶었다. 그는 아내가 동등한 파트너를 필요로 하고 있으며, 자신이 그녀의 고통에 어떻게 영향을 주었는지 이해하게 되었다.

이들의 변화를 조금 단순하게 설명하자면 제임스는 나약한 반쪽이라는 역할에서 한 단계 올라서게 되었고 머라이어는 외롭고 강인한 반쪽이라는 역할에서 한 단계 내려오게 되었다. 두 사람은 제임스가 머라이어가 도움을 요청하는 것을 좋아한다는 것을 깨달았다. 머라이어는 남에게 도움을 요청하는 데 익숙하지 않았지만 크고 작은 일에서 제임스의 도움을 받을 수 있다는 게 기뻤다. 그녀는 제임스에게 고마움을 표현했고, 선순환 패턴이 시작되자 이내 가속도가 붙었다.

두 사람의 관계가 진정으로 변화한 것은 제임스가 집안에서 더 큰 책임을 맡고 아내의 건강과 행복을 보호하기 위한 노력을 하면서부터였다. 그는 아내를 도우면서 동등한 책임을 나누는 연습을 해야 했고, 머라이어는 그가 그렇게 하도록 내버려두는 연습을 해야 했다. 별일 아닌 것처럼 들릴지 몰라도 두 사람은 이를 실천하기 위해 꾸준한 시간과 노력을 들여야 했다. 제임스는 머라이어가 재정적으로 너무 많은 기여를 하지 않게 하겠다고 결심했다. 그는 일자리를 추가로 구하고 그녀가 근무시간을 줄일 방법을 생각하게 도왔다. 둘째 아이가 대학에 입학했을 때에는 머라이어가 내민 도움을 거절하며 예전과 다른 변화를 만들겠다는 굳건한 의지를 보여주었다.

두 사람은 함께 힘을 모았다. 제임스는 머라이어가 상황을 개선할 수 있도록 도와주면서 과거의 패턴이 재발하지 않도록 방지할 방법을 적극적으로 고안했다. 그 결과 두 사람은 더욱 행복해졌다. 부부관계를 개선할 수 있는 새로운 소통 채널을 만든 덕분이었다.

회복을 위한 사법 정의 운동

관계를 회복하고 피해를 바로잡으려는 노력을 하게 되면 그 결과로 발생한 좋은 감정과 연결성을 계속 유지할 동기가 생긴다. 당신은 서로에게 만족스러운 해결을 위해 노력하게 될 것이다. 그러나 오래 지속될 변화를 창출한다는 것은 지독히도 어려운 일이다. 누구든 과거의 패턴으로 퇴보할 수 있기에 새로운 습관이 완전히 자리잡을 때까지는 옆에서 변화를 돕고 지지해줄 무언가가 필요하다.

일부 사법적 판결에는 이런 지속적 변화를 지원하는 시스템이 포함되어 있다. 이를테면 가석방과 보호관찰은 다소 복잡하고 때때로 오용되기도 하지만 범죄자들이 향후에 법을 준수하도록 지원하기 위해 고안된 시스템이다.

'회복을 위한 사법 정의 운동'은 가해자가 새로운 변화를 계속 유지할 수 있는 방식으로 책임을 지우는 것을 목표로 한다. 내가 자원봉사자로 참가하고 있는 매사추세츠 주의 '회복하는 사법 정의를 위한 공동체Communities for Restorative Justice, C4RJ'라는 프로그램의 경우, 책임이 있는 당사자는 매주 그의 행동이 초래한 영향을 직접적으로 바로잡는 활동에 참여하고, 자기가 저지른 일을 되짚어보며 미래에 어떤 어른이 되고 싶은지 '인격 계약서character contract'를 작성해야 한다.

대니라는 16세 소년은 어느 날 충동적으로 이웃집 차고에 들어가 오토바이를 훔쳐 동네를 돌아다녔다. 집 주인인 커티스는 대니를 알고 있었기 때문에 마음에 상처를 입었고 화가 났다. 대니의 가족도 마찬가지였다. 이웃들 역시 안전하다고 생각했던 동네에서 그런 절도 사건이 일어났다는 데 경악했다. 회복적 절차는 피해자의 필요에 주로 초점을 맞추지만 관련된 '모든' 당사자들에게도 온정적이다. 대니는 사건과 관련된 모든 당사자들과 계약서를 작성했다. 그 계약서에는, 오토바이를 수리하고 세차하는 데 들어가는 비용을 지불할 것, 지역 청소년 센터에서 봉사활동을 할 것, 자신이 어떤 일을 했고 그러한 행동이 다른 사람들에게 어떤 영향을 끼쳤는지 자세한 설명이 담긴 사과 편지를 쓸 것 등과 같은 내용이 담겨

있다.

대니는 자신이 한 행동에 대해 이렇게 철저한 수준의 책임을 지는 것이 처음이었다. 회복적 과정을 실천하는 데에는 부단한 노력이 필요했고, 소년은 정신이 번쩍 드는 깨달음을 얻었다. 좋은 사과처럼 성공적인 회복적 절차는 모두에게 이득이 된다. 더 나은 시민으로 성장할 수 있는 가능성을 발견할 수 있으며, 평화롭고 긴밀한 공동체를 만들어갈 수 있다. 몇 달 동안 회복적 절차를 거치고 사과 편지를 받은 커티스는 드디어 '온전해졌다'는 기분을 느낄 수 있었다.

대니도 의무를 다하는 동안 개인적인 관문을 넓힐 수 있었다. 커티스가 대니를 보는 시각도 바뀌었다. 그는 대니의 성실한 노력에 감명받아 그가 운영하는 식료품점에 소년을 취직시켰다. 대니는 그곳에서 이웃들과 꾸준히 접촉하게 되었고 그들 역시 예전과는 다른 눈으로 대니를 보게 되었다.

초범의 경우 회복적 사법 정의 프로그램을 완료하면 전과 기록을 삭제할 수 있다. 프로그램에 참가한 이들이 범죄를 다시 저지를 확률은 비교적 낮다. C4RJ가 시행되고 9년 동안 프로그램 참가자들은 주 전체 재범률인 43~59퍼센트(어떤 수치를 사용하느냐에 따라 다양함)에 비해 현저하게 낮은 재범률(16퍼센트)을 보였다. 이처럼 범죄의 재발을 방지하기 위한 일련의 행동 방침을 개발하는 것은 4단계의 좋은 사례라 할 수 있다.[5]

재범 방지는 특히 성폭력 같은 심각한 범죄에서 굉장히 중요하다. 실제로 2016년 연구에 따르면 범죄 피해자들은 거의 세 명에 한 명 꼴로 가해자가 단순히 법적 처벌을 받는 데 그치지 않고 사회 복귀 훈련과 정신건강 치료, 공동체 봉사를 통해 잘못에 대한 책임을 지기를 바랐다.[6] 3장에서 언급한 작가 미셸 알렉산더가 지적한 것처럼 대부분의 폭력범죄 피해자들은 그들을 다치게 한 사람이 감옥에 가기보다 회복적 절차를 수행하기를 바란다. 단순한 처벌이 아닌 진정한 변화를 바라는 것이다.

구원은 가능한가?

기본적으로 구원의 문제는 누군가가 과연 변할 수 있느냐에 달려 있다. 우리는 그것이 가능하다고 믿는가? 어떤 사람에 대한 우리의 관점은 완전히 바뀔 수 있는가? 우리는 어떤 경우에 두 번째 기회를 가질 자격이 있다고 생각하는가? 다시 말해, 우리는 누구에게 어떤 경우에 구원받을 기회를 부여하는가?

대중이 흔히 미디어에서 접하는 실수들은 선과 악, 가혹한 비난에서 성스러운 면죄부에 이르기까지 대개 극단적으로 그려진다. 물론 어떤 시각으로 봐도 용납이 불가능한 행동들도 있지만 대부분의 인간관계나 사연은 간단한 뉴스 몇 줄이나 귀동냥으로 듣는 가십보다 훨씬 복잡한 법이다. 그럼에도 우리는 이야기의 전말을 알거나 진실을 안다고 생각하는 경향이 있고, 따라서 타인의 결정을 정확히 파악할 수 있다고 믿는다. 우리가 공개 사과에 매료되는 것도 이런 이유일 것이다. 공개 사과는 대부분 사과로서 부적절하며, 실제로 '나쁜 행동'이 있었음을 확인해준다. 그러나 아주 드물긴 해도 설득력만 충분하다면 공개 사과를 통해 그 사람에 대해 갖고 있던 나쁜 인식이 좋게 바뀔 수도 있다.

인종차별적 언행으로 WWE 명예의 전당에서 퇴출된 헐크 호건은 3년 만에 다시 헌액자 자격을 회복했다. WWE 측은 "호건이 여러 차례 공식적으로 사과하고, 청소년들이 그의 실수를 통해 배우길 바라며 활발한 봉사 활동을 한 점을 고려하여 두 번째 기회를 주기로 결정했다"고 전했다. 테리 볼리아(Terry Bollea, 헐크 호건의 본명)는 두 번째 기회를 얻게 되어 감사하며, 이날을 위해 기도했다고 말했다. 여론은 과연 그가 진정 새로운 사람이 되었는지 증명할 만큼 충분히 노력했는지에 대해 의문을 제기했다.[7]

공개 사과는 단순히 설득력 있는 사과와 반성을 보여주는 데 그쳐서는 안 된다. 재발 방지를 약속하는 4단계의 요건을 충족시켜야 한다. 내가 보기에 공개 사과의 가장 중요한 요소는 개인 간의 사과와 동일하다. 진심 어린 반성과 후회는 사람들의 시선을 바꿀 수 있지만 과연 그 변화가 앞으로도 꾸준히 지속될 것인가? 실제 습관과 환경, 인식과 행동의 변화에도 반영될 것인가?

친구에게 잠깐 절교를 당한 애니는 마고의 진심 어린 사과를 받아들이는 것은 어렵지 않았지만 언제 다시 똑같은 일이 일어날지도 모른다는 불안감을 느꼈다. 두 사람은 마고가 언제든지 또 '도망치고' 싶어 할지도 모른다는 사실을 알고 있었다. 나와 마고는 대화를 나누며 갈등이 다시 불거졌을 때 대처할 수 있는 전략을 고안해 냈다. 주체할 수 없을 만큼 강렬한 감정에 휘둘리는 감정의 폭발을 막을 수 있는 스트레스 관리법을 익히는 것이었다. 또 사소한 문제가 발생하는 즉시 대화를 통해 갈등을 해결함으로써 일이 심각한 수준에 이르는 것을 차단하기로 했다.

실제로 얼마 지나지 않아 또다시 문제가 발생했다. 어느 날 애니와 점심식사를 하던 도중 마고는 애니가 자신을 오해하고 있다는 생각에 상처를 입었다. 처음에는 자리를 박차고 일어날까 했지만 잠시 마음을 가라앉힌 다음, 애니에게 방금 얼마나 상처를 입었는지 직설적으로 이야기를 꺼냈다. 두 사람은 마고가 전과 다른 방식으로 상황에 대처하게 되었다는 사실에 뿌듯해졌다. 마고는 이제 예전과 다른 방식으로 반응할 수 있었다. 두 사람은 이제 그녀의 감정이 상할 수 있는 상황에서도 적절히 대처할 수 있게 되었다.

마고는 단순히 행동을 바꾸는 데서 그치는 게 아니라 어째서 그런 방어적인 태도를 갖게 되었는지 원인을 분석하고자 했다. 그녀는 나와 함께 전에 애니에게 보낸 이메일을 살펴보며 자신이 얼마나 '심술궂게 굴었는지' 깨닫고 깜짝 놀랐다. 마고는 연락을 계속하고 싶다는 애니의 말에 과민 반응한 이유가 친구의 순수한 마음이 거슬렸다기보다 실은 과거에 경험한 어머니의 지나친 참견과 관련이 있다는 사실을 알게 되었다. 애니뿐만 아니라 자기도 '옛날 일' 때문에 영향을 받을 수 있다는 깨우침은 마고의 관점을 변화시켰고 더 큰 호기심으로 이어졌다. 누구나 그러듯이 마고는 앞으로 언제든 실수를 저지르겠지만 아마 똑같은 실수를 다시 하지는 않을 것이다.

브렛 캐버노 판사의 청문회가 열렸을 때, 많은 사람들이 철모르던 시절 저지른 잘못을 어떻게 책임질 수 있을지 대화를 나누곤했다. 가장 중요한 판단 기준은 그 사람이 성장하면서 새로운 깨달음을 얻고 완전히 다른 사람이 되었다는 증거가 있냐는 것이었다. 인사청문회에서 캐버노 판사는 십 대 시절에 비해 사고방식이나 태도가 성장했다는 증거를 보여주지 못했다. 그는 그저 그 일이 아주 오래전에 있었다는 사실만 줄곧 강조했을 뿐이다. 캐버노는 책임을 추궁하는 질문에 대해서도 과도하게 전투적으로 반응했다. 당시에 나는 《코그노센티》에 기고한 칼럼을 통해, 그가 보다 성숙한 모습을 보여주었더라면 달랐을 것이라고 지적했다. "만일 캐버노 판사가 이렇게 말했다면 그에 대한 평가가 얼마나 달라졌을지 상상해보라. '그 일에 대해서는 잘 기억나지 않습니다만, 아직 나이 어린 십 대 시절 나는 종종 술에 취해 잘못된 행동을 했습니다. 내가 당신에게 피해를 주지 않았기를 바랍니다. 하지만 만약 그랬다면, 내 끔찍한 행동 때문에 당신이 겪은 고통에 대해 진심으로 사죄드립니다.'"[8]

과거의 실수를 인정하고 그 책임을 받아들이는 것은 자신이 바뀌었고 전보다 더 나은 사람이 되겠다고 약속하는 과정이다. 합리화와 방어적인 태도는 완전히 다른 이야기를 들려준다.

나에게 자기파괴적이거나 유해한 패턴이 존재한다는 것을 알게 된 사람에게는 영적 탐구나 치밀한 자기 인식이 필요하다. 사람들이 심리치료사를 찾는 가장 흔한 이유 중 하나는 자기 자신을 더 잘 이해하고 싶기 때문이다. 그러나 정신건강 치료만이 유일한 해결책은 아니다. 과로에 시달리는 머라이어의 남편 제임스는 영적인 조언가에게서 많은 도움을 받았다. 때로는 과거의 유해한 패턴을 바꾸기 위해 여러 분야의 전문가들이 ― 심리상담, 또는 그 외의 분야에서 ― 함께 일하기도 한다.

남자친구를 두고 온라인으로 바람을 피운 새러는 제 발로 상담사를 찾아왔다. 자신이 왜 그런 짓을 했는지 스스로도 이해할 수 없었기 때문이다. 새러는 늘 스스로 착하고 정직한 사람이라고 여겼기에 자신의 행동을 직시하는 것은 힘들고 고통스러운 일이었다. 새러는 그녀의 생각과 추정 패턴을 살펴보며 자신의 세계관을 더욱 잘 이해하게 되었다. 전에는 잘 몰랐던 행동의 동기와 방어기제에 대해서도 알게 되었다. 자기 자신에 대한 이해가 깊어지자 단순히 온라인 외도라는 잘못된 행동뿐만 아니라 더 많은 것을 바꾸고 싶어졌다. 조니에게 어울리려면 더 좋은 사람이 되어야 한다고 믿었고, 온전히 책임을 질 수 있는 사람이 되기 위해 많은 시간을 투자했다. 조니와 잠시 떨어져 지내는 동안 새러는 자기를 신뢰할 이유를 찾고 자기 인식을 향상시킬 수 있었다.

캐스린 슐츠는 실수를 하는 것은 단순히 도덕적인 문제가 아니라고 말했다. "그것은 또한 도덕적인 '해결 방안'이며, 나 자신과 타인, 그리고 세상과의 관계를 다시 생각해볼 수 있는 기회이기도 하다."[9] 새러와 마고를 비롯해 문제의 해결 방안을 생각해낸 많은 사람들이 그러한 기회를 발견했다. 누군가에게 상처를 입혔다는 자각은 새로운 힘과 선한 마음, 그리고 더 나은 미래를 심고 가꿀 기회가 내포된 비옥한 토양과도 같다.

구체적인 규칙과 계획 세우기

성직자들의 성추행 고발에 대한 프란치스코 교황의 반응은 진지한 약속과 비통함, 침묵에 이르기까지 다양했다. 교황이 선한 의도를 갖고 있음은 분명했으나 시스템 전체에 변화를 미치기에는 충분치 못했다. 2018년 4월에 그는 아동 성추행 피해자들을 초청해 과거 그들이 성직자들을 고발했을 때 의심하는 발언을 한 것에 대해 사과했다. 교황은 "그런 부끄러운 일이 다시는 발생하지 않도록" 의견을 들려달라고 부탁했다.[10]

다행히도 그는 이 문제를 잊어버리지 않았다. 1년 뒤 교황은 그토록 많은 고통을 초래한 교회 제도에 영구적이고 지속적인 변화를 도입할 방법을 담은 자의교서自意教書 「너희는 세상의 빛이다The restorative justice movement」를 발표했다. 그는 다시는 성직자의 성폭력 및 이에 대한 교회의 은폐가 발생하지 않도록 "교회 내 모든 이들이 참여하고, 구체적이고 효과적인 행동을 통해 입증될 수 있는 지속적이고 심오한 회심回心이 필요하다"고 말했다.

이는 이제까지 우리가 논한 이야기와 정확히 일치한다. 사람들은 변할 수 있으며, 그들의 변화는 외부 시스템의 지지와 뒷받침을 통해 이루어진다. 프란치스코 교황은 교회 내에서 성적 학대 및 은폐가 발생했을 경우 이를 신고할 수 있는 새로운 제도와 규범을 제시했다. 자의교서는 교회에 익명 신고 시스템을 마련하고, 신고 후 조사를 개시해야 하는 기한을 설정하고, 신고자가 앙갚음을 당하지 않도록 보호할 것을 지시했다. 자의교서에는 시스템의 변화를 강화하기 위한 건전한 아이디어와 효과적인 방법이 포함되어 있었다.

그럼에도 많은 피해자와 지지자 들은 교회의 계획에 두 가지 중대한 요소가 빠져있음을 우려했다. 첫째는 교회의 자기감시 체제가 과거에도 실패했다는 것이다. 다수의 신뢰가 흔들린 상황에서는 외부의 감시가 더 믿음직하게 느껴질 수 있다. 둘째는 새로운 규칙을 위반할 경우 제재에 대해 명시된 바가 없다는 것이다. 가시적인 결과가 나타나지 않는다면 교회가 이 새로운 정책을 준수할 가능성도 낮아진다.[11] 우리는 그저 교황이 이 중요한 문제에 꾸준히 관심을 갖고 필요한 절차를 강화하며 교회가 진정으로 변화했음을 보여주기 위해 계속 노력하기만을 바랄 뿐이다.

사적인 관계에서 유해한 행동이 반복되면 치유가 지속될 것인지 아니면 예전처럼 실망만 거듭하게 될지 구별하기가 어렵다. '또다시 실패한' 배우자가 되고 싶은 사람은 없다. 새롭게 시작하고 싶은 파트너에게 실망과 상처를 주고 싶지 않을 것이다. 우리가 사과의 4단계에서 던질 질문은 '남을 다치게 하는 실수를 또다시 반복하지 않을 것이라고 어떻게 장담할 수 있는가?'이다. 어쩌면 당신은 의도가 좋다면 결과도 좋을 것이라고 생각할지 모른다. 실제로 어떤 경우에는, 특히 비교적 최근에 생긴 사소한 버릇이라면 그럴 수도 있다. 그러나 오랜 습관은 구조적인 지원을 받지 않으면 고치기가 어렵다. 나는 좋은 의도를 가진 좋은 사람들이 굳이 변화를 뒷받침할 계획을 세울 필요는 없다고 주장하는 모습을 자주 봤다. 찬물을 끼얹고 싶지는 않지만, 현실적으로 봐야 한다. 때때로 그들은 깨달음을 얻고 더욱 현명해지기도 하지만 결국 혼자가 되어 상담실로 돌아온다.

하지만 그보다 더 자주 접하는 상황은 두 사람이 함께 힘을 합쳐 새로운 습관을 유지하기 위한 계획이나 시스템을 고안해 앞으로 나아갈 방도를 찾아내는 것이다. 이러한 전략에는 자기 이해, 보다 책임감 있는 태도 요구, 첨단 기술 등을 사용한 꼼꼼한 일정 계획이나 관리, 새로운 의사소통 기술 확립, 문제가 발생하는 초기 징후를 포착하기 위한 일종의 추적 시스템 확립 등이 해당된다. 또 체크리스트를 만들고, 계획대로 실천하지 못하면 이를 계속 수정해나갈 수도 있다. 관련된 모두가 신뢰를 다질 새롭고 꾸준한 길을 닦는 데 집중한다면 계속 발전할 수 있다.

아무리 사소한 버릇이라도 조금도 개선되지 않고 거듭 반복되면 커다란 상처가 된다. 예를 들어 샘이 늑장을 부린 탓에 마리오가 고모님의 축하연에 늦은 것처럼 말이다. 준 고모님의 파티 사건이 있기 훨씬 전부터 샘의 잦은 지각이나 약속에 대한 무관심은 마리오에게 만성적인 짜증과 좌절감을 안겨주었다. 이번에 위기를 겪은 샘은 앞으로는 파트너의 가족과 관련된 약속에 더 주의를 기울이고 신경 쓰겠다고 다짐했다. 두 사람은 샘이 공통된 일정을 잊어버리지 않도록 휴대전화와 이메일 달력을 동기화했다. 마리오는 파트너가 덜렁거리기는 해도 악의가 없다고 믿고 화를 풀었지만 과연 전자캘린더만으로 약속을 지킬 수 있을지는 다소 미심쩍었다.

샘은 전에도 주의가 산만하고 꾸물대는 버릇 때문에 자주 심각한 문제에 봉착하곤 했다. "난 아직 주의력결핍증 진단을 받고 약을 먹을 준비가 안 됐다고요!"

마리오가 즉시 대답했다. "물론 그런 건 네가 원할 때까지 기다려야겠지. 하지만 넌 잔소리 듣는 걸 싫어하잖아. 이 방법 말고는 어떻게 네가 할 일을 기억하게 할 수 있을지 모르겠어."

내가 끼어들었다. "잔소리는 보통 하는 사람의 의도와는 '정 반대'의 결과를 가져오죠." 두 사람이 웃음을 터트렸다.

내가 물었다. "샘, 약속을 지키려면 일정을 알려주거나 상기시켜 줄 게 필요해요?"

샘이 대답했다. "그럴 것 같아요. 그치만 이 사람이 계속 똑같은 말만 하면 귀를 닫고 무시해버리죠."

그래서 두 사람은 마리오가 샘에게 약속을 상기시킬 구체적인 시스템을 만들고(먼저 말로 지적한 다음, 두 번째는 문자 보내기) 샘의 전화기에 알림을 설정하는 것으로 보완하기로 했다. 이런 '관리적 해결 방안'은 완벽하지는 않아도 두 사람이 함께 생각해냈기에 언제든 수정이나 보완이 가능하다. 이런 해결법의 유용한 점은 두 사람이 오해와 무력감이라는 계곡을 사이에 두고 건너편에서 서로 노려보는 대신 같은 위치에서 같은 문제를 다룰 수 있게 해준다는 것이다.

결혼식 날 이후 불화에 시달리고 있던 리사와 필립의 경우에는 다른 사람들보다 더 심각하고 오래 묵은 문제를 갖고 있었다. 화해를 위해 두 번째 결혼식을 준비하는 동안에도 두 사람은 약간의 불안감을 품고 있었다. 그들은 오랫동안 하지 못한 사과 때문에 막대한 비용을 치러야 했다. 한 번 이상 말다툼을 했고, 가끔은 예전처럼 냉소적이고 비판적인 태도로 돌아가기도 했다. 우리가 생각해 낸 해결책은 4장에서 설명한 것처럼 짜증이 날 정도로 지루하고 반복적인 대화 패턴을 이용해 반응 속도를 늦춤으로써 의사소통 습관을 바꾸는 것이었다. 그래서 서로가 아니라 나한테 화를 내도록 말이다.

그렇게 두 사람은 이제껏 얼마나 의미 없는 말다툼을 해왔는지 깨닫게 되었고, 그런 티격태격을 '액자 걸기picture-hanging 신드롬'이라고 부르기 시작했다. 잘못된 행동에 이름을 붙이는 것은 그들이 함께 힘을 모아 그런 불화나 갈등을 극복할 수 있는 습관을 들이는 데 도움이 되었다. 말다툼 도중에 한 사람이 지금 이게 '액자 걸기'라고 말하면 그들이 관계 개선이라는 공동의 목표를 위해 노력하는 중이라는 사실을 상기할 수 있었다.

두 사람은 언제든 다시 예전의 패턴으로 돌아갈지 모른다는 생각에 불안했다. 부상에서 회복하는 운동선수처럼 오랫동안 관계에 균열이 있었던 부부나 커플은 다시 상처가 나지 않게 신중한 전략을 세워야 한다.

리사는 초조해졌다. "'다시 결혼'을 하는 건 확실히 좋은 생각인데, 우리가 옛날처럼 돌아가지 않을 거라고 어떻게 장담할 수 있지? 난 앞으로도 당신이 내 감정을 무시하거나 날 외롭게 하지 않을 거라는 확신이 필요해."

필립은 리사의 의견을 진지하게 받아들이지 않는 실수를 저질렀었고, 앞으로는 그녀에게 더 깊은 관심을 기울이기로 결심했다. 하지만 다른 한편으로 그는 리사가 다른 문제를 감추고 있을지도 모른다고 우려하고 있었다.

리사는 그 사실을 부인하지 않았다. "내가 이 모든 걸 그렇게 오랫동안 방치하고 있었다는 게 믿기지가 않아. 내가 그러고 있다는 사실조차 모른 채 말이야."

두 사람은 과거의 패턴으로 돌아가지 않기 위해 2주일에 한 번씩 수요일 저녁시간에 서로의 상황을 확인하는 시간을 갖고 대화를 나누기로 했다. 원래는 나를 만나던 상담시간이었다. 또 글로 표현할 때 가장 솔직해질 수 있을 것 같아 대화를 나누기에 앞서 서로에게 진지한 편지를 쓰기로 약속했다.

관계 습관을 개선하는 또 다른 노력은 앞에서도 말한 바 있는 '심리적 안전감'을 형성하는 것이다. 다양한 커플 상담을 하면서, 그리고 내가 실제로 결혼생활을 하면서, 나는 두 사람이 얼마나 끝없는 합의를 거쳐야 하든 간에 필요한 만큼 충분히 문제를 직면하는 것이 갈등 해결과 관계 회복에서 가장 중요한 요소임을 발견했다.

상처를 완전히 회복하려면 적절한 치유가 이뤄질 때까지 몇 번이고 협상 테이블에 앉아야 한다. 그래야 시간이 흐르면서 서로를 더 깊이 이해할 수 있게 되기 때문이다. 지금 이 순간 내가 무엇 때문에 괴로운지 항상 말로 똑바로 표현하기는 힘들다. 대화를 나누고, 질문을 던지고, 거듭해서 말을 걸 때에만 서로를 이해하고 다시 함께 전진할 수 있는 기회를 마련할 수 있다.

부부 사이든 아니면 커다란 조직이든, 우리는 과거의 실수를 통해 새로 배우고 또 전진할 수 있다. 더 나은 미래를 만들고, 바람직한 상태를 유지하고, 현실을 더욱 든든하고 공정하게 바꿀 수 있다.

4단계 실행 대본

✳ "다시는 똑같은 일이 반복되지 않도록 앞으로는 이렇게 할게."

✳ "네 신뢰를 다시 얻을 수만 있다면 뭐든 하겠어."

✳ "앞으로는 생활습관/버릇/사고방식을 바꾼다고 약속할게."

✳ "가족 간의 소통 방식을 바꿀 방법을 같이 생각해낼 수 있을까?"

✳ "우리가 옛날 패턴으로 돌아가는 거 같으면 그때마다 ('액자 걸기'처럼) 지적해줄래?"

✳ "지금 우리가 극복하려는 고통과 도전들이 나와 우리 관계를 더 좋게 만들어주면 좋겠어."

지난 상처를 함께 치유한 사람들은 관계를 유지하기 위한 새로운 토대를,
미래에 고난이 닥치더라도 함께 직면하고 헤쳐 나갈 수 있는 보다 친밀하고
상호보완적인 패턴을 창조한 것이다. 상처를 치유하는 효과적인 방법을 통해,
당신은 질서정연하고 비현실적인 이미지가 아니라
복잡하고 어수선하더라도 더욱 만족스러운 진실을 얻게 될 것이다.

최악의　　순간을　　현명하게

Part 3

Chapter 8

그 후 우리는

좋은 사과의 가장 큰 장점은 모두가 승자가 될 수 있다는 것이다.

진솔한 사과는 보복이나 분노의 감정을 긍정적으로 돌릴 수 있다. 시시비비를 가리는 게 아니라 양쪽, 또는 관련된 모든 당사자가 온정 어린 책임의식을 향해 나아갈 수 있다. 모두가 드디어 새 출발을 할 수 있는 것이다.

우리는 보통 감정이 상하거나 오해를 사는 것을 나쁜 경험으로 여긴다. 그러나 때로 실망은 인간관계를 더욱 견고하게 다질 때 필수적으로 거쳐야 하는 단계이기도 하다. 누군가에게 실망하더라도 상처를 진정으로 치유할 수 있다면 두 사람 사이에는 예전과 다른 감정이 돋아난다. 이 새로운 관계는 문제를 해결한 사람들이 새롭게 쌓아올린 독창적인 창조물이다. 실수를 하지 않으면—사실 실수는 불가피한 일이다—서로에 대해 더 깊이 알아가며 새로운 의사소통 방식을 고안해낼 필요가 없다. 한번 관계에 간 균열을 메우고 나면 우리는 서로에 대한 이해심을 키우고, 자기 자신에 대해서도 더 잘 이해하게 된다. 사과의 4단계를 모두 거쳐 좋은 사과를 하고 상처 입은 사람이 사과를 받아들이면 완전히 새로운 종류의 가능성이 열린다.

나는 15년 동안 케이틀린과 테리에게서 소식을 듣지 못했다. 그들은 결혼생활 초반에 부인의 외도로 인한 갈등 때문에 도움을 구하러 나를 찾아왔었다. 테리가 케이틀린이 한 짓을 알게 되자마자 그녀는 즉시 불장난을 멈췄다. 처음에는 자신의 행동을 후회했지만, 시간이 지날수록 테리가 고통을 극복하기 위해 발버둥치는 과정에서 내보이는 반응에 좌절감을 느꼈다. 첫 상담시간에 케이틀린은 이렇게 물었다. "내가 여기서 더 어떻게 해야 하는데? 미안하다고 수백 번은 더 말했잖아. 그래, 내가 정말 끔찍한 실수를 저질렀어. 다시는 그런 짓을 하지 않을 거야. 하지만 앞으로 쭉 이렇게 지낼 거야?"

두 사람은 결혼생활을 지속하길 바랐지만, 신뢰에 대한 배신감과 엉망이 된 부부관계를 극복할 수 있을지 확신하지 못했다. 부부는 서로를 견디지 못하고 쉴 새 없이 싸움을 벌였다. 그들은 만성적인 불화와 별거를 할지 모른다는 불안감이 아직 사춘기에 있는 자식들에게 나쁜 영향을 줄까 두려웠다.

케이틀린은 남편을 사랑했고 자신의 행동을 — 특히 그에게 상처를 주었다는 사실을 — 깊이 뉘우치고 있었다. 그러나 두 사람 모두 완전한 사과를 하지 못하고 중간에 막혀있었다. 부부는 다소 어려움을 느끼면서도 함께 화해의 과정을 밟기 시작했다. 1단계에서 테리는 그가 정말로 바라는게 무엇인지 케이틀린에게 알려주려 노력했다. 그는 먼저 차근차근 인내심을 발휘해 이 일이 자신에게 어떤 영향을 끼쳤는지 설명하며 케이틀린을 대화에 끌어들였다. 두 사람은 함께 사과의 4단계를 헤쳐 나갔다. 그러다 마침내 재발을 방지하는 4단계에 이르렀을 때, 그들은 이미 오래전부터 상황을 악화시키는 의사소통 패턴에 빠져있었음을 깨달았다. 예를 들어 테리는 아내와 의견이 다를 때에도 굳이 말하지 않았고 케이틀린은 그의 의견을 묻지 않았다. 특히 집안일이나 아이들과 관련된 일일 때에는 더욱 심각했다. 사실 케이틀린은 남편의 생각을 거의 알지 못했고 거의 혼자서 힘겹게 아이들을 돌보고 있었다. 두 사람은 거의 완전히 분리된 세상에 살고 있었다.

전에는 이런 분리된 생활에 대해 별생각이 없었지만, 일단 부부 관계를 회복하기 위해 애쓰기 시작하자 두 사람은 금세 감정적으로 가까워졌고 더욱 친밀해졌다. 이들의 관계를 관찰하면서, 우리는 두 사람의 거리가 평범한 수준으로 돌아오더라도 언제든 다시 문제가 발생할 소지가 다분하다는 사실을 깨달았다. 그들은 옛날처럼 돌아가거나 다시 멀어지는 것을 바라지 않았다. 그래서 소통 방식을 바꾸어보기로 했는데, 그러기 위해서는 상당한 노력과 여러 차례의 시행착오를 거쳐야 했다. 부부는 둘만의 '진짜 대화'를 나눌 시간을 마련했다. 케이틀린은 늘 테리의 의견을 물어야 한다는 사실을 상기했고, 그는 전보다 분명하게 의견을 표현하는 법을 배웠다. 몸에 밴 습관을 바꾸는 것은 누구에게나 어려운 일이다. 그러나 부부는 꾸준히 노력했다. 이미 지나온 사과의 세 단계를 통해 함께 문제를 직면하고 해결할 수 있다는 자신감을 갖게 되었기 때문이다.

　관계가 효과적으로 회복되면 단순히 적대감과 거리감, 그리고 서로 시시비비를 따지는 습관만 줄어드는 게 아니다. 공통적인 깨달음과 솔직함은 기존에는 이해하기 힘들었던 행동 패턴이나 소통 방식에 새로운 관점을 가져온다. '과거의 방식'은 사라진다. 그래서 상담치료사 에스더 페렐이 외도라는 위기를 극복한 부부에게 이렇게 묻는 것이다. "앞으로 두 분의 새로운 관계가 어떻게 되길 바라세요?" 그녀는 이렇게 썼다. "부부관계를 회복하는 것 repair은 새로 짝이 되는 것 re-pair이다."[1] 새로운 관계는 놀라운 일들을 가능케 한다.

　처음 상담을 하고 수년이 지나 케이틀린과 테리가 다시 나를 찾아온 것은 손녀딸 때문이었다. 두 사람은 자연스럽게 서로 주거니 받거니 번갈아가며 아이의 상황을 설명했다. 내가 예전에 상담한 부부가 맞는지 의심스러울 정도로 옛날과는 완전히 딴판이었다. 두 사람은 지난 1년간 일주일에 이틀 동안 손녀딸을 맡아 돌봐주고 있었다. 내가 처음 그들을 만나 상담하던 시절 양육 문제를 두고 서로 단절되어 있었던 때와는 달리, 두 사람은 이제 양육자로서의 기쁨과 권위를 공유하고 있었다. 부부는 한참 동안 손녀에게 무엇이 필요하고 또 그들이 무엇을 해줄 수 있는지 늘어놓더니 어린아이를 함께 돌본 1년이 그들에게 어떤 시간이었는지 말해주었다.

　테리가 열변을 토했다. "어린애를 돌본다는 게 이렇게 재미있을지 몰랐어요. 이렇게 피곤한 일인지도 몰랐고요." 그러더니 어조가 다소 누그러졌다. "케이틀린과 아이를 함께 키우는 건 처음입니다. 지난번에는 내가 제대로 못 했으니까요." 자녀들이 어렸을 때 부부는 지금처럼 하나의 팀처럼 움직이지 못했었다.

"이이는 완전히 타고났어요. 애를 어찌나 참을성 있게 잘 보는 지." 케이틀린은 신기한 모양이었다. "하지만 우리 둘이 이렇게 가까운 사이가 아니었다면 애초에 손녀를 맡을 생각도 못 했을 거 같아요. 안 그래, 테리?"

테리가 고개를 끄덕였다. "그때 우리가 놓친 걸 생각하면 정말 아쉬워."

많은 사람들이 사이 좋은 부부는 불륜처럼 심각한 문제를 겪지 않을 거라고 믿지만, 위기를 겪은 뒤에 신뢰가 더욱 깊어질 수도 있다. 상처를 함께 치유한 커플은 둘만의 독특한 힘으로 더욱 성장한다. 열린 마음과 굳은 의지, 서로에 대한 존중으로 고통을 견딜 수 있다면, 그리고 계속해서 서로에게 돌아갈 수 있다면 자기 자신과 파트너에 대해 더욱 지혜롭고 현명해질 수 있다. 당신이 꿈꾸는 이 상적인 관계에 궁극적으로 가까워질 수 있다.

우리의 목적은 완벽해지는 것이 아니라 실수와 결점, 그리고 상처까지 포함한 현실을 전부 받아들이고 인정하는 것이다. 일본의 도자기 수리 기법 중에 깨진 도자기를 금이나 은으로 칠하거나 붙여 완전히 새롭고 아름다운 작품으로 재탄생시키는 '킨츠쿠로이金 繕い'라는 게 있다.

예컨대 새러와 조니는 수개월 동안 관계를 회복하기 위해 노력했다. 두 사람에게는 그것이 무척 중요한 일이었기 때문이다. '깨진 자국'을 수리하고 다시 하나가 되었을 때, 그들은 '산에서의 순간'을 다시 공유할 수 있었다. 그 순간은 그 뒤로도 줄곧 두 사람에게 애정을 상기시키는 상징이 되었다. 오해가 쌓이고 쌓여 깊은 구덩이 속에서 허우적거리는 것처럼 느껴질 때면 그들은 일부러 이 비유를 꺼내 그날 산에서 깨달은 폭넓은 관점을 다시 불러올 수 있었다. 두 사람은 커플 관계에서 가장 중요한 것을 깨달을 수 있는 방법을 발전시켰고, 이는 그들이 어려운 순간들을 이겨내고 계속 변화할 수 있게 도와주었다.

사적인 관계와 마찬가지로 직장 내에서도 갈등이 없다면 발전할 수 없다. 모두가 갈등 해결 기술을 신뢰할 때에야 오히려 발전이 이뤄질 수 있다. 다시 말해 유능한 고기능 팀이 되려면 팀의 구성원들이 서로에 대한 존중을 잃지 않은 채 갈등을 경험하고 해결할 수 있어야 한다는 의미다.

모든 것을 '올바르게' 해야 한다는 강박관념이 심한 분야인 양육의 경우에도 아동의 발달에 중요한 요소 중 하나는 부모가 완벽하지 '않아야' 한다는 것이다. 하인즈 코헛은 "최적의 좌절"이 필요하다고 가르친다. 아동의 심리적 구조의 발달에는 견딜 수 있는 만큼의 실망 — 완벽한 이해나 반응을 받지 못하는 경험 — 이 필수적이다. 소아과 의사이자 심리분석가인 D.W. 위니코트 D. W. Winnicott는 "충분히 좋은 엄마"는 처음에는 아이의 필요와 욕구에 적절히 반응하지만 시간이 지나면 그렇게 하는 데 '실패'하기 시작한다고 말한다. 아이들이 완벽한 통합이라는 환상을 포기하게 만드는 이런 "비환상화"는 현실 세계와의 관계를 발달시키는 데 필수적이다.[2] 완벽한 엄마는 불가능한 존재이지만 충분히 좋은 엄마는 진짜 사람이다. 마찬가지로 완벽한 관계는 불가능하며 그런 환상 속에 갇혀 사는 것은 진실된 관계를 구축하는 데 도움이 되지 않는다.

이런 측면 — 아동의 심리 발달, 팀의 성공, 사적인 사이 — 에서 관계의 균열과 회복은 안타까운 사건도 아니고 관계의 종말을 의미하는 신호도 아니다. 오히려 꼭 필요한 과정이라 할 수 있다. 회복과 치유는 미래의 관계를 더욱 단단히 잇고 엮어나간다. 예를 들어 부모와 청소년 자녀처럼 자주 부딪치고 어긋나는 관계에서도 목표는 모든 균열을 예방하는 것이 아니다. 내 현명한 심리치료사가 말했듯이 예전보다 더 굳건한 관계가 될 수 있도록 치유하고 회복하는 방법을 배우는 데 집중해야 한다.

테리도 케이틀린도 위기를 겪고 극복하기 전까지는 그들이 얼마나 서로의 존재를 아끼고 사랑하게 될지 예상하지 못했다. 예전의 그들은 정서적인 동반자라는 의식이 결여되어 있었다. 그러나 수년 뒤 내 상담실에 나타난 그들은 현재의 밀접한 관계가 오랫동안 서로를 아끼고 배려하며 힘들게 얻은 것임을 잘 알고 있었다. 테리는 수년 전에 겪었던 부부생활의 위기가 그들 삶에서 "최고의 최악의 시간"이었다고 말했다.

케이틀린은 그가 어떤 의미로 그 말을 했는지 이해했다. "맞아. 우리 결혼생활을 구한 건 우리가 한 일 중에서 가장 어려웠지만……"

"가장 중요한 일이었지." 테리가 그녀의 말을 받아 끝마치고는 덧붙였다. "아, 물론 우리 애들은 빼고."

그가 말을 이었다. "우리는 상담이 끝난 뒤에 무슨 일을 겪게 될지 전혀 모르고 있었어요. 십 대 아이들과 나이 든 부모님과 우리 건강 문제까지도요."

"하지만 결국 중요한 건 우리 둘이 함께 해결해나갔다는 거죠." 미소 띤 얼굴로 남편을 바라보고 있던 케이틀린이 내게 고개를 돌리며 말했다.

나는 수많은 커플들이 좋은 사과를 거친 뒤 이렇게 긍정적인 관계 존중감을 발전시키는 모습을 자주 보았다. "우리는 함께 힘을 합쳐 힘든 시간을 헤쳐 나갔고, 지금은 훨씬 좋은 관계가 되었어요."

그보다 더 중요한 것은 그들이 서로를 신뢰하고 서로의 관계를 신뢰하는 법을 배웠기에 미래에 필연적으로 발생할 수밖에 없는 여러 문제들을 덜 두려워하게 되었다는 점이다. 이제 부부는 같은 언어를 공유한다. 서로를 이해하고 불화와 갈등에 어떻게 접근해야 할지 알고 있다. 그들은 어떤 고난과 장애를 만나더라도 함께 헤쳐나갈 수 있는 기술을 익혔다.

사과는 어떻게 우리를 더 좋은 사람으로 만드는가

자신의 입장을 굽히고 다른 사람의 말을 경청하고 감정을 가라앉히는 것은 중요하다. 주변 사람들과의 친밀한 관계가 신체적 건강에 긍정적 영향을 미치는 것처럼, 좋은 사과는 정신의 안녕을 증진시키고 인간성의 범위를 확대한다. 다시 말해 자신의 실수를 직면함으로써 다른 사람에 대해서도 더 깊은 연민과 공감을 느낄 수 있는 것이다. 한편 롤랜드는 이러한 종류의 자기반성에 이르지 못했기에 삶에서 중요한 인간관계를 잃었을 뿐만 아니라 인간적인 확장과 성장을 할 수 있는 기회마저 놓치고 말았다.

자신의 잘못이나 실수를 직시할 수 있다면 다른 사람의 실수에 대해서도 보다 복합적으로 이해할 수 있다. 타인을 단순한 도덕적 관점으로 볼 필요도 없고 그들이 당신과 비슷하거나 다르다고 생각할 필요도 없다. 새러는 남자친구 조니와의 관계를 회복하기 위해 노력하는 동안 삶의 다른 수많은 측면들에 대해서도 관점의 변화를 겪었다. 그녀는 원래 피고의 잘못을 밝히는 데 집중하는 냉철하고 패기 넘치는 젊은 검사였다. 하지만 점점 더 평범한 사람들을 이해하게 되었고 특히 범죄를 저지른 청소년이나 젊은이들에게 연민을 품게 되었다. 결국 그녀는 지금 소년법원에서 국선변호사로 일하고 있다. 새러는 그 두 가지 역할 사이에서 어떤 도덕적 갈등도 느끼지 않았다. 두 직업 모두 우리의 법률 제도에서 반드시 필요하기 때문이다. 새러의 말에 따르면, 그녀가 지금 시간을 투자하는 사건들은 본질적으로 더욱 흥미롭고 고무적이다. 또한 그녀는 잘못된 결정을 내린 아이들에 대해 전보다 더 깊은 연민을 느끼며, 아이들이 더 나은 길을 선택할 수 있도록 도울 기회가 생겼다는 사실을 소중히 여긴다.

피해를 끼친 사람들에 대한 책임을 직시하고 인정함으로써 당신은 그 잘못을 긍정적인 변화로 연결할 기회로 바꿀 수 있다. 레이첼 하워드Rachel Howard는 사순절에 관한 에세이에서 부활절 전의 이

40일 동안 기독교인들은 나쁜 감정을 '벗겨내' 더 뚜렷이 드러나게 한다고 썼다. 정체된 죄책감은 병적으로 악화되지만, 사순절 기간에 — 좋은 사과와 마찬가지로 — 사람들은 자신의 잘못을 되돌아보고 죄책감을 "서사적으로 진행"할 수 있는 시간을 갖게 된다.[3] 문제를 직시하거나 죄를 회개하면 이야기를 다시 쓸 수 있다. 좋은 사과는 이런 서사에 대한 가능성을 제공한다.

죄책감 때문에 관계의 개선에 힘쓰게 될 때, 이는 자기존중감으로 확장될 수 있다. 과로라는 패턴에 갇힌 머라이어와 제임스의 사례에서도 이러한 발전이 진행되는 것을 볼 수 있다. 사과의 4단계를 거친 제임스는 새로운 이야기를 할 수 있게 되었다. 효과적인 행동을 실천하지 못하고 무겁게 짓누르고만 있던 죄책감(축적된 죄책감)을 더 이상 마음속에 쌓아두지 않았다. 자존감을 키우고 우뚝 일어설 수 있었으며 수치심도 줄어들었다. 자신의 잘못이나 실수를 겸손하게 직면하는 것처럼, 자신의 불완전성을 생산적인 방식으로 받아들인다면 인생관은 물론 성격까지 개선될 수 있다.

좋은 사과를 위한 노력은 주변 사람들에게 좋은 본보기가 된다. 특히 아이들은 그런 변화가 놀라운 결실을 가져올 수 있다는 사실을 배울 수 있다. 아이들은 본능적으로 공정한 것을 좋아하고 때로는 지나칠 정도로 그렇다. 뿐만 아니라 아이들은 다른 사람에게 공감하는 법을 배우게 될 것이다. 아이나 청소년이 효과적으로 상처를 치유할 수 있다면 늘 바람직한 결과를 얻을 수 있다. 자존감이 향상되고, 집/교실/놀이터에서 평화를 누릴 것이며, 상호의존적인 삶이 서로에게 어떤 좋고 나쁜 영향을 줄 수 있는지 이해할 수 있다. 이러한 요소들은 주변 사람들과 바람직한 관계를 형성할 수 있는 토대를 형성한다. 실수를 저지르거나 무심코 다른 사람의 감정을 상하게 한 후에도 실수를 바로잡는다면 그런 경험은 아이들의 뼛속 깊숙이 축적된다. 수치심을 심화시키는 처벌을 받는 대신 회복적 사법 정의 절차와 같은 과정을 거침으로써 모두를 연민으로 대할 수 있는 모델을 내면화하게 되는 것이다.

대화는 계속된다

저명한 교육자인 스티븐 커비Stephen Covey가 이런 글을 쓴 적이 있다. "내가 인간관계에서 배운 가장 중요한 원칙을 한 문장으로 요약한다면, 먼저 다른 사람을 이해한 다음에 나를 다른 사람에게 이해시켜야 한다는 것이다."[4] 사과를 할 때도 마찬가지다.

실제로 인간관계의 갈등은 워낙 복잡하기 때문에 4단계 모델을 한 번 사용한다고 해서 완전히 해결할 수 있는 경우는 드물다. 특히 상황이 현재 진행형이고, 양쪽 모두 깊은 상처를 입고 불만이 가득할 때에는 더욱 그렇다. 내가 아무 생각 없이 다른 사람에게 상처를 입히면 이번에는 상대방이 의도적으로 내게 상처가 되는 방식으로 반응한다. 그러면 나는 그 사람이 내 고통의 근원이라고 느끼고 또다시 부정적으로 반응한다. 이렇게 시간이 지날수록 악순환을 거쳐 부정적인 패턴이 고착된다. 이처럼 한쪽의 반응과 그에 대한 반응이 얽혀 내리막의 소용돌이에 빠지면 사과도 못 할 만큼 험악한 상황으로 치달을 수 있다. 애초에 누구의 잘못이고, 누가 먼저 사과를 해야 할까? 또한, 관계에 금이 가게 되면 사람들은 대개 자신의 '차례'가 올 것이라는 믿음을 잃게 된다. 그렇다면 모든 당사자들이 공평하다고 느끼게 하려면 어떻게 해야 할까? 쌍방이 모두 상처를 입었다고 느낀다면 어느 쪽도 사과를 하려 들지 않을 것이다. 하지만 누군가 겸손하고 과감하게 진솔한 사과를 꺼낸다면 치유를 시작할 수 있을지도 모른다.

만약 당신이 먼저 사과를 시도하는 사람이라면, 상대방의 행동 때문에 얼마나 상처를 입었고 화가 났던 자신의 욕구를 최소한 잠시나마 옆으로 밀어놓아야 한다. 물론 이는 결코 쉬운 일이 아니다. 다만 중요한 점은 관계를 회복하기 위해 최선을 다하면서도 동시에 당신의 욕구 또한 잊어버려서는 안 된다는 것이다. 일단 사과를 하고 나면(4단계 완료) 이제 당신의 상처를 드러내야 할 때다. 이 시점이 되면 서로의 역할이 바뀐다. 방금 전까지 상처 입고 사과를 받은 사람이 이번에는 사과를 하고, 질문을 던지고, 귀 기울여 들어야 한다. 양쪽 모두의 상처를 어루만지려면 서로의 역할을 주고받아야 한다. 한쪽이 사과를 했다고 해서 거기서 끝이 아니며, 완전하게 해결된 것도 아니다. 그것은 1차전이자 대화의 시작일 뿐이다. 언제든 필요하다면 다시 대화를 시작해야 한다.

남편 데즈먼드가 집에서 소외감을 느끼고 있다는 사실을 알게 된 모니크는 진심을 담아 사과의 4단계를 마쳤지만 그녀의 마음속에도 멍든 자국이 있었다. 그녀는 이제껏 남편이 불만을 표현하는 방식에 화가 나있었다는 사실을 깨달았다. 한 가족이 되고 수년이 지났지만 그는 모니크가 힘들 때에만, 그것도 유독 아이들을 돌보느라 스트레스가 가득할 때만 골라 불만을 터트리는 것 같았다. 예전에 있었던 일들을 하나둘씩 떠올리자 모니크는 점점 화가 치밀기 시작했다. 데즈먼드의 이런 버릇은 모니크가 그의 고민을 해결하기 어렵게 만들었고, 그녀가 항상 남편과 아이들 사이에서 갈등하도록 부추기는 것 같았다. 그러던 어느 날 그녀가 저녁식사를 차리고 다른 엄마들과 전화로 아이들의 등교 시간표를 짜느라 피곤하고 정신이 없을 때, 자신이 모니크에게 어떤 영향을 끼치고 있는지 까맣게 모르고 있던 데즈먼드가 아이들과 관련된 사소한 문제를 꺼내 들었다. 모니크는 즉시 울화통을 터트렸지만, 용케도 그 순간 나와 함께 연습한 기술을 사용할 기회라는 사실을 깨달았다. 모니크는 데즈먼드에게 그 일에 대해서는 나중에 이야기하고 싶다고 말했다.

다음 날 저녁, 모니크와 데즈먼드는 현관 포치에 나란히 자리를 잡고 앉았다. 어젯밤보다 한층 마음이 가라앉은 모니크는 진지하지만 차분한 목소리로 데즈먼드를 대할 수 있었다. 먼저 그녀는 그에게 왜 화가 났는지 설명할 테니 잘 들어줬으면 좋겠다고 말했다. 나중에 상담실을 찾아온 데즈먼드는 처음에는 그다지 저항감이 들지 않았다고 말했다. 그는 기꺼이 모니크의 이야기에 귀를 기울였다. 하지만 모니크가 그가 항상 안 좋은 시간만 골라 불만을 털어놓는다고 말하자 그는 즉시 반박했다. 모니크는 한 발짝 물러났다. "당신 말이 맞아. 당신이 나한테 끼친 영향에 대해서만 말할게. 상담시간에 하던 것처럼 말이야."

두 사람은 조금씩 전진해나갔다. 모니크는 솔직하게 토로했고, 데즈먼드는 주의 깊게 들었다. 그는 자신의 실수에 대해 진심으로 미안하다고 말했다. 그는 아내가 괴로워하거나 힘들어하는 것을 원치 않았다. 두 사람은 데즈먼드가 이 문제를 만회하고 다시는 그렇게 행동하지 않게 상기시킬 신호를 만들 방법을 논의했다. 내가 이 이야기를 들은 것은 몇 년 뒤에 그들이 가족과 관련된 다른 문제로 나를 찾아왔을 때였다. 두 사람은 예전에 데즈먼드에게 사과가 필요했을 때 배운 사과의 기술을 활용해 모든 단계를 차근차근 일구어나갈 수 있었다. 모니크는 남편이 습관을 고치려고 노력해줘서 진심으로 고마워하고 있으며, 덕분에 일이 얼마나 쉬워졌는지 모르겠다고 털어놓았다.

마고와 애니의 우정은 또 다른 모범을 보여준다. 애초에 마고가 급작스럽게 절교를 선언한 것은 그녀가 전부터 상처를 입으면서도 오랫동안 입을 다물고 있었기 때문이었다. 애니는 해결되지 못한 문제가 있다는 사실을 알고 있었고, 그래서 일단 그녀의 상처가 낫자 이번에는 역할을 바꿔 마고에게 자신이 어떻게 상처를 주었는지 알고 싶다고 말했다. 그것이 그녀의 1단계였다. 마고의 경우 자신이 입은 상처를 솔직하게 털어놓는 것이 애니의 상처에 대해 묻는 것보다도 더 어려운 일이었다. 마고에게는 옆에서 용기를 북돋아줄 사람이 필요했다. 일단 자기 고백은 그녀의 성격과 맞지 않았고, 마고는 아직도 자신이 친구에게 상처를 주었다는 사실 때문에 의기소침해 있었기 때문이다. 그러나 애니는 끝내 친구를 설득하는 데 성공했다. 마고는 최선을 다했고 두 사람은 세 번째 단계로 나아갈 수 있었다. 이번에는 사과의 방향이 달랐을 뿐이다.

사회적으로 영향력이 큰 유명인사인 오프라 윈프리는 해결되지 않은 일과 관련해 상처받은 사람에게 접근하는 또 다른 방법의 예시를 보여준다. 2006년에 윈프리는 TV 방송에서 제임스 프레이 James Frey에게 공개적으로 사과를 요구했다. 원래 그녀는 자신의 TV 방송에서 제임스 프레이의 회고록을 추천하고, 책의 내용에 대해 의혹이 제기되었을 때에는 그를 돕기 위해 래리 킹과의 인터뷰를 주선하기도 했었다. 그러나 프레이가 '모든 독자들'을 속였으며 '오프라에게 사기 친 인간'이라는 사실을 알게 되었을 때, 그녀는 프레이를 그녀가 진행하는 프로그램에 초청해 엄중하게 추궁했다.

그러나 분노에 휩싸여 카메라 앞에서 그를 무자비하게 몰아세운 사건은 윈프리에게도 상처로 남았다. 몇 년 뒤 그녀는 프레이에게 전화를 걸어 개인적으로 사과를 전했다. 자신이 믿고 있던 가치관을 스스로 위반했기 때문이었다. 보다 정확히 말하자면, 그녀는 소문의 진위를 파악하고 싶었으면서도 분노에 눈이 멀어 그의 입장에서는 이야기를 듣지 않았다. 윈프리는 그와 그녀의 팬들에게 그때의 행동을 후회하고 있으며, 그녀가 이제껏 믿어온 원칙을 스스로 깨트렸기에 잘못을 바로잡아야 한다고 말했다. 이는 자신을 겸손하게 평가하고 잘못된 행동에 대해 기꺼이 책임지는 모습을 보여주는 좋은 사례다. 윈프리는 처음에 입은 상처를 넘어 보다 복잡한 상황에 처했을 때는 어떻게 해야 할지 보고 따를 수 있는 훌륭한 모

범을 대중에게 보여주었다.[5]

　　해결되지 않은 감정적 상처는 해를 끼친 사람에게도 영향을 미칠 수 있다. 의료사고에서 '두 번째 희생자'라는 용어는 환자에게 피해를 입혀 고통받는 의사를 부르는 말이다. 도와주어야 하는 누군가에게 해를 입히게 되면 조력자나 치유자 역할을 해야 했던 사람도 깊은 상처를 입게 된다. 의료사고에서든 대인관계에서든 이런 경우 피해를 입힌 사람의 가장 기본적인 의무는 피해를 입은 사람의 필요를 해결하는 것이다.

　　그러나 내 경험에 따르면 피해를 입힌 사람에게도 연민과 공감이 필요하다. 과거의 잘못을 바로잡고 싶어 이 책을 읽고 있는 독자라면, 피해를 준 사람에게 철저한 사과를 하면 개인적으로 안정감을 되찾고 죄책감도 덜 수 있다는 사실을 기억하라. 쌍방이 만족할 수 있는 방식으로 개인적인 갈등을 해결하고 관계를 회복하려면 자기 자신뿐만 아니라 상대에 대해서도 연민과 온정이 필요하다는 사실을 명심하라.

개인을 넘어, 선한 영향력

누군가에게 해를 끼치면 가족이나 공동체 구성원, 친구 등 그 사람 주변의 다른 사람에게도 영향을 미칠 수 있다. 작가 크리스 빔은 "사실 사과는 두 사람 사이에 일어나는 사적인 사건이 아니다. 한 사람에게 피해를 주는 것은 곧 여러 사람에게 피해를 주는 것이다"라고 말한 적이 있다. 친밀한 관계에서 발견한 상처가 "상처를 흩뿌릴" 수 있다 면 "공개적으로 하는 친밀한 사과는 그러한 상처를 치유할 수 있다."[6] 회복적 사법 정의 프로그램이 피해자와 가해자 양쪽 모두의 이웃과 지역사회 주민들, 가족들을 참여시키는 것도 이런 이유 때문이다.

또한 개인은 사과의 단계를 통해 보다 큰 공동체에도 영향을 끼칠 수 있다. 한 공동체를 파괴한 제대군인들이 다른 공동체를 회복하기 위해 노력한 경우를 생각해보라. 5장에서 언급한 도덕적 부상을 제시한 아론 프랫 셰퍼드 박사는 속죄 행위는 "용서를 구하기 위한 게 아니라 실망을 경험한 공동체의 삶을 더욱 풍부하게 만들기 위한 것"이라고 했다. 또한 19세기 철학자인 조사이어 로이스의 말을 인용해 회복은 "현명하고도 다채로운 영향을 미쳐, 속죄의 행위가 이뤄진 뒤의 영적 세상은 돌이킬 수 없는 비극 속에서도 전보다 더 훌륭하고 충만하고 당당해질 것이다"[7]라고 했다.

이런 거창한 표현이 잘 와닿지 않을지도 모르지만, 공개 사과는 올바른 사과를 경험해야 하는 이들에게 좋은 본보기가 될 수 있다. 이를테면 유튜브 영상으로 진술한 사과를 전달한 댄 하먼은 다른 남성들에게 여성들을 대하는 방식을 반성하게 만들었다. 나는《코그노센티》칼럼을 통해, 전 부통령인 조 바이든에게 아니타 힐에게 올바른 사과를 하여 다른 남성들의 모범이 되어달라고 청하기도 했다. 많은 사람들이 내게 건전하고 올바른 사과에 대한 이야기를 공유할 수 있게 되어 기쁘다며 그들의 경험담을 보내주곤 한다. 우리가 그런 이야기에 감동받는 이유는 우리가 더 나은 사람이 될 수 있음을 보여주기 때문이다.

특히 요즘처럼 사회적 분열이 극심하고 추악한 담론과 그에 기여하는 요소들이 성행하는 풍토에서 우리는 이런 모범적인 사례를 갈망한다. 일부 논평가들은 이러한 현실을 어떻게 변화시켜야 할지 고민한다. 예를 들어 보수주의 평론가인 아서 C. 브룩스Arthur C. Brooks는 우리가 다른 의견을 가진 사람에게 느끼는 경멸이야말로 현대 문화에서 반드시 바꿔야 할 유독한 요소라고 했다. 그의 글에 따르면 "우리에게 필요한 것은 이의를 덜 제기하는 것이 아니라 더 나은 방식으로 이의를 제기하는 것"이다.[8]

교회 지도자들에게 갈등과 불화에 대응하는 방법을 가르치는 마이클 걸커Michael Gulker도 그 말에 동의한다. 그는 우리가 사람들을 대할 때 "공화당 지지자나 민주당 지지자, 자유주의자나 보수주의자, 페미니스트나 전통주의자, 종교인이나 비종교인 등으로 구분하여" 접근하는 경향이 있다고 설명한다. 또한 사람들이 언론과 미디어를 통해 '상대편'에 대해 이미 다 알고 있다고 지레짐작하며, "내 의견에 찬성하지 않는 사람은 무식하고 멍청하거나 사악하다"는 결론을 내린다고 지적한다.[9] 존중심을 갖고 경청하고 정직하게 말하는 것은 가까운 사람들을 대할 때뿐만 아니라 원하는 결과를 얻고 싶을 때에도 필요한 태도다. 또 이 두 가지 생활 습관은 민주주의의 기본 토대이기도 하다. 하나 이상의 목소리 또는 관점은 우리 사회가 범할 수 있는 가장 위험한 실수를 피할 수 있게 해준다.[10] 다만 그 결과로 비롯되는 갈등과 불화는 다양한 당사자들이 서로의 말을 경청하고 반드시 적이 될 필요는 없다는 사실을 인지할 때에만 해결할 수 있다. 우리는 서로 다른 다양한 관점과 욕구, 흥미를 가진 서로 다른 사람들이다.

물론 사과의 4단계로 모든 갈등을 해결할 수는 없다. 그러나 나는 이 사과 모델이 필시 도움이 되리라고 믿는다. 잠시라도 내 의견을 내려놓고 호기심과 배려로 다른 사람을 대한다면 어떤 변화가 찾아올까? 만약 당신의 목표가 서로를 신뢰할 수 있는(또는 '다시' 신뢰할 수 있는) 인간관계를 확립하는 것이라면? 또는 내가 충분히 자신감 있고 겸손한 태도로 마음을 열고 다른 사람의 입장을 이해하기 위해 노력한다면? 인간관계 문제는 단순히 자신의 생각과 믿음을 포기한다고 해결되는 게 아니다. 다른 사람이 왜 그런 입장을 취하게 되었는지 배우고 결과적으로 그들을 이해해야 한다. 그리고 그렇게 당신의 관심사와 겹치는 부분을 만드는 것이다. 상대방이 옳다고 해서 당신이 꼭 틀렸다는 법은 없다. 예를 들어 어떤 경우에는 당신의 말이나 행동이 정말로 '나빠서'가 아니라 당신에 대한 이해가 불완전했기 때문에 상대방이 상처를 입었을 수도 있다. 해결 과정에서 더 많은 사람들의 목소리를 참고하고, 더 깊고 넓게 이해한다면 모두에게 이득이 된다.

내가 가장 좋아하는 의사소통 법칙은 '내 차례에서는 내가 옳다고 주장해도 남의 이야기를 들을 때에는 내가 틀렸다는 태도로 들어야 한다'이다. 다시 강조하지만 이건 결코 쉬운 일이 아니다. 그러나 분명 시도할 가치는 있다.

때때로 우리는 상대방이 내 의견에 찬성하는지 확인할 때까지, 또는 머릿속으로 대꾸할 말을 찾을 때까지만 귀를 기울인다. 그러나 좋은 경청의 기본 규칙은 실로 간단하고 명료하다. 상대방의 이야기를 들을 때는 내 의견이나 관점을 잠시 내려놓는다. 마음을 가라앉히고 상대방이 보내는 메시지에 집중한다. 최대한 충분한 시간과 노력을 들여 상대를 이해하고, 그러기 위해서는 질문을 던져야 할 수도 있다. 문제를 '고치려는' 충동에 저항하라. 다른 사람의 관점에 공감하라. 이것이 바로 좋은 사과의 1단계다. 상호존중적인 공개 담론에 참여할 때에도, 올바른 사적 관계를 구축할 때에도, 자기 자신의 의견을 표출하는 것만큼 상대방의 말에 귀를 기울이는 것이 중요하다.

시간이 필요한 게임

사과를 한 '후'에 특히 중요한 것은 인내심을 발휘하는 것이다. 사과를 한 다음에 무슨 일이 일어나는지 결과를 알아보려면 시간이 필요하다. 실제로 상황이 개선되었는가? 당신이 제시한 해결책 중에서 특히 효과적인 요소는 무엇인가? 관련된 모든 사람들이 변화를 실천으로 옮겼는가? 변화가 실현되려면 대개 충분한 시간이 필요하다.

　심리치료사이자 명상 교사인 내 동료 수잔 페어차일드 Syusan Fairchild가 사과에 관한 이야기를 해준 적이 있다. 그 사과는 굉장히 의미 깊은 '변화의 시발점'이었고, 시간이 지나며 더욱 발전해나갔다. 유명한 마음챙김 강사인 크리스토퍼 거머 Christopher Gurmer의 자기 연민 워크숍에 참가한 수잔은 그의 교육 방식에 불편함을 느꼈다. 페어차일드를 비롯해 대다수 학생들이 여성이었지만 방 주변에는 백인 남성들의 초상화가 가득했다. 거머 박사가 주변화에 대한 이야기를 꺼냈을 때, 페어차일드는 그에게 문화적으로 그리고 이 강의실 안에서도 그가 성별이라는 중요한 요소를 간과하고 있다고 지적했다. 거머 박사는 그녀의 지적을 귀담아 들었고(1단계), 진심으로 미안하다고 말했으며(2단계), 다른 워크숍에서도 그 문제에 대해 직설적이고 열정적으로 다루었다. 그 후 몇 달 동안 거머 박사와 동료들은 문화적 영향과 트라우마로 인한 수치심이 특히 여성의 신체에 어떤 영향을 끼칠 수 있는지 고민하고, 강사 교육 커리큘럼에 해당 내용을 반영했다(3단계).

2년 후 거머 박사의 워크숍에 참가한 페어차일드는 매우 인상적인 변화를 목격했다. 그는 워크숍 그룹에게 내면화된 수치심에 대해 설명하고, 그들을 한계 속에 잡아두는 메시지를 팔로 밀어내 거부하며 "안 돼!"라고 외치는 연습 활동을 해 볼 것을 제안했다. 그는 페어차일드가 이의를 제기하고 2년이라는 시간이 흐른 뒤에도 여전히 책임감 있는 태도로 사과를 계속하고 있었던 것이다(4단계).[11]

마이클 걸커는 갈등을 직면하는 방법을 배우는 것은 "긴 시간이 필요한 게임"이라고 설명한다. 그가 하는 일은 사람들이 여러 측면에서 자신 및 다른 사람과 원활히 소통하게 돕는 것이다. 그의 워크숍에 참가한 사람들은 정치를 비롯해 서로 동의하지 않는 주제에 대해 이야기하는 법을 배운다. 왜냐하면 우리는 "더불어 사는 법을 배워야 하기 때문"이다. 관계를 형성하는 데에는 시간이 걸리기 마련이고 "다른 생각을 가진 사람과 가까워지려면 인내심과 겸손함, 상냥함, 자제심과 같은 자질을 연마해야 한다." 나와 같은 의견을 가진 사람들과 이야기할 때에는 이런 것들이 그다지 필요하지 않다. 걸커는 그의 교육을 받은 사람들이 다시 주변 사람들을 가르치고 더 많은 자료와 교육을 요청한다는 점에서 워크숍이 성공적이라고 느낀다.[12] 이처럼 과감한 소통의 가치를 배우게 되면 의견 차이와 갈등을 반드시 피해야 할 장애물이 아니라 서로를 더 잘 이해하기 위한 도구로 인식하게 된다.

개인적인 문제보다 더 크고 사회적인 상흔들은 우리가 살아있는 동안에는 치유되지 못할 수도 있다. 그러나 그렇다고 해서 이를 극복하고 전진하기 위한 노력을 결코 멈춰서는 안 될 것이다. 점진적인 진보는 쉽게 눈에 띄지 않는 법이고, 많은 사람들이 이를 중요하게 여기지 않을지도 모른다. 그러나 실수를 하고, 실패하고, 또다시 시도하는 데 수반되는 엄청난 이점은 드디어 공적 영역으로 진입하고 있는 듯 보인다. 예를 들어 흔히 실리콘밸리의 혁신적 분위기는 '빨리 실패하고 자주 실패하는 것'에서 비롯되었다고들 한다. 이는 어린아이가 시행착오를 거쳐 새로운 능력을 개발하고 중요한 학습으로 이어나가는 과정과도 비슷하다.[13] 학생들에게 실패를 극복하는 방법을 가르치는 스탠퍼드 대학의 회복 프로젝트는 정기 프로그램인 '스탠퍼드, 나 완전 망쳤어요'를 통해 학생들의 '영웅적인 실패'를 축하한다. 이 프로젝트의 목표는 "실패에 대한 인식을 무슨 일이 있어도 피해야 하는 것에서 중요한 의미가 있는 것으로 바꾸는 것"으로, 새로운 것을 배울 기회를 제공한다.[14]

이는 대부분의 미국인이 배우는 전통적인 문제 해결 방식과는 뚜렷이 구분된다. 일본에서 가장 낮은 수학 점수를 받은 학생이 미국에서 가장 높은 점수를 받은 학생들보다 더 뛰어난 이유를 분석한 1994년의 연구 조사는 이 같은 차이를 여실히 보여준다. 일본 학생들은 여러 번 실수를 하더라도 수학 문제를 끝까지 전부 풀었고, 반대로 미국 학생들은 문제를 빨리 풀 수 없으면 금세 포기하는 경향이 있었다. 이 연구는 미국에서는 실수가 심적으로 부담스러운 일로 간주된다는 점을 지적한다. 또 미국의 많은 부모와 교사들은 수리 능력을 일종의 재능으로 여기기 때문에 꾸준한 시도를 덜 중요하게 여긴다.[15] 많은 경우 회복과 변화, 성장에 한계가 있다고 간주하기에 학생들은 시도를 포기하게 되고, 그 결과 문제를 풀 새로운 방법을 배울 기회도 접하지 못하게 된다.

단계별로 성과를 쌓아 올리거나 시도를 거듭하기 위해서는 항상 시간이 필요하다. 앞서 문화적 규범에서도 보았듯 자신감 모델이 항상 우리에게 최선의 방식으로 작동하는 것은 아니다. 좋은 사과와 원활한 소통, 갈등 해결을 위한 노력처럼 시간과 인내심, 겸손함이 필요한 문제에 대한 해결 능력은 떨어뜨릴 수 있다.

간직할 것인가, 잃을 것인가

좋은 사과는 관계의 연결성을 유지하고, 나아가 더욱 강화한다. 함께 공유하던 추억을 잃을 필요도 없고 관계를 망가뜨릴 필요도 없다.

대부분의 사람들처럼, 당신도 사랑하는 사람과 서로를 완벽히 이해하는 관계가 되고 싶을 것이다. 미흡한 의사소통이나 감정적 상처 때문에 이런 열망을 채울 수 없다면 당신이 꿈꾸는 행복한 관계에 대한 그림은 망가질 수 있다. 그러나 좋은 사과는 상처 입은 관계를 치유하고 더욱 안정적으로 다질 수 있다. 킨츠쿠로이 도자기처럼 금이 간 자리를 때워 전보다도 더 아름답고 온전한 모습으로 회복하는 것이다. 어릴 적 내가 수집하던 잡동사니들 중에서 내가 제일 좋아하던 것은 깨진 조각을 본드로 이어 붙인 하늘색 물병이었다. 나는 그 붙인 자국을 손가락으로 따라가며 어루만지는 것을 좋아했다. 물병이 어떻게 온전한 모습으로 돌아올 수 있었는지 지난 역사를 고스란히 보여주는 흔적이었기 때문이다.

지난 상처를 함께 치유한 사람들은 관계를 유지하기 위한 새로운 토대를, 미래에 고난이 닥치더라도 함께 직면하고 헤쳐 나갈 수 있는 보다 친밀하고 상호보완적인 패턴을 창조한 것이다. 상처를 치유하는 효과적인 방법을 통해, 당신은 질서정연하고 비현실적인 이미지가 아니라 복잡하고 어수선하더라도 더욱 만족스러운 진실을 얻게 될 것이다.

사과의 효과

* 인간관계에 긍정적 영향
* 사과를 받는 사람에게 긍정적 영향
* 사과를 한 사람에게 긍정적 영향
* 공동체 전체에 미치는 치유 효과
* 충분한 시간을 들임으로써 완전한 회복 가능
* 추억을 간직하며 지속되는 관계

Chapter 9

상처받은 나에게 묻다

상처를 치유하는 일이 전적으로 상처 입은 사람의 책임은 아니지만 만일 당신이 상처 입은 당사자라면 사과의 형식과 전달 방식에 영향을 끼치고 싶을 수 있다. 무엇을 어떻게 요청해야 진심으로 만족스러운 사과를 받을 수 있을까? 사과를 받아들일지 말지를 어떻게 결정할 수 있을까?

당신은 상대방의 행동이 당신에게 어떤 영향을 끼쳤는지 이해시킬 수 있는 힘을 갖고 있다. 그들이 '정신을 차리고' '책임을 인정하거나' '자기가 무슨 짓을 했는지' 스스로 깨달을 때까지 기다릴 필요가 없다. 사과를 하는 사람과 받는 사람은 서로 머리를 맞대고 독창적인 해결법을 생각해낼 수 있다. 어떤 관계를 맺고 있는지에 따라 어쩌면 모든 진실이 완전히 드러날 때까지 끊임없이 이야기해야 할지도 모른다. 애정을 담아 최대한 솔직하게 드러낼수록 서로를 제대로 이해하게 될 것이다.

사랑스럽고 똑똑한 열여섯 살 앨리가 상담을 받으러 찾아온 것은 부모님의 이혼으로 인해 겪게 된 울화와 우울증 때문이었다(참고로 앨리는 스스로를 젠더플루이드gender-fluid°로 규정하고 있다). 어느 날 앨리는 "문제라고도 할 수 없는 문제"가 있다고 말했다. 친척의 장례식 때문에 잠깐 여행을 다녀온 사이 앨리의 남자친구 데빈이 파티에 참석했다가 한 여자아이와 입맞춤을 했다는 것이다. 하지만 그는 즉시 앨리에게 전화를 걸어 그 사실을 고백했고, 앨리는 그를 용서했다.
"데빈은 계속 그 이야기를 하고 싶어 하는데, 너무 침울해하는 거 같아서 보기가 그래요. 그리고 난 정말 괜찮아요. 걔가 진짜로 미안해한다는 것도 알고요. 그래서 그 일은 그냥 잊어버리자고 했어요."
침묵이 흘렀다. 앨리가 눈알을 굴렸다. "내가 데빈이랑 얘기를 해야 한다고 생각하시는 거군요?"

사랑하는 사람이 사과를 한다면 상대가 말을 끝내기도 전에 냉큼 받아들이고 싶은 유혹을 느낄지도 모른다. 노력하는 모습과 솔직한 태도가 고마워서일 수도 있고 부담을 덜어주고 싶어서일 수도 있다. 아니면 상황 자체가 불편하게 느껴져서일 수도 있다. 그러나 당신이 무엇을 진정으로 원하는지 파악하고, 참을성 있게 사과의 모든 단계를 밟는다면 두 사람은 더욱 가까워질 것이다.

○   성 정체성이 고정적이지 않고 유동적으로 전환되는 사람.

"그게 도움이 된다면 그래야 한다고 생각해요. 그 일을 알게 되었을 때 어떤 기분이 들었는지 나한테 말하고 싶어요?"

앨리는 복잡한 감정을 정리하려는지 한참 동안 말이 없었다. "데빈이 날 사랑한다는 건 알아요. 그 일 때문에 속상해한다는 것도 알고요. 그러면 되는 거 아닐까요?"

"그럴지도요. 앨리는 그런 것 같아요?"

"어…… 그게 끝이었다면 지금 이렇게 앉아서 얘기를 하고 있지 않았겠죠. 근데 그거 아세요? 내가 데빈을 용서한다고 하니까, 그 앤 더 우울해하더라고요. 진짜 이상하지 않아요?"

"앨리가 원한다면 데빈의 감정에 대해 이야기할 수도 있겠죠. 하지만 그보다 먼저 앨리가 느끼고 있는 감정을 이해해야 할 것 같네요."

앨리의 눈시울이 붉어지더니 주룩 눈물이 흘러내렸다. 앨리가 손등으로 눈물을 쓱 문질러 닦고는 데빈과 어떤 관계가 되고 싶은지 이야기하기 시작했다. 둘의 사이는 거의 완벽할 정도로 "좋았고" 특히 앨리의 부모님과는 완전히 달랐다. 앨리는 빨리 "이 키스 어쩌고 문제가 끝났으면" 좋겠다고 생각했다. 그 일에 대해서는 아예 생각하고 싶지 않았다.

"앨리의 심정이 이해가 가요. 하지만 단순히 생각하지 않는다고 해서 있었던 일이 사라지지는 않지요. 앨리도 그 사건에 대해 분명히 다른 감정을 갖고 있는 것 같고요." 나는 앨리에게 시간을 들여 자신의 반응을 분석하고 데빈과 대화를 나누고 싶은지, 만약 그렇다면 언제 이야기를 나누고 싶은지 생각해보라고 독려했다.

"근데요, 난 진짜, 진짜, '진짜' 데빈이 속상해하는 걸 보고 싶지 않거든요! 내가 정신 나간 우리 부모님 때문에 징징거릴 때도 얼마나 나한테 잘해줬는데요." 앨리가 시선을 내리깔며 조용해졌다.

데빈의 감정을 보호하고 싶어 하는 앨리의 마음은 어느 정도 애정에 기반하고 있었다. 앨리는 데빈이 필요 이상으로 고통받는 것을 원치 않았다. 하지만 동시에 앨리는 불편한 감정을 직접적으로 대면하고 성공적으로 해결한 경험이 거의 없었고, 불확실한 영역에 뛰어드는 것도 피하고 싶었다. 우리는 2장에서 이야기했던 문화적이고 신경학적인 이유로 대부분 빠르고 분명한 결론을 원한다. 앨리도 예외는 아니었다.

"내 생각엔, 데빈이 진심으로 앨리의 진짜 반응을 알고 싶어 할 만큼 두 사람이 가까운 것 같아요." 우리는 조용히 앉아 앨리가 그 말의 의미를 이해할 때까지 기다렸다. 내가 말을 이었다. "그런 대화가 두 사람에게 어떤 영향을 끼칠 것 같나요?"

앨리는 용기를 내어 데빈에게 그 사건에 관한 이야기를 꺼냈다. 데빈은 처음에는 그다음 단계에서 어떻게 해야 할지 몰랐지만 이내 자신의 사과가 불완전했음을 깨달았다. 두 사람은 매우 오랫동안 대화를 나눴다. 앨리는 데빈에게 대답하기 어려운 질문들을 던졌고, 데빈은 앨리에게 어떻게 해야 다시 앨리의 신뢰를 얻을 수 있을지 물었다. 여러 차례에 걸쳐 어렵고 감정적인 대화를 나눈 끝에 두 사람은 전보다 훨씬 서로를 가깝게 느끼게 되었다.

마음의 상처를 입었을 때 당신이 선택할 수 있는 길은 많다. 그저 막상 그 순간에는 발견하지 못할 수도 있을 뿐이다. 이제까지 사람들이 사과를 하지 않으려는 이유에 대해 이야기했다면 이번에는 사과를 받아야 할 사람이 사과를 요구하지 않거나 심지어 사과를 받지 않으려는 이유에 대해 생각해보자. 손상된 관계를 회복하려면 사과하는 사람이 각 단계를 밟아나가야 하지만, 상처 입은 사람 역시 그 과정에서 고려해야 할 중요한 역할이 있다.

사과를 요구할 것인가

좋은 사과를 받는 가장 간단한 방법은 상대에게 직접 요구하는 것이다. 대부분의 사람들은 자신의 실수를 간과하기 일쑤고, 그것을 직면하고 해결하기를 꺼린다. 때로는 직설적으로 말해주지 않으면 자신이 다른 사람에게 어떤 영향을 끼쳤는지 모르고 있을 수 있다. 따라서 어쩌면 당신이 먼저, 상대방 때문에 마음이 다치거나 화가 났거나 우울하며 이 문제를 해결하고 싶다고 말을 꺼내야 할 수도 있다. 간단한 일처럼 보일지 모르지만, 이는 다음과 같은 여러 이유에서 사과를 하는 것만큼 어려운 일이다.

갈등을 일으키고 싶지 않다: 어떤 종류가 됐든 불쾌한 상황을 피하고 싶기 때문에 상처를 입었다는 이야기를 꺼내는 것은 쉽지 않은 일이다. 여기에는 사과를 해야 하는 사람들이 느끼는 것과 같은 복잡한 문제와 장단점이 존재한다.

상대방을 믿지 않는다: 당신을 다치게 한 사람이 사과를 할 것 같지 않다. 상대에게 사과의 필수적인 단계를 실천할 능력이나 배려심이 있을 것이라고 생각하지 않는다.

자신을 믿지 않는다: 스스로의 감정이 의심스럽고, 그 일에 대한 경험이 정확한지 확신하지 못한다. 다른 사람이 당신에게 준 상처를 보상하기 위해 노력할 가치가 없다고 믿는지도 모른다.

관계 자체를 믿지 않는다: 사귄 지 얼마 되지 않았거나 문제를 회피하고 싶은 마음 때문에 상대방과 어려운 문제를 함께 해결한 경험이 부족하다. 아니면 둘의 관계가 한쪽으로 치우쳐 있어 상대에게 반항하거나 도전하는 것처럼 들릴지도 모를 이야기를 꺼내기가 어려울 수 있다.

게다가 둘 사이에 문제가 있어 이야기를 해야 한다는 것은 영화나 동화책 속에 나오는 낭만적인 관계에 부응하지 않는다. 해피 엔딩이라면 사랑에 빠진 두 사람이 어떤 오해도 실수도 없이 오래오래 완벽하고 행복하게 살아야 하기 때문이다.

상황이 바뀔 것이라고 믿지 않는다: 가정에서나 다른 조직 내에서 오랫동안 한 가지 역할만 해왔다면 때때로 거기에 휘둘릴 수 있다. 어쩌면 당신은 이 익숙한 역할을 계속 유지할 수밖에 없다며 체념하고 있을지도 모른다. 사과하는 사람이 습관적인 태도를 바꾸는 게 어려운 것처럼, 당신의 고착화된 습관도 완강하기는 마찬가지다. 적극적으로 사과를 요구하는 것은 지금까지 당신이 자라며 배운 것과 완전히 다른 태도일지도 모른다. 변화에 대한 요청은 원하는 것을 당당히 요구하도록 스스로를 '재교육'하는 것이며, 관계가 변화할 수 있다는 믿음을 발전시키는 것이기도 하다. 우리가 변화를 위해 노력하는 이유는 이 관계가 유지되기를 간절히 원하고, 최상의 관계로 발전하길 바라기 때문이다.

사과를 받아들일 것인가

잘못된 것을 바로잡고 싶다는 제안은 요구가 아니라 권유다. 대부분의 사람들은 사과를 받아들이지만 이는 결코 의무가 아니며, 반드시 대화에 응할 필요도 없다. 잘못을 저지른 사람들이 사과의 단계를 실천하는 것은 상처 입은 사람의 치유를 돕고 싶기도 하지만 자신의 죄책감이나 도덕적 고통을 해소하고 싶기 때문이기도 하다. 다시 말해 사과를 하는 사람에게 옳은 일이기 때문이다. 하지만 사과를 받는 쪽인 당신은 상대방과 똑같이 느끼지 않을 수도 있다.

<u>사과를 너무 빨리 수용하지 않는다:</u> 아직 사과를 받아들일 준비가 되지 않았을 수도 있다. 사랑하는 사람이 내민 화해의 손을 잡기에는 너무 화가 났거나 상처가 아직 아물지 않았다면 나중에 상대방이 다시 시도할 수 있도록 문을 열어두어라("지금은 그 이야기를 할 준비가 안 됐어. 하지만 나중에 기회가 되

면 꼭 이야기해보고 싶어. 내일 다시 말해줄래?").

남자친구 데빈을 용서한 앨리처럼 상대의 잘못을 너무 빨리 용서하거나 가볍게 치부하면 상처가 완전히 치유되지 못하고 흉터가 남는 안타까운 패턴으로 이어질 수 있다. 어느 한쪽 또는 쌍방 모두 뭔가 해결되지 않은 응어리가 남은 것처럼 찜찜하고 또다시 치유 과정이 필요한 건 아닌지 불안한 느낌이 드는 것이다. 표면의 흠집은 아물더라도 그 아래에는 상처가 계속 남아있다. 그러다 또다시 상처가 생기게 되면 양쪽 모두 서로의 격렬한 반응에 놀라게 되는 것이다. 이는 커플들이 상담치료를 받으러 오는 가장 흔한 이유 중 하나다. 별것도 아닌 것처럼 보이는 실수에 지나치게 예민하게 반응하고, 화를 낸 사람도 반응을 받은 사람도 둘 다 어리둥절해진다. 리사와 필립이(행복해야 할 결혼식이 의심과 회피로 얼룩진 부부가) 무의미한 말다툼과 불화를 반복하던 일이 기억나는가? 불완전한 치유는 아예 치유되지 않은 것과도 같다. 문제가 완전히 해결될 때까지 상처는 치유된 게 아니다.

신뢰의 문제: 사과를 받아들이지 않는 이유는 상대방이 진심이 아니라고 생각하기 때문이다. 상대를 신뢰할 수 없다면 회복 과정에서 당신의 취약성을 드러내면 안 된다. 반대로 상대를 신뢰할 수 있다고 생각한다면 이 과정은 훌륭한 시험 수단이 될 수 있다. 약간의 신뢰를 드러냄으로써 상대방을 믿을 수 있는지 없는지 판단하라. 사과 과정을 거치며 당신의 신뢰는 강화되거

나 약화될 것이다.

어쩌면 사과를 받아들이고 싶을지도 모른다: 솔직한 사과를
접하게 된다면 온정 어린 책임감을 발휘해 이를 받아들이고 싶
을지도 모른다. 상대방이 잘못했다는 건 알지만, 잘못을 바로잡
음으로써 구원받을 수 있다는 가능성을 믿기 때문이다. 예를 들
어 의사가 실수를 시인하고 자신의 행동에 책임을 진다면 환자
들은 자신의 목소리가 '전해졌다'고 느끼고 더는 분노를 품지
않는다. 네타냐후 총리가 터키에 사과를 하자 외교 관계에 물꼬
가 트였다. 이 두 사례는 모든 이들에게 좋은 본보기가 될 수 있
을 것이다.

대화에 참여할 것인가

필요한 시간을 파악하고 결정하는 것은 항상 중요하다. 대화를 시
작하기로 결심하는 데 걸리는 시간, 상대에게 반응하는 데 걸리는
시간, 상대에게서 바라는 게 정확히 뭔지 깨닫는 데 걸리는 시간,
그리고 문제를 해결하고 전진할 준비가 될 때까지 걸리는 시간 등
이 있을 것이다. 좋은 사과를 받아들인다고 해도 상처에서 회복하
는 데에는 더 많은 시간이 걸릴 수 있다. 어떤 경우에는 중간에 새
로운 사실을 접하게 될 수도 있는데, 새 정보를 받아들이고 그 의미
를 분석하고 더 깊이 탐구하려면 시간이 필요하다.

상대방이 사과를 하려고 애쓰는 모습을 보면 노력을 인정해주고 싶은 마음이 들지도 모른다. 그러나 무슨 일이 있어도 당신이 필요한 만큼 충분한 시간을 취해라. 조금만 더 기다려달라고 부탁해라. 더 필요한 게 없는지 파악하느라 고민하는 데 시간이 필요할 수도 있다.

몇 달 동안이나 서로 간의 신뢰를 회복하기 위해 애썼던 새러와 조니의 경우가 그랬다. 조니는 두 사람이 다시 합칠 수 있을 거라고 믿었고, 언젠가는 '극복할' 준비를 마치고 새러를 다시 신뢰할 수 있게 될 것이라고 믿었다. 다만 거기 도달하기까지 시간이 얼마나 걸릴지 확신할 수 없었을 뿐이다. 새러가 자기 자신에 대해 새로이 배우는 동안 조니도 비슷한 과정을 거쳤다. 그는 자신이 어떠한 감정을 느끼고 있고, 진정 바라는 것은 무엇인지에 집중하며 조금씩 배워나갔다. 언제 끝날지 모르는 기간 동안 목표에 대한 믿음을 고수한 채 자신의 감정과 두려움을 극복하고 새러에게 수많은 질문을 던지는 것은 무척 힘겨운 일이었다. 이제 그들은 그 길고 힘든 고민만이 결실을 빚어낸다는 사실을, 문제를 완전히 해결하려면 긴 시간과 철저한 탐구가 필요하다는 사실을 이해한다.

커플 관계에서 사과는 결국 두 사람 사이의 일이다. 사과를 받는 사람도 적극적인 참여자이며 사과의 구성과 형태에 영향을 미칠 수 있다. 이를테면 "당신이 내 심정을 진심으로 이해한다는 거 알아"라든가 "앞으로는 그런 일이 일어나지 않을 거라는 걸 내가 어떻게 확신할 수 있을까?"처럼 반응하는 것으로 말이다.

회복적 사법 정의 프로그램의 경우, 피해자와 '영향을 받은 당사자'는 항상 처음부터 깊이 개입하게 된다. 사실 법정 밖에서 진행

되는 이 회복적 절차는 애초에 가해자에게 갱생의 여지가 없다면 시작되지도 못한다. 피해자는 참여 여부와 개입 수준을 결정할 수 있으며 직접 참여하는 것을 원하지 않는다면 대리인이나 성명서만 보낼 수도 있다. 영향을 받은 당사자들은 해당 사건과 그 영향에 대한 그들의 입장과 관점을 제시하고, 나아가 가해자가 충족해야 할 요건을 결정함으로써 회복 과정에 참여한다. 문제는 '피해자가 온전하게 회복할 수 있는가'이다. 책임 당사자는 잘못을 바로잡기 위해 무엇을 해야 하는가?

이는 사적인 관계에도 적용할 수 있는 질문이다. 예전처럼 온전한 상태로 돌아가려면 무엇을 어떻게 해야 하는가? 피해를 어떻게 바로잡을 수 있을 것인가?

때로는 당신을 다치게 한 사람에게 무엇을 원하는지 스스로 파악하기가 힘들 때도 있다. 여기 마음에 상처를 입은 사람이 할 수 있는 한 가지 연습 활동을 추천한다. 혹시 사과를 받아야 하는데 아직도 받지 못했다면 이 방법을 써보기 바란다. 배우자나 파트너(혹은 다른 중요한 사람)에게서 받고 싶은 메시지가 담긴 편지를 쓰는 것이다. 당신의 감정을 치유하는 데 무엇이 필요한지 생각해 보라. 문제를 해결하는 데 도움이 될, 상대방에게서 듣고 싶은 말과 보고 싶은 행동을 전부 떠올려보라. 이런 질문들에 집중하면 당신이 원하는 것을 대부분 파악할 수 있다.

이 편지를 상대방에게 보여주면, 사과를 해야 할 사람에게 많은 정보를 알려줄 수 있다. 필요로 하는 것을 자세히 적어 상대가 새로운 관점에서 당신을 이해하도록 할 수 있다. 상대방이 나중에 흥분을 가라앉힌 뒤에 당신의 경험을 이해할 수 있게 시간적 여유를 줄 수도 있다. 캐스린 슐츠가 말한 것처럼 상대방에게 "반증에 주의를 기울이라"고 가르칠 수 있는 것이다.

유명한 페미니스트 작가인 이브 엔슬러Eve Ensler의 신작 『아버지의 사과편지The Apology』는 그녀의 아버지가 딸에게 보내는 편지 형식을 띠고 있다. 저자의 부친이 세상을 뜬 지 30년이나 지났지만 이 책은 부친이 그녀에게 저지른 성적 학대에 대해 저자가 듣고 싶었던 사과다. 엔슬러는 이 책이 여성을 학대한 남성들에게 모범 답안을 제시함으로써 피해를 입은 다른 여성을 치유할 수 있을 것이라고 믿는다. 나 역시 그렇다고 믿는다. 더불어 이 책은 편지 연습 활동이 지닌 잠재적 치유 효과를 보여준다.[1]

관계를 바꿀 것인가

평범한 사람들은 엔슬러처럼 효과적인 수단이 없거나 세상에 메시지를 퍼트리기가 힘들다. 우리에게 있는 것이라고는 위기에 봉착한 인간관계 정도이며, 운이 좋다면 누군가 당신의 상처를 치유하기 위해 노력했을지도 모른다. 필요한 사과를 받았더라도 다시는 그런 일이 재발하지 않게 예방하고 싶은 것이 사람 마음일 터다. 여기 도움이 될 몇 가지 원칙을 소개한다.

<u>동화는 현실과 다르다:</u> 백설공주와 왕자가 그 뒤로 오랫동안

함께 살았더라도 왕자가 일곱 난쟁이에게 질투심을 느끼지 않았을까? 모든 애정 관계에는 꾸준한 노력이 필요하다.

자가용을 굴릴 때처럼 사과는 일종의 꾸준한 수리 과정이며 매끄럽게 돌아가게 하려면 보수 유지가 필요하다. 때때로 문제적 감정이 발생하더라도 자동반응을 하지 않기 위해 노력하고 싶다면 그런 갈등을 방해물이 아니라 커플 관계라는 엔진을 유지하고 더욱 개선할 기회로 여겨라. 어쩌면 가장 바람직한 '해피 엔딩' 커플은 그 뒤로도 여전히 서로에게 솔직하고, 취약점을 내보이고, 오해를 바로잡으려는 사람들일지도 모른다.

관계를 지속하겠다는 목표를 가져라: 다른 많은 사람들처럼 당신도 처음 사귀기 시작했을 때에는 최선을 다해 상대의 행동을 용납하고 너그럽게 대했을 것이다. 그러나 이런 태도는 당신이 용납할 수 있는 선에 대해 잘못된 정보를 줄 수 있다. 사소한 실수를 너무 쉽게 웃어넘기거나 용서한다면 나중에는 그 패턴을 깨트리기가 힘들어진다. 당신이 상대의 행동을 어느 수준까지 용납할 수 있는지, 어느 정도에서 기분이 상하는지 정확히 알고 있어야 한다. 연인이나 친구들에게 당신을 어떻게 대해야 할지 가르쳐줘야 한다.

안타깝게도 이런 관계 초기의 패턴은 때때로 커다란 위기와 해결을 겪고 두 사람 모두 편안함과 안도감에 안착한 후에 또다시 새로 초기화되기도 한다. 더는 싸울 필요가 없다고 기뻐하고 있을 때 다시금 불편한 점을 지적해야 한다는 게 잔인하게 느껴질지도 모르겠지만, 이는 반드시 거쳐야 하는 과정이다. 이 부분을 빠트리면 또 다른 문제에 봉착하게 되기 때문이다. 5장에 데즈먼드의 이야기가 기억나는가? 아내 모니크가 처음에 사과를 한 뒤에도 데즈먼드는 다른 심각한 문제점에 대해 이야기하기 시작했다. 진정으로 상처를 치유하고 아내에게서 완전한 이해를 받기 위해, 데즈먼드는 잠깐 동안 해결의 순간이 찾아온 뒤에도 계속해서 문제를 해결하려고 노력해야 했다.

명확한 것이 친절한 것이다: 착한 사람들은 보통 남에게 상처를 주지 않으려고 노력한다. 그리고 그런 의도는 종종 진실을 숨기거나 애매모호한 행동으로 나타난다. 어쩌면 다른 사람들에게 복잡하거나 불편한 현실을 알려주고 싶지 않을 때도 있을 것이다. 당신은 그것이 친절한 행동이라고 생각하고 실제로도 그럴지 모르지만, 만약 상대가 우연히라도 진실을 알게 된다면 도리어 더 큰 상처를 줄 수 있다. 그들은 이렇게 물을 것이다. "왜 나한테 말 안했어?" 그러면 당신은 "너한테 상처 주고 싶지 않았어"라고 대답할 것이다.

　　명확하게 밝힌다고 해서 불친절한 것은 아니다. 친절하려고 진실을 숨기기보다는 차라리 무난하고 상냥한 방식으로 전달하는 연습을 하는 편이 낫다. 용감하고 솔직하고 명료하게 사실을 전하는 것은 사회정의로 보더라도 자명한 진리다. 명확하고 직설적인 의사소통은 차후 발생할 수 있는 수많은 오해와 심각한 상처를 예방할 수 있다.

용서할 것인가

사과를 반드시 받아들일 필요가 없는 것처럼 상처 준 사람을 반드시 용서할 필요도 없다. 그 사람은 당신에게 사과를 빚지고 있지만 당신은 그 사람에게 용서를 빚진 것이 아니기 때문이다.

나보다 훨씬 탁월하고 저명한 수많은 철학자와 심리학자들이 오래도록 사색하고 연구했다는 점에서 알 수 있듯이, 용서는 우리 사회에서 굉장히 중요한 주제다. 나는 이 책에서 용서라는 행위를 철저하게 분석할 생각은 없다. 다만 강조하고 싶은 가장 중요한 메시지는 상처를 준 사람을 용서함으로써 상대방이나 공동체를 도울 수 있는 것은 사실이나 용서를 통해 가장 큰 혜택을 얻는 것은 바로 용서를 하는 당신이라는 것이다.

용서를 연습하는 것만으로도 혈압과 심박이 낮아지고 코르티솔(스트레스 호르몬) 수치가 감소한다. 면역 체계의 강화는 전반적인 건강 증진으로 이어지고 심혈관 질환의 위험을 낮춘다. 반대로 원한을 담아두면 코르티솔 수치가 증가하고 만성 스트레스로 인한 다양한 건강 문제를 겪을 수 있다.[2]

스탠퍼드 대학의 용서 프로젝트에 따르면, 용서하는 기술을 훈련하면 면역체계 증강을 포함해 스트레스와 신체적 건강 증상이 감소된다. 프로젝트의 창시자인 프레드릭 러스킨Frederick Luskin은 용서란 새로 배우고 익힐 수 있는 일종의 기술이며 자기돌봄과 스트레스 관리, 관점 바꾸기 등의 여러 단계로 구성되어 있다고 말한다. 그리고 이 기술을 배우기 위해서는 연습이 필요하다.[3]

많은 종교에서 자신에게 해를 끼친 사람을 용서하라고(또는 용서를 시도하라고) 가르친다. 아스마 자마Asma Jama는 식당에서 가족들과 스와일리어로 대화를 나누다가 같은 식당의 손님에게서 공격을 당했다. 그 여자는 자마의 얼굴에 맥주컵을 내리쳐 끔찍한 부상을 입혔고, 그 뒤로 자마는 심각한 공황증세에 시달려야 했다. 14개월 뒤, 얼굴에 흉터를 단 채 법정에 선 이슬람교도 자마는 이렇게 말했다. "내가 믿는 종교에서는 남을 용서함으로써 더 나은 삶을 살아갈 수 있다고 가르칩니다. 내가 원한을 품고 당신을 계속 미워한다면 나는 행복하지 않겠지요." 자마는 가해자가 이 경험을 통해 깨달음을 얻길 바란다고 말했다. 이후 자마는 다른 사람들의 권리를 지지하는 새로운 삶의 목표를 실천하고 있다.

사우스캐롤라이나 찰스턴 교회에서 한 백인 남성이 아홉 명의 신도들을 살해했을 때에도 몇몇 생존자들은 그를 용서한다고 말했다. 여동생인 드페인 미들턴 닥터DePayne Middleton Doctor를 잃은 베서니 미들턴 브라운Bethane Middleton-Brown은 여동생이 "우리는 사랑으로 만들어진 가족이야. 증오를 담아둘 여유가 없으니 용서해야 해"라고 가르쳤다고 말했다.[4] 범인을 미워한다는 것은 이미 너무나도 많은 것을 앗아간 사람에게 또다시 굴복하는 것이나 마찬가지라는 관점을 보여주는 사례라고 할 수 있다.

신앙은 이 두 여성이 그들에게 어마어마한 고통과 외로움만을 초래했을 뿐인 완전한 타인을 용서할 수 있도록 해주었다. 이들은 고통스러운 경험을 통해 한층 더 성장하고 나아가 평화로운 삶을 살 수 있는 방법을 선택했다.

증오를 벗어던지고 상처를 극복하는 것은 영적 수련의 영역일 지도 모른다. 영국 시인 알렉산더 포프Alexander Pope는 "실수는 인간의 일이고 용서는 신의 일이다"라는 유명한 시구를 남겼다. 그의 시는 용서하는 능력은 위대하며, 우리는 실수를 저지르는 인간에게 신처럼 관대한 자비를 베풀어야 한다고 말한다.[5] 기독교인들은 한쪽 뺨을 맞으면 다른 쪽 뺨도 내밀라는 예수의 말을 따르려고 노력한다. 유대인은 대제일大祭日에 지난 1년간 그들에게 잘못을 한 사람들을 용서하고 앙금을 흘려 보낼 방법을 찾는다. 만일 그 사람과 문제를 해결하지 못한다면 상처를 치유하는 일은 당신과 높은 자아, 또는 당신과 신 사이에서 해결해야 할 문제가 된다.

앤 라모트는 "용서하지 않는다는 것은 내가 쥐약을 먹고 쥐가 죽기를 기다리는 것과 같다"고 말했다.[6] 칼럼니스트 르네 그레이엄 Renee Graham은 처음에는 용서를 긍정적인 것으로 받아들이길 저항했다가 이내 용서란 "강인하고 우아한" 행위이며, 나아가 반항적이라고 표현했다. 왜냐하면 그것은 비인간적인 상황에서 인간성을 드러내는 행동이기 때문이다.[7] 누군가 지독한 상처나 피해를 입었을 때 우리는 용서가 그 사람과 주변 사람들에게 얼마나 강력한 영향을 미치는지 볼 수 있다.

저널리스트 반 존스Van Jones가 제작한 CNN 다큐멘터리 〈구원 프로젝트Redemption Project〉에서는 중범죄 가해자와 피해자가 마음의 평화를 찾기 위해 함께 노력한다. 한 죄수가 십 대 소녀를 죽인 죄를 후회하며 흐느꼈을 때, 희생자의 아버지는 20년이 지난 지금 살인자가 이렇게 성장하고 변화했다는 사실이 가장 중요하다고 말한다. "이건 당신의 시작점이 아니라 종착점입니다."[8]

　인간적인 면을 발견하고 인식하는 것은 다른 사람을 용서하는데 필수적이다. 최악의 순간에 영원히 머물거나 평생 고통스러운순간에만 갇혀있을 수는 없다. 사업가이자 작가인 폴 보에즈Paul Boese의 말은 이러한 진실 속에 내재되어 있는 가능성을 조명한다. "용서는 과거를 바꾸지는 못하지만 미래를 더욱 넓혀준다."[9]

　누군가를 용서해야 할지 말아야 할지에 대해 정답은 없다. 이문제에 관한 한 도덕적으로 더 우월한 해결 방식도 없다. 상처 입은사람에 대한 최선의 해결책은 결국 당사자의 선택에 달려있다. 당신이 가령 흑인 교회나 모스크에 대한 폭력 테러처럼 사회적 문제로 인해 피해를 입었다면 개인적인 문제를 다룰 때와는 다른 선택에 직면해야 할 것이다. 내가 이 책을 쓰고 있는 지금도 미국 전역에서 종교나 인종, 또는 민족 정체성 때문에 많은 사람들이 다치고피해를 입고 있다. 특정 가해자를 공개적으로 용서한다면 상처가치유되었다는 인상을 주고 대중에게 그 사건에 대해 그만 생각하라는 메시지를 줄 수 있다. 반대로 사회 전체가 그 끔찍한 상처를 오랫동안 기억해야 한다고 믿을 수도 있는데, 이러한 경우 사랑하는사람의 상실은 사적인 고통을 넘어 사회정의 문제와 관련해서도 중요한 주제가 되고, 용서의 의미를 더욱 복잡하게 만들 것이다.

보복할 것인가

누군가 당신을 다치게 했다면 앙갚음을 하고 싶은 마음이 굴뚝같을 것이다. 분노는 자연스럽고 오래 지속되며, 특히 상처를 입은 지 얼마 되지 않았을 때에는 그런 감정에 빠지기가 더욱 쉽다. 당신을 다치게 한 사람이 당신만큼 괴로워했으면 좋겠다는 생각이 들 수도 있다. 대부분의 사법 정의 시스템은 피해자의 치유나 공동체의 보호보다 가해자의 처벌에 일차적 목적을 둔다.

최근의 한 연구 결과를 살펴보면 그러한 처벌이 피해자의 관점에서 어떤 의미를 지니는지 조금은 파악할 수 있다. 사업체가 사람들에게 피해를 입힐 경우, 고객들은 사과를 원할 뿐만 아니라 사업체가 일정한 대가를 치르기를 원한다. 팟캐스트 〈괴짜경제학Freakonomics〉에서 우버 고객들에게 설문 조사를 한 적이 있다. 운전사의 지각에 대한 우버의 사과 이메일은 고객들의 향후 지출액에 큰 영향을 주지 못했다. 한편 사과문에 일정 액수의 쿠폰을 첨부하자 고객들은 이 사과가 더욱 믿음직하다고 느꼈다. 다시 말해 보상이 중요한 것이다. 한편 사과와 관련 없는 단순한 홍보용 쿠폰은 고객들의 지출액 증가에 영향을 미치지 않았다.[10]

이 연구 조사는 처벌에 대한 문제를 제기한다. 만일 누군가 당신에게 해를 끼쳤다면 당신도 그 사람에게 '피해를 입히고' 싶은가, 아니면 다른 '대가를 치르게' 하고 싶은가? 그 차이는 무엇인가?

앞에서도 봤지만, 범죄 피해자들이 진실로 원하는 것은 가해자에게 최고 형량을 부여하는 것이 아니다. 그들도 무겁고 심각한 처벌을 원하긴 하지만 자신의 상처와 공동체의 상처를 회복할 수 있길 바란다.

피해자가 가혹하지 않은 처벌을 지지하는 다소 뜻밖의 예시가 있다. 성폭행을 당한 젊은 여성이 가해자가 감옥에 가지 않도록 형량을 합의한 것이다. 담당 판사는 "이해할 수가 없어 무척 당황"했는데, 가해자의 죄상이 심각한 데다 증거도 확실했기 때문이다. 그러나 젊은 여성은 누구나 두 번째 기회를 받을 자격이 있다고 대답했다. 대신에 그녀는 개인적인 치유를 위해 평범한 처벌과는 조금 다른 독특한 판결을 요청했다. 바로 공개 법정에서 공개적으로 그녀에게 사과를 하는 것이었다. 가해자는 그가 한 짓을 '인정'하고 그녀에게 무슨 짓을 저질렀는지 정확하게 묘사해야 했다.[11] 법정에서 그녀는 이렇게 말했다. "앞으로 당신이 깨끗하게 살길 바랍니다. 남은 생애 동안 매일같이 주변에 긍정적인 영향을 퍼트리길 원합니다. 왜냐하면 나와 내 가족들은 당신이 우리에게 끼친 영향 속에서 평생을 살아야 할 테니까요." 감정에 북받친 가해자는 "그날 밤 저지른 변명의 여지가 없는 행동"에 대해 상세하게 묘사했고, 이렇게 덧붙였다. "그녀는 놀랍도록 용감한 여성입니다. 내가 그런 짓을 저질렀다는 게 너무나도 부끄럽습니다. 내가 (생존자에게) 그토록 깊은 상처를 주었다는 데 뼈저리게, 진심으로 수치심을 느낍니다."[12]

현명한 부모는 아이들에게 벌을 주기보다 잘못을 통해 배울 수 있도록 필연적인 결과(잘못된 행동에 수반되는 원치 않는 결과)와 회복적 접근법(아이들에게 보상을 요구하거나 깨트린 것을 스스로

고치도록 하는 것)을 활용한다. 바람직한 행동을 강화하는 인지행
동 치료에서도 처벌보다 긍정적 강화를 강조한다. 처벌은 인간의
행동을 장기적으로 변화시키는 데에는 그다지 효력이 없다.

먼저 손 내밀 수도 있다

관계를 회복하는 가장 간단한 방법은 자신이 한 일이나 남을 다치
게 한 일에 대해 자발적으로 먼저 나서서 책임을 인정하는 것이다.
기억할지 모르겠지만, 사이가 소원해진 형제자매들은 대부분 상대
방이 먼저 손을 내밀어주길 바란다. 2장에 등장했던 롤랜드와 남동
생의 경우에도 어느 한쪽이 진술한 사과를 했더라면 다른 상대방의
후회와 사과로 이어졌을 것이다. 그들은 그런 식으로 갈라진 관계
를 회복하고, 롤랜드도 오랫동안 바라왔던 사과를 받을 수 있었을
것이다. 만약 그가 먼저 사과를 했다면 말이다.
　우리는 종종 누군가로부터 상처를 입었다는 느낌에 그 사람을
멀리하게 된다. 관계가 다시 밀접하게 연결되려면 사과가 필요하
다. 사람들은 누구나 다른 사람에게 약간의 불만을 품고 있다. 다만
어떤 상처는 유독 심각해서 특별한 치료가 필요하고 또 어떤 상처
는 연쇄반응을 일으켜 양쪽 모두에게 흉터를 남기기도 한다. 당신
이 먼저 호기심을 가지고 다가간 다음 나중에야 당신의 상처를 어
루만지는 것이 유일한 해결책일 수도 있다.

익명의 알코올중독자들 모임AA의 치료 과정에서 특히 내 관심을 끄는 것은 4단계다. 과거에 피해를 준 사람들과의 관계를 바로잡는 것으로 이어질 수 있는 단계이기 때문이다. 이 단계는 평생 동안 품고 있었던 원한과 분노에 대한 목록을 작성하는 것부터 시작한다. 그런 다음 전과는 다른 관점에서 하나씩 자세히 뜯어보고, 각각의 상황 중에 혹시 당신이 영향을 끼치거나 초래한 요소는 없는지 검토한다. 이는 꽤 복잡하고 어려운 치료 과정으로 상당히 오랜 시간이 걸릴 수 있다. 결국 분노는 후회로 변할 수 있고, 당신은 책임을 인정하게 된다. 평생 마음에 담고 있던 분노와 적의를 없앨 수 있다면, 아니 더 정확히 말해 승화시킬 수 있다면 얼마나 자유로워질까!

모든 사람들이 AA에 참석해야 한다는 말이 아니다. 모든 상처 입은 감정이나 분노를 버려야 한다고 말하는 것도 아니다. 그저 이 두 가지 과정, 즉 문제적 상황에 당신이 어떤 기여를 했고 그로 인해 다른 사람들이 어떤 고통을 겪었을지 곰곰이 생각해보라는 얘기다. 자기 고찰은 문제를 해결하는 데 놀라운 돌파구를 열어줄 수 있다.

상처받은 사람이 할 수 있는 선택

* 사과 요구하기 vs 요구하지 않기
* 사과 받아들이기 vs 받아들이지 않기
* 사과 과정에 참여하기 vs 참여하지 않기
* 관계 변화시키기 vs 변화시키지 않기
* 용서하기 vs 용서하지 않기
* 보복하기 vs 보복하지 않기
* 먼저 사과하기 vs 먼저 사과하지 않기

Chapter 10

사과하지 말아야 할 때

이 책에서 줄곧 전하고자 했던 메시지는 사과가 중요하고 강력한 힘을 지닌다는 것이었다. 그러나 사과를 하는 것이 바람직하지 않을 때도 있다.

54세의 제레미가 나를 찾아온 것은 지난 몇 년간 부인에게 자주 성을 내며 폭발하는 패턴을 반복하고 있기 때문이었다. 또한 그는 #미투 운동이 한창일 때 오래전에 있었던 사건을 남성 권력과 성적 공격성의 관점에서 되돌아보게 되었다. 열다섯 살 때 저지른 끔찍한 일은 그를 죄책감에 시달리게 만들었다. 여자친구 린다가 헤어지자고 했을 때, 그는 학교에서 말다툼을 벌였다. 린다가 귀찮게 굴지 말고 자기를 내버려두라고 하자 그는 그만 이성을 잃고 달려들어 몸으로 짓눌렀지만 이내 "제정신을 차리고" 물러났다. 그러다 몇 년 전에 린다가 SNS로 그에게 연락을 하면서 두 사람은 다시 친근한 관계가 되었고 가끔 메시지를 주고받게 되었다.

제레미는 린다에게 무슨 말을 전하고 싶은지 나와 대화를 나눴다. 오랫동안 고민하면서 편지를 쓰고 또 고쳐 썼다. 그러면서도 과연 이 편지를 보낼 수 있을지 확신이 들지 않았다. 자신의 편지가 린다에게 도움이 될 것 같지 않다는 생각이 들었기 때문이다. 그의 사과 편지는 섬세하고 사려 깊었다. 제레미는 어렸을 때 린다에게 잘못된 일을 한 데 대해 굉장히 미안하게 생각하며 전적으로 자기 잘못이라고 썼다. 그 끔찍한 실수로부터 중요한 교훈을 배웠고 다시는 그런 일을 하지 않겠다고도 약속했다. 제레미는 린다가 하고 싶은 말이 있으면 당연히 귀 기울여 들을 것이며 자신은 원하는 게 아무 것도 없다고도 강조했다. 그리고 편지의 말미에는 서로 알고 지낸 시간 동안 항상 친절하게 대해줘서 고맙다고 썼다.

사과 편지를 세밀하게 다듬는 몇 주일 동안, 제레미는 아내에게 잘못한 일들을 완전히 새로운 관점으로 보게 되었다. 과거에 저지른 후회스러운 행동에 대한 책임을 인정하고 나니 지금의 자신도 더 나아질 수 있을 것 같았다. 어찌 보면 역설적이게도, 그는 아내에게도 전보다 더 차분하고 조심스럽게 반응하게 되었다.

편지를 완성한 후, 우리는 그 사과문을 린다에게 보내야 할지를 두고 깊은 이야기를 나눴다. 제레미는 린다에게 어쩌면 지금은 잊어버렸을지도 모를 불쾌한 기억을 되살리고 싶지 않다고 말했다. 그는 이 편지가 그녀의 입장을 고려한다기보다는 자신을 위안하기 위한 것임을 깨닫고 결국 편지를 보내지 않기로 결심했다.

그러나 이 보내지 못한 사과 편지는 제레미가 스스로를 파악하고 자신과 아내를 대하는 태도를 바꾸게 만들었다. 제레미의 사례는 사죄하고자 하는 마음이 일방적이며 다른 사람을 실제로 끌어들일 필요가 없다면 편지를 쓰는 것도 좋은 방법임을 보여준다.

때로는 정말로 사과를 하고 싶은 건지 확신이 들지 않을 때도 있다. 예를 들어 당신의 행동으로 누군가 고통을 받았지만 당신은 그 행동을 후회하지 않는다면 먼저 편지를 써보는 것도 좋은 선택이다. 당신이 정확히 무엇을 후회하고 있는 건지 곰곰이 숙고해보라. 당신이 '잘못된' 선택을 했기 때문이 아니라 당신의 행동이 다른 사람에게 고통을 야기했기 때문이라는 점을 명심하라. 이런 사과 연습은 지금 어떤 감정을 느끼고 있고 실제로 무엇에 대해 사과하고 싶은 건지 명확하게 파악할 수 있게 도와준다.

그러나 사과를 해서는 안 될 때도 있다.

진심이 아닐 때

다른 사람이 당신의 행동에 대해 왈가왈부하는 게 싫어서, 그저 입을 막고 싶어서 "미안해"라고 말한다면 역효과가 날 가능성이 크다. 아무리 미안하다고 말한들 사과의 4단계를 제대로 거치지 않는다면 누구도 만족시키지 못한다. 사과하고 싶지 않은데도 누군가 미안하다는 말을 하라고 강요한다면 다른 말을 하거나 차라리 아무 말도 하지 않는 편이 낫다.

사과가 다른 사람에게 상처가 될 때

AA의 12단계 프로그램에서는 상처를 치유하고 잘못을 되돌리기 위해 주로 본인에게만 초점을 맞춘다. 다만 9단계는 예외다. 이 단계에서는 "어느 누구에게 해가 되지 않는 한, 할 수 있는 데까지" 피해를 입힌 사람들에게 직접적으로 보상을 해야 한다.[1] 그러나 그 경험이 너무 고통스럽거나 치욕스럽거나 혹은 양쪽 다일 때, 상대방은 상처를 다시 헤집고 싶지 않을지도 모른다. 콰메 앤서니 아피아 Kwame Anthony Appiah는 《뉴욕 타임스》의 '윤리학자 The Ethicist'라는 칼럼에 이렇게 쓴 바 있다. "먼 과거에 일어난 일에 대해 사과하는 것이 고통스러운 기억을 파헤친다면 차라리 입을 다무는 편이 올바른 선택일 수 있다."[2]

그러나 이 경우 2차 피해를 막을 수도 있지만 반대로 변명으로 오용될 수도 있다. 그렇다면 비록 고통스럽더라도 사과를 해야 할 때와 다시 상처를 줄 수 있기에 사과를 하지 말아야 할 때를 어떻게 구분할 수 있을까?

당사자가 사과를 원치 않을 때

당신이 다치게 한 사람이 대화를 거부한다면 해결 방안을 찾기가 어렵다. 현재 진행 중인 관계에서 절교나 연락 두절은 대개 일시적이며 보통은 다시 연결성을 회복할 기회를 얻을 수 있다. 항상 대화의 문을 열어놓고 언제 다시 대화를 시작해야 할지 상대방에게 선택의 자유를 주는 것도 좋은 생각이다.

그러나 당신이 다치게 한 사람이 다시는 연락하지 말라고 요구했다면 그 말을 따라야 한다. 한 남자가 '윤리학자' 칼럼에(앞에서 언급한 것과는 다른 편지) 옛 친구에게 연락해 사과를 해도 되는지 물었다. 그는 #미투 운동 덕분에 오래전에 그녀에게 얼마나 큰 상처를 주었는지 깨달았지만 당시에 다시는 연락을 하지 않겠다고 약속했었다. 아피아는 무엇보다 가장 중요한 것은 지금의 그녀에게 무엇이 최선인지 생각하는 것이라고 대답하면서, 그녀가 메시지를 반길 수도 있지만 "당신은 남은 죄책감을 해소하기 위해 그녀의 평화를 희생할 권리가 없다"고 했다.[3]

내 의견은 오로지 당신의 마음이 불편하다는 이유로 다시는 연락하지 말라는 상대방의 확고한 소망과 그 말을 지키겠다는 당신의 약속을 어겨서는 안 된다는 것이다. 죄책감을 해소하고 싶다면 다른 방법을 생각해내라. 가령 영적 수련을 하거나, 제3자에게 고백하거나, 다른 사람에게 대리 보상을 하는 것처럼 말이다.

당사자가 사과를 받을 수 없을 때

당신이 사과해야 하는 사람이 너무 어리거나, 사정이 안 되거나, 또는 너무 큰 피해를 입어 당신의 말을 이해하거나 사과에 참여할 상황이 안 된다면 어떻게 해야 할까? 예를 들어 당신이 비극적인 교통사고를 내는 바람에 누군가에게 심각한 부상을 입혔다고 하자. 피해자나 그 가족에게 연락을 할 수도 없고 사과를 할 수도 없고 당신의 행동이 정확히 어떤 영향을 끼쳤는지 자세한 정보를 얻을 방도도 없지만 그럼에도 당신은 죄책감을 느끼며 어떻게든 사죄하고 잘못을 바로잡고 싶을지도 모른다. 직접적으로 사죄를 전할 수 없다고 해서 사과 단계를 실천할 수 없는 것은 아니다. 피해자가 입은 것과 비슷한 부상이 어떤 영향을 끼칠 수 있는지 조사하거나 당신과 비슷한 사고를 일으킨 운전자들이 어떤 피해를 주었는지 알아보라. 당신이 알게 된 것을 다른 사람과 나누고 다른 활동의 형태로 후회를 표현하거나 사죄할 방법이 없는지 찾아본다. 가령 피해자의 필요와 관련된 단체나 조직에 도움을 주는 방식으로 보상을 시도할 수도 있다. 당신은 자기 자신과 피해자에게 다시는 그런 피해가 다시 발생하지 않도록 가능한 한 무엇이든 해야 할 의무가 있다. 예컨대 다른 사람들에게 당신이 저지른 실수에 대해 알리고 가르치는 것처럼 말이다.

심지어 해결책을 논의하기도 전에 피해를 입은 사람이 세상을 떠나기라도 한다면 당신은 해소되지 못한 죄책감이라는 무겁고 힘겨운 부담을 지게 될 것이다. 당사자에게 사과를 할 수 없다면 최소한 자기 자신이나 저 높은 곳에 있는 존재와라도 해결을 봐야 한다. 어쩌면 그런 경우 자신의 내면과 직면해야 한다는 더 큰 압박감에 짓눌리게 될지도 모른다. 양심의 문제를 해결하지 못하면 응어리진 죄책감 때문에 다른 인간관계나 자아감에 어두운 그늘을 드리울 수 있다. 이런 경우 기도나 종교의식, 또는 앞에서 언급한 편지 쓰기나 개인적인 사과문 등의 형태로 '영적 사과'나 '고백'을 실행할 수도 있고, 성직자나 제3자에게 고해를 할 수도 있다. 여기에는 앞에서 말한 배상과 재발 방지의 약속도 포함된다.

사과를 지나치게 많이 요구할 때

당신이 보기엔 별일 아닌데도 일일이 과민 반응을 하는 사람과 사귀고 있다고 하자. 연애 초반에는 한쪽이 과민한 건지 아니면 다른 한쪽이 둔감한 건지 구분하기가 힘들다. 이 의혹의 회색 지대는 서로에 대해 더 깊이 알아갈 수 있는 비옥한 토대가 될 수도 있다. 서로의 맹점과 민감한 지점을 파악함으로써 더욱 사려 깊게 대할 수 있는 것이다. 그리고 의견이 충돌할 때, 그 중간 지대에서 관점의 차이가 발생할 수 있다. 소중히 여기는 사람의 과민 반응은 항상 걱정과 호기심을 불러일으키기 마련이다.

그러나 칼럼니스트인 캐럴라인 핵스Carolyne Hax는 그러한 상황을 총체적으로 바라봐야 한다고 충고한다. 시간이 지남에 따라 당신은 상대의 감수성을 존중하고 서로 맞춰나가는 과정이 행복하고 그런 변화가 두 사람을 더욱 가깝게 만들어준다는 사실을 깨달을 것이다. 반면에 파트너나 친구가 당신에게 불가능한 것을 요구하고 '독심술'을 하지 못하는 데 대한 책임을 뒤집어씌우고 있다는 생각이 들 수도 있다. 상대방의 사과 요구가 비합리적이고, 늘상 불평을 참아줘야 한다는 것이 부당하게 느껴질 수도 있다.[4]

다른 사람의 고통에 공감하는 것은 중요하지만 자기 연민과 방어도 그만큼 중요하다. 이해할 수도 없는 이유로 사과를 하라는 압박을 받거나 항상 '잘못이 있는 사람'으로 취급된다면 그 사람과 관계를 회복하려는 노력을 멈추는 편이 낫다. 적어도 한동안은 말이다. 어쩌다 이런 패턴이 형성되었고 그게 당신에게 어떤 의미를 지니는지 숙고해보라. 혹시 당신은 일상적으로 불공평한 대우를 받고 있거나 상대에게 조종당하거나 억압받고 있지는 않은가? 만일 그렇다면 이 패턴을 바꾸거나 거기서 벗어날 수 있을까?

다시 강조하지만, 타인의 부당한 압력과 올바른 일을 하는 데 대한 저항감 사이에는 분명한 차이가 있다. 그 차이를 해독할 수 있는 것은 오로지 자기 자신뿐이다. 내면의 목소리에 귀를 기울이고 당신이 신뢰할 수 있고 논리적인 사람의 충고를 따르라.

테레사의 여동생 일레인은 어린 시절 테레사가 상처 준 사건들을 수시 때때로 끄집어내곤 했다. 대부분 테레사는 기억도 나지 않는 일들이었다. 너무 오래전인 데다 그 때는 둘 다 어렸기 때문이다. 하지만 여동생이 마음이 상한 것이 분명해 보였기에 테레사는 무시할 수가 없었다. 대체로 그녀는 참을성과 호기심을 발휘해 동생의 심정에 공감하고 책임감 있게 행동했다. 그러나 얼마 전부터 일레인은 테레사에게 과거의 특정 행동에 대해 마치 기억하고 있는 것처럼 구체적으로 설명하는 방식으로 — 때로는 심지어 가족들 앞에서 — 사과를 하라고 요구하기 시작했다. 일레인은 테레사가 일레인의 스웨터에 뭔가를 엎지르거나, 부모님께 거짓말을 하거나 가족 모임에서 관심을 가로챘다면서 자신의 기억을 믿어야 한다고 주장했다. 테레사가 일레인이 원하는 대로 하지 않을 때면 그녀는 불같이 화를 내며 방을 뛰쳐나갔고, 한동안 대화를 거부하기도 했다.

테레사가 나를 찾아온 것은 그런 사과 방식에 의문이 들었기 때문이었다. 계속 일레인에게 사과를 해야 할까? 옳은 것 같지 않은데도? 우리는 일레인이 테레사에게 특정한 문장을 말하게 함으로써 무엇을 바라는 건지 의견을 나누었다. 일레인의 요구는 늘 이상하게 느껴졌지만 테레사는 동생의 기억에 대해 그다지 의심하지 않았다. 처음에는 이렇게 강압적이고 구체적으로 강요를 하지도 않았다. 일레인은 테레사에게 대체 왜 이러는 것이고 무엇을 원하는 것일까? 우리는 알 수 없었다.

테레사가 해야 할 일은 일레인을 상냥하게 대하면서 부당하다고 느껴질 때에는 동생의 지시를 따르지 않는 것이었다. 그녀는 일레인의 요구를 따르기보다 최대한 솔직하고 진실되게 행동했다. 얼마 지나지 않아 테레사는 기억하지 못하는 일에 대해서는 사과를 하지 말아야 한다는 것을 깨달았다. 그러나 동시에 동생의 고통을 달래주고도 싶었다. 테레사는 자신의 영역을 지키면서 일레인을 도와줄 방법이 없는지 고민했다.

건전하지 못한 패턴을 반복하는 관계에 있다면 어떻게 사과를 해야 할까? 상대가 당신의 사과를 올바로 받아들이지 못하고 심지어 그것을 악용하기까지 한다면? 당신은 경험에 의해 이 사람에게 겸손함과 취약성을 드러내는 것이 심리적으로 안전하지 않다는 사실을 깨닫게 될 것이다. 그런 경우 해야 할 일은 스스로를 보호하는 것이다. 견딜 수 있는 한계선을 긋고 그것을 지켜야 한다. 해로운 관계에 끌려들어갈 필요는 없다. 상대방이 당신의 영역을 존중하지 않는다면 — 가령 당신은 대화를 미루거나 멈추고 싶은데 강압적으로 밀어 붙인다면 — 물리적으로 거리를 둬야 할 수도 있다. 문제는 두 사람이 서로 협력해 당신의 사과가 바로잡을 수 있는 것보다 더 크고 필수적인 변화를 만들 수 있냐는 것이다.

아무리 사과해도 끝이 보이지 않을 때

인간관계에서 입은 상처를 치유하는 데에는 오랜 시간이 걸릴 수 있다. 그렇다면 어느 정도가 '너무' 오래일까? 한쪽에 불균형적으로 치우친 관계를 본 적이 있을 것이다. 예컨대 한쪽은 영원한 2등 시민처럼 항상 상대방의 용서나 허락을 구하는데, 다른 한 사람은 어떤 종류의 갈등에서든 도덕적 우위에 있거나 습관적인 비난으로 상처를 주는 것처럼 말이다. 이러한 패턴은 사과가 잘못되었거나 중간에 중단되었다는 의미다. 영원히 피해자가 되고 싶은 사람은 없고, 영원히 미움을 사고 있다고 느끼는 사람도 있어서는 안 된다.

이처럼 잘못된 패턴, 중간에 중단된 불완전한 사과도 바꿀 수 있다. 보상 가능성을 고려하는 것도 도움이 될 것이다. 당신이 그런 입장이라면 어떻게 하겠는가? 상황을 바로잡으려면 무엇이 필요한지 어떻게 파악해야 할까? 당신이 이상적으로 바라는 관계는 무엇인가? 두 사람 모두 아주 중대한 실수에 대해서도 온정적인 책임의식을 지녀야 한다는 사실을 기억할 수 있겠는가? 기존의 익숙한 패턴에서 벗어나 조니와 새러가 느낀 것과 같은 '산에서의 순간'을 찾을 수 있을까? 어떻게 해야 과거의 틀에서 벗어나 과거와는 다른 미래를 열 수 있을 것인가? 이 관계에 대해 새로운 관점을 가지려면 어떻게 해야 할까? 해로운 패턴을 해결할 방법을 스스로 알아낼 수 없다면 커플 상담을 받는 것도 좋은 선택이다. 신뢰할 만한 제3자의 시각은 고질적인 패턴을 흔드는 데 도움이 된다.

문제를 함께 직면하고 치유하여 건전하고 활기찬 관계를 완성하고 나면 이런 종류의 정체된 관계에 갇혀있을 때와는 완전히 다른 느낌을 받게 될 것이다. 외도 문제를 겪고도 성공적으로 살아남은 커플은 때때로 그 문제를 다시 돌이켜볼지는 몰라도 영원히 거기 머무르지는 않는다.

잘못한 일이 없을 때

농담처럼 들릴지 모르지만 어떤 사람들은 자신이 잘못을 저지를 리가 없다고 믿는다. 그들은 상대방이 자기처럼 항상 조심하고 자신감 있게 처신한다면 그들도 실수를 하지 않을 거라고 생각한다.

　나는 가톨릭에서 말하는 원죄의 개념을 믿지는 않지만 현대사회에서 무언가를 착취하지 않는 완벽하게 결백한 삶은 불가능하다고 믿는다. 가령 당신은 아동 노동착취와 관련된 초콜릿을 사거나 다이아몬드 광산을 후원하거나 지역 소상공인들을 몰아내는 뮤추얼 펀드mutual fund에 투자를 할 수도 있다. 아무리 이런 관련성을 최소화하기 위해 노력하더라도 복잡한 현대사회에 사는 거의 모든 이들의 손에는 '피'가 묻어있다. 그러므로 이에 대한 도덕적 해결책은 더 많은 사과를 하는 게 아니라 최대한 의식적으로 살고, 가능한 주변에 피해를 덜 입히고, 당신이 초래한 피해를 치유하기 위해 노력하는 것이다.

사과하지 않는 것이 나을 때

* 자기만족을 위해 사과하는 경우
* 진심이 아닐 때
* 다른 사람에게 상처가 될 때
* 당사자가 사과를 원치 않을 때
* 당사자가 사과를 받을 수 없을 때
* 사과를 지나치게 많이 요구할 때
* 아무리 사과해도 끝이 보이지 않을 때
* 잘못한 일이 없을 때

무거운 돌은 버릴 수 있다

지금까지 이 여정을 함께해주어 감사하다. 앞에서 우리는 함께 힘을 합쳐 열심히 분투한 끝에 마침내 온전하고 애정 넘치는 관계를 회복할 수 있었던 여러 사람들의 이야기를 살펴보았다. 부디 당신도 지금의 인간관계를 돌아보고, 멀어진 사람이 있다면 어떤 사과를 해야 그 간극을 좁힐 수 있을지 한번 생각해보기 바란다. 당신과 다른 관점을 가진 사람들의 이야기를 귀 기울여 듣고 기존의 사고방식을 변화시킬 수 있길 바란다.

이 책의 가르침은 어찌 보면 구식이면서도 시간의 흐름을 초월하는 진리이기도 하다. 상대의 이야기를 열린 마음으로 들어라. 자신의 잘못을 인정하고, 책임을 받아들이고, 진솔하게 대화를 나누고, 잘못된 것을 바로잡아라. 성실함을 평가절하하고 아이러니한 냉담함을 높이 사는 포스트모던 시대에는 이런 사고방식이 조롱 대상이 될 수도 있을 것이다. 혹시 누군가 '쿨하지 못하다'고 주장한다면, 뭐라 반박할 말은 없다. 하지만 나는 그보다 더 심오한 것을 원한다. 왜냐하면 사과는 개인적이고 손쉽게 실천할 수 있지만 엄청난 영향력을 지니고 있기 때문이다. 사과는 작지만 강력하다.

다른 많은 저자들과 마찬가지로, 내가 이 책을 쓴 것은 내가 읽고 싶었기 때문이다.

나는 이 책을 집필하면서 그동안 모아둔 수백 개의 신문기사 스크랩과 프린트한 온라인 기사들을 정리했다. 실제로 이 책에 참고한 것은 몇 개 안 되지만 전부 다 다시 읽어봐야 했다. 용감하고 단호한 태도로 사과를 시도했던 이 모든 사람들에게 감사한다. 응당 받아야 할 사과를 요구하고 끝내 성취해낸 사람들을 존경한다. 우리 모두가 공감할 해피 엔딩과 흡족한 해결 방안, 성공적인 치유를 축하한다.

나는 그다지 위험한 사람도 아니고, 딱히 비참한 불행을 겪거나 화려한 삶을 살지도 않았다. 그럼에도 어느 정도 나이가 들고 나니 남에 대한 원망보다 나 자신에 대한 후회가 더 많은 것 같다. 이 책을 쓰면서 전에는 몰랐던 남에게 준 상처들을 깨닫고 괴로워하기도 했다. 알다시피 우리 자신의 잘못을 스스로 깨닫기는 무척 어려우니 말이다.

오랫동안 이 주제를 붙들고 있다 보니 드디어 무력을 발휘해야 될 때가 왔다고 생각하게 되었다. 무기를 쓴다는 게 아니라, 치열하게 달려들어야겠다는 뜻이다. 나는 반드시 이 책에서 가르치는 대로 살기로 굳게 다짐했다. 약간 겁은 나지만 그래야만 할 것 같다.

나는 이 세상이 다른 사람에 대한 지배심과 내가 항상 옳다는 우월감이 아니라 서로가 가진 공통점과 공통된 목표를 추구하는 곳이 되길 바란다. 주머니 속에 숨겨뒀던 수치심과 원망이라는 무거운 돌을 버려버리고 더욱 가벼운 발걸음으로 서로를 향해 다가갈 수 있길 바란다. 나 자신과 내가 사랑하는 사람들이 보다 애정 넘치고 온정 어린 태도로 마땅한 책임을 질 수 있길 바란다.

　이 책을 쓰는 동안 나는 내게 상처 입힌 사람들을 보다 열린 마음으로 이해하고 나와 다른 의견을 가진 사람들을 덜 방어적인 태도로 대할 수 있었다. 혹시 내가 당신의 마음을 상하게 한 적이 있다면 부디 알려주길. 내가 이번에는 옳은 일을 할 수 있게 도와주길 바란다.

　이 책을 읽고 무엇을 결심하든, 독자여, 항상 용기와 연민이 그대와 함께하길 빈다. 부디 주저하지 말고 내게 결과를 알려주면 좋겠다.

만약에

만일 다른 사람의 상처를 치유하고, 당신의 건강을 개선하고, 영적인 삶을 증진하고, 풍요로운 관계를 맺고, 신뢰감 넘치는 공동체를 만들 방법이 있다면 어떻게 하겠는가? 만일 이 놀랍고도 신기한 방법이 전부 무료인 데다 특별한 기술이나 자원 없이도 누구나 실행 가능하다면? 당신도 그렇게 할 수 있다면 어떻게 하겠는가? 이를 실천하지 않을 이유가 있을까?

감사의 말

나는 수십 년간 사과라는 주제에 대해 고민해왔다. 내가 오랜 세월 동안 이 이야기를 효과적으로 전할 방도를 찾아 헤맬 때 많은 도움이 되어준 학문적, 영적, 예술적 커뮤니티에 감사한다. 이 책은 나보다 훨씬 오랫동안 사과의 중요성을 믿었던 그랜드 센트럴 출판사의 편집자 리아 밀러의 신념이 낳은 결정체이기도 하다. 진심으로 고마워요, 리아. 세상에서 가장 친절하고 똑똑하고 큰 힘이 되어 준 내 에이전트, 니럼&윌리엄스의 캐서린 플린에게도 감사하다고 말하고 싶다. 할리 위버, 캐럴라인 쿠렉, 에일린 체티, 알라나 스펜들리, 그리고 GCP의 내가 이름을 기억할 수 없는 다른 사람들에게도 이 원고를 내가 손에 쥘 수 있는 진짜 책으로 탄생시켜 주어 감사하다.

　　그럽 스트리트 글쓰기 센터와 글쓰기 강사인 미셸 시튼, 이선 길스도프, 페건 케네디, 알렉스 마자노-레스네비치, 오지 오가스, 스티브 아먼드, 매튜 프레드릭, 내가 작가가 될 수 있도록 가르쳐준 여러 분 모두에게 큰 은혜를 입었다. 플로리다 주립대학 심리학부와 베스 이스라엘 병원은 내가 심리학자가 될 수 있게 도와주었고, 특히 잭 호칸슨 박사와 마리안 윈터바텀 박사는 어떻게 해야 더 이해심 있는 사람이 될 수 있는지 몸소 보여주었다. 영원토록 감사드립니다. 그 리고 몇 시간이고 내 이야기에 귀를 기울이고 관심을 가져준 버나드 르바인 박사와 알렉산드라 해리슨 박사에게도 감사드린다.

유능한 편집자이자 오랜 친구인 레베카 윌슨은 문법에서 최고 의 능력을 발휘한 것은 물론 중요한 핵심 내용에 관한 의견을 아낌 없이 제공해주었다. 초고를 비롯한 원고를 읽고 참신한 관점으로 비판해준 믿음직한 친구와 동료들인 도나 러프, 바버라 윌리엄슨, 잰 러브, 엘런 골딩, 캐롤 그레이, 그리고 하이브Hive의 멋진 여성들 (캐롤 산델, 메그 세누타, 앤 맥도널드, 셸비 메이어호프, 주디 볼 튼-파스먼)에게도 무한한 감사를 보낸다.

특히 엘런 골딩 박사는 심리학 지식을 베풀어주었고, 도나 러프 박사는 보건건강 커뮤니케이션과 관련해 풍부한 지식을 전수해주 었다. 신경과학 분야에 도움을 준 퍼 세더버그 박사와 영적 문제를 더 깊이 이해하게 도와준 바버라 윌리엄슨 목사, 네이선 디터릴, 그 리고 잰 러브 박사에게도 각별한 감사의 말을 전한다. 내게 전환적 사법체계라는 개념을 가르쳐준 제시카 제임스와 경영 및 조직관리 에 대한 통찰력을 제시해준 재나 버블리, 맥 버블리, 제시 버킹엄에 게도 감사한다.

무한한 신뢰를 보내준 것은 물론 암울한 시기에도 늘 나를 안

심시켜 주고 내가 성공했을 때에는 진심으로 축하해준 내 드림서 클 사람들(조이, 드니즈, 페라, 팸, 캐럴, 지아나, 디드)과 팜 폰드 시스터스(키트, 수지, 메리, 수, 킴)에게도 항상 감사한다. 또 내가 더욱 정의롭고 균형 잡힌 세상을 위해 노력할 수 있게 지지해 준 매사추세츠 셔본 유니테리언 유니버셜리스트 지역 교회 사람들에게도 — 스왐프를 비롯해 — 큰 빚을 졌다. 관계를 훼손하지 않을 정도의 갈등을 함께 지나온 다른 수많은 친절한 이들에게도 감사한다.

그리고 우리 가족들을 빠트릴 수 없다! 내가 태어나고 자란 가족들(조상님, 부모님, 밥, 빌, 엘시, 바이런, 내 멋진 조카들과 글렌)에게 이렇게 성장하여 지금의 내가 될 수 있게 해주어 감사하다. 그리고 내가 만든 가족들(맷, 재나, 엘리자, 잭슨)에게, 너희의 놀라운 재능과 사려 깊음, 친밀한 관계와 도전, 그리고 내게 보내준 사랑과 지지에 감사한다. 마지막으로 사랑하는 피터, 내 인생에 당신이라는 존재가 있음에, 항상 내 옆에서 상냥함과 유머를 간직해 주어서, 그리고 나 자신조차 믿길 두려워했을 때에도 내 아이디어를 믿어주어서, 영원토록 고마워할 거야.

참고 문헌

Prologue

1. Teddy Wayne, "Choose Your Own Public Apology," *New York Times*, November 24, 2017.

2. Lynn Martire and Melissa Franks, eds., "The Role of Social Networks in Adult Health," special issue, *Health Psychology* 53, no.6, 2014.

3. Timothy Smith and Anne Kazak, eds., "Close Family Relationships and Health," special issue, *American Psychologist* 72, no.6, 2017.

4. Jason Daley, "The UK Now Has a 'Minister for Loneliness.' Here's Why It Matters," Smithsonian.com, January 19, 2018.

5. Gretchen Anderson, *Loneliness Among Older Adults: A National Survey of Adults 45+* (Washington, DC: AARP, 2010).

6. Vivek Murthy, "Work and the Loneliness Epidemic: Reducing Isolation at Work Is Good for Business," *Harvard Business Review*, September 2017.

7. Carol Gilligan, *In a Different Voice: Psychological Theory and Women's Development* (Cambridge, MA: Harvard University Press, 1982).

8. Heinz Kohut, *The Restoration of the Self* (New York: International Universities Press, 1977).

9. Jean Baker Miller, *Toward a New Psychology of Women* (Boston: Beacon Press, 1976).

Chapter 1

1. Kelsey Borresen, "11 Things the Happiest Couples Say to Each Other All the Time," *HuffPost*, February 7, 2019, Relationships.

2. Daphne de Marneffe, "The Secret to a Happy Marriage Is Knowing How to Fight," *New York Times*, January 12, 2018.

3. Geoffrey Bromiley, *Theological Dictionary of the New Testament*, abridged in 1 vol. (Grand Rapids, MI: William B. Eerdmans, 1985).

4. Gordon Marino, "What's the Use of Regret?" *New York Times*, November 12, 2016.

5. Avi Klein, "A Psychotherapist's Plea to Louis C.K.," *New York Times*, January 6, 2019.

6. Anne Lamott, *Help, Thanks, Wow: The Three Essential Prayers* (New York: Riverhead Books, 2012).

7. Alicia Wittmeyer, "Eight Stories of Men's Regret," *New York Times*, October 18, 2018.

8. Nick Ferraro, "30 Years Later, Minn. Hit-and-Run Driver Sends $1,000 to Police to Give to Victim," *St. Paul Pioneer Press*, November 29, 2017.

9. Julianne Holt-Lunstadt, Timothy Smith, and J. Bradley Layton, "Social Relationships and Mortality Risk: A Meta-Analytical Review," *PLOS Medicine 7* (2010), https://doi.org/10.1371/journalpmed.1000316.

10. Lynn Martire and Melissa Franks, eds., "The Role of Social Networks in Adult Health," special issue, *Health Psychology* 53, no.6, 2014; Timothy Smith and Anne Kazak, eds., "Close Family Relationships and Health," special issue, *American Psychologist* 72, no.6, 2017.

11. Vivek Murthy, "Work and the Loneliness Epidemic: Reducing Isolation at Work Is Good for Business," *Harvard Business Review,* September 2017.

12. Max Fisher, "Yes, Netanyahu's Apology to Turkey Is a Very Big Deal," *Washington Post,* March 22, 2013.

13. Senator Sam Brownback, "A Joint Resolution to Acknowledge a Long History of Official Depredations and Ill-Conceived Policies by the Federal Government Regarding Indian Tribes and Offer an Apology to All Native Peoples on Behalf of the United States," S.J. Res. 14, 111th Cong. (April 30, 2009), https://www.congress.gov/bill/111th-congress/senate-joint-resolution/14.

14. Rob Capriccioso, "A Sorry Saga: Obama Signs Native American Apology Resolution, Fails to Draw Attention to It," *Indian Country Today*, January 13, 2010.

15. Layli Long Soldier, *Whereas* (Minneapolis, MN: Greywolf, 2017).

16. John Kador, *Effective Apology: Mending Fences, Building Bridges, and Restoring Trust* (San Francisco: Berrett-Koehler, 2009), 7.

17. Kador, 15.

18. Kador, 3.

19. Leigh Anthony, "Why Do Businesses Need Customer Complaints?" *Small Business—Chron.com*, accessed July 13, 2019, https://smallbusiness.chron.com/businesses-need-customer-complaints-2042.html#.

20. Daniella Kupor, Taly Reich, and Kristin Laurin, "The (Bounded) Benefits of Correction: The Unanticipated Interpersonal Advantages of Making and Correcting Mistakes," *Organizational Behavior and Human Decision*

Processes 149 (November 2018), https://doi.org/10.1016/j.obhdp.2018.08.002.

21. Patrick Lencioni, *The Five Dysfunctions of a Team Summarized for Busy People* (Bloomington, IN: Partridge Publishers, 2017).

22. Lisa Earle McLeod, "Why Avoiding Conflict Keeps You Trapped in It Forever," *HuffPost*, July 6, 2011.

23. Amy Edmondson, "Psychological Safety and Learning Behavior in Work Teams," *Administrative Science Quarterly* 44, no.2, 1999.

24. Amy Edmondson, "Creating Psychological Safety in the Workplace, *Harvard Business Review Ideacast*, January 22, 2019.

25. James Baldwin, "As Much Truth as One Can Bear: To Speak Out About the World as It Is, Says James Baldwin, Is the Writer's Job," *New York Times Book Review*, January 14, 1962.

26. Judith Glaser, "Your Brain Is Hooked on Being Right," *Harvard Business Review*, February 2, 2013.

27. Bert Uchino and Baldwin Way, "Integrative Pathways Linking Close Family Ties to Health: A Neurochemical Perspective," *American Psychologist* 72, no.6, September 2017.

28. Tom Delbanco and Sigall Bell, "Guilty, Afraid and Alone—Struggling with Medical Error," *New England Journal of Medicine* 357, 2007.

29. Darshak Sanghavi, "Medical Malpractice"

30. Delbanco and Bell, "Guilty."

31. Allen Kachalia et al., "Liability Claims and Costs Before and After Implementation of a Medical Error Disclosure Program," *Annals of Internal Medicine* 153, 2010.

32. Sanghavi, "Medical Malpractice: Why Is It So Hard for Doctors to Apologize?" *Boston Globe*, January 27, 2013.

33. Editorial Staff, "With Respectful Apology, Boston Police Defuse Tensions," *Boston Globe*, May 6, 2015.

34. Yawu Miller, "Boston Sees Profound Political Changes in 2018," *Bay State Banner*, December 28, 2018.

35. Steve Brown, "7 Key Provisions of the Criminal Justice Bill," *WBUR News*, April 6, 2018, https://www.wbur.org/news/2018/04/06/criminal-justice-reform-bill-key-provisions.

36. Eric Pfeiffer, "SNL Star Pete Davidson's Apology to This War Veteran Turned into a Moving Call for Unity," Upworthy, November 12, 2018, https://www.upworthy.com/snl-star-pete-davidson-s-apology-to-this-war-veteran-turned-into-a-moving-call-for-unity.

Chapter 2

1. Sara Eckel, "Why Siblings Sever Ties," *Psychology Today*, March 9, 2015.

2. Lucy Blake, Becca Bland, and Susan Golombok, "Hidden Voices—Family Estrangement in Adulthood," University of Cambridge (December 10, 2015), http://standalone.org.uk/wp-content/uploads/2015/12/HiddenVoices.-Press.pdf.

3. Kathryn Schulz, *Being Wrong: Adventures in the Margin of Error* (New York: HarperCollins, 2010).

4. Schulz, 4.

5. Judith Glaser, "Your Brain Is Hooked on Being Right," *Harvard Business Review*, February 2, 2013.

6. Evan Andrews, "Seven Bizarre Witch Trial Tests," History.com, March 18, 2013, https://www.history.com/news/7-bizarre-witch-trial-tests.

7. Christopher Chabris and Daniel Simons, *The Invisible Gorilla: How Our Intuitions Deceive Us* (New York: Random House, 2010).

8. Daniel Simons, "The Monkey Business Illusion," theinvisible gorilla.com, April 28, 2010, https://www.youtube.com/watch?v=IGQmdoK_ZfY.

9. Trafton Drew, Melissa Vo, and Jeremy Wolfe, "The Invisible Gorilla Strikes Again: Sustained Inattentional Blindness in Expert Observers," *Psychological Science* 24, no.9, 2013.

10. Leon Festinger, Henry Riecken, and Stanley Schachter, *When Prophecy Fails: A Social and Psychological Study of a Modern Group That Predicted the Destruction of the World* (Minneapolis: University of Minnesota Press, 1956).

11. D. Westen et al., "The Neural Basis of Motivated Reasoning: An fMRI Study of Emotional Constraints on Political Judgment During the US Presidential Election of 2004," *Journal of Cognitive Neuroscience* 18, 2006.

12. Carol Tavris and Elliot Aronson, *Mistakes Were Made (But Not by Me): Why We Justify Foolish Beliefs, Bad Decisions, and Hurtful Acts* (San Diego, CA: Harcourt, 2007).

13. Stephanie Pappas, "APA Issues First-Ever Guidelines for Practice with Men and Boys," *American Psychological Association Monitor* 50, 2019.

14. Nile Gardiner and Morgan Roach, "Barack Obama's Top 10 Apologies: How the President Has Humiliated a Superpower," Heritage Foundation, June 2, 2009, https://www.heritage.org/europe/report/barack-obamas-top-10-apologies-how-the-president-has-humiliated-superpower.

15. Mitt Romney, *No Apology: The Case for American Greatness* (New York: St. Martin's Press, 2010).

16. Blake, Bland, and Golombok, "Hidden Voices."

17. Rosalind Wiseman, *Masterminds and Wingmen: Helping Our Boys Cope with Schoolyard Power, Locker-Room Tests, Girlfriends, and the New Rules of Boy World* (New York: Harmony Books, 2013).

18. Patrick Lencioni, *The Five Dysfunctions of a Team Summarized for Busy People* (Bloomington, IN: Partridge Publishers, 2017).

19. David Larcker et al., "2013 Executive Coaching Survey," Stanford University Graduate School of Business and the Miles Group, August 2013, https://www.gsb.stanford.edu/faculty-research/publications/2013-executive-coaching-survey.

20. Nicolette Amarillas, "It's Time for Women to Stop Apologizing So Much," *WOMEN/*

Entrepreneur, July 12, 2018, https://www.entrepreneur.com/article/314199.

21. Kristin Wong, "Negotiating While Female: How to Talk About Your Salary," *New York Times*, June 16, 2019, Working Woman's Handbook Issue.

22. Ian Ferguson and Will Ferguson, *How to Be a Canadian (Even If You Already Are One)* (Vancouver: Douglas & McIntyre, 2007).

23. Jacey Fortin, "After an 'Ambiguous' Apology for Ryan Adams, What's the Right Way to Say Sorry?" *New York Times*, February 15, 2019.

Chapter 3

1. "The Ash Wednesday Liturgy," *Book of Common Prayer* (New York: Church Publishing, 1979).

2. Peter Beaulieu, *Beyond Secularism and Jihad? A Triangular Inquiry into the Mosque, the Manger, and Modernity* (Lanham, MD: University Press of America, 2012).

3. K. C. Lee et al., "Repentance in Chinese Buddhism: Implications for Mental Health Professionals," *Journal of Spirituality in Mental Health* 19, no. 3 (2017); published online July 13, 2016.

4. Hsing Yun, "Repentance," *Being Good*, accessed on Fo Guang Shan International Translation Center website, May 28, 2018, https://www.fgsitc.org.

5. Patrick Lencioni, *The Five Dysfunctions of a Team Summarized for Busy People* (Bloomington, IN: Partridge Publishers, 2017).

6. Kim Scott, *Radical Candor: How to Get What You Want by Saying What You Mean* (New York: St. Martin's Press, 2019).

7. *Alcoholics Anonymous (The Big Book)*, 4th ed. (New York: Alcoholics Anonymous World Service, 2001).

8. Martine Powers, "On Yom Kippur, Atonement via Twitter," *Boston Globe*, September 22, 2012.

9. Postsecret.com website; "PostSecret: Private Secrets Shared Anonymously with the World," *CBS News*, April 28, 2019, https://www.cbsnews.com/news/postsecret-private-secrets-anonymously-shared-with-the-world/.

10. Pope Benedict XVI, "Pope Benedict's Final Homily," Salt and Light Media, February 8, 2018, https://saltandlighttv.org/blogfeed/getpost.php?id=44496.

11. Stephen Mitchell, "Attachment Theory and the Psychoanalytic Tradition: Reflections of Human Relationality," *Psychoanalytic Dialogues* 9, no.1, 1999.

12. Juana Bordas, *Salsa, Soul, and Spirit: Leadership for a Multicultural Age*, 2nd ed. (San Francisco: Berrett-Koehler, 2012).

13. Michael Meade, "The Wise and the Crosswise," Living Myth, podcast 105, https://www.livingmyth.org/living-myth-podcast-105-the-wise-and-the-crosswise.

14. Robert E. Maydole, "Aquinas' Third Way Modalized," in *Proceedings of the Twentieth World Congress of Philosophy*, ed. Jaakko Hintikkaet al. (Boston: August 1998), https://www.bu.edu/wcp/Papers/Reli/ReliMayd.htm.

15. Niall Dickson, "UK Politics: What Is the Third Way?" *BBC News*, September 27, 1999.

16. Henry Kamm, "For Peres, Pullout Has Moral Value," *New York Times*, May 1, 1985.

17. Emily Sweeney, "US Attorney Says Loughlin Could Face a 'Higher Sentence,' " *Boston Globe*, October 9, 2019.

18. Centre for Justice and Reconciliation: A Program of Prison Fellowship International website, http://restorativejustice.org/#sthash.YajhsOhY.dpbs.

19. Howard Zehr, *The Little Book of Restorative Justice*, rev. and updated (New York: Skyhorse Publishing, 2015).

20. Sandra Pavelka, "Restorative Justice in the States: An Analysis of Statutory Legislation and Policy," *Justice Policy Journal* 2 (Fall 2016).

21. Michelle Alexander, "Reckoning with Violence," *New York Times*, March 3, 2019, citing Danielle Sered's *Until We Reckon*.

22. Richard Boothman, "Fifteen + One: What (I Think) I've Learned," address at MACRMI (Massachusetts Alliance for Communication and Resolution Following Medical Injury) CARe Forum, Waltham, MA, May 7, 2019.

23. Thomas Gallagher and Amy Waterman, "Patients' and Physicians' Attitudes Regarding the Disclosure of Medical Errors," *Journal of the American Medical Association* 289, no.8, 2003.

24. Jennifer Moore, Kathleen Bismark, and Michelle Mello, "Patients' Experiences with Communication-and-Resolution Programs after Medical Injury," *JAMA Internal Medicine*

177, no.11, 2017.

25. John Kador, *Effective Apology: Mending Fences, Building Bridges, and Restoring Trust* (San Francisco: Berrett-Koehler Publishers, 2009).

26. Kim LaCapria, "Jason Alexander's Apology for Gay Joke Is Like Basically a Primer on Both Apologies and Being Nice to Gay People," *Inquisitr*, June 5, 2012, https://www.inquisitr.com/247977/jason-alexanders-apology-for-gay-joke-is-like-basically-a-primer-on-both-apologies-and-being-nice-to-gay-people/.

27. Greg Rienzi, "Other Nations Could Learn from Germany's Efforts to Reconcile After WWII," *Johns Hopkins Magazine*, Summer 2015.

28. Lily Gardner Feldman, "Reconciliation Means Having to Say You're Sorry," *Foreign Policy*, April 2, 2014.

29. Bilal Qureshi, "From Wrong to Right: A US Apology for Japanese Internment," National Public Radio, August 9, 2013.

30. Civil Liberties Act of 1988, Densho Encyclopedia website: http://encyclopedia.densho.org/Civil_Liberties_Public_Education_Fund/.

31. Bob Egelko, "California Expands Japanese Internment Education to Current Rights Threats," *San Francisco Chronicle*, September 30, 2017.

32. Claire Zillman, " 'I Am Sorry. We Are Sorry.' Read Justin Trudeau's Formal Apology to Canada's LGBTQ Community," *Fortune*, November 29, 2017, https://fortune.com/2017/11/29/justin-trudeau-lgbt-apology-

full-transcript/.

33. Joanna Smith, "'I Am Sorry. We Are Sorry': Trudeau Apologizes on Behalf of Canada for Past Discrimination," *Toronto Sun*, November 28, 2018.

34. Gary Nguyen, "Canada Apologizes for Denying Asylum to Jewish Refugees of the MS St. Louis in 1939," *World Religion News*, November 12, 2018.

35. Catherine Porter, "Trudeau Apologizes for Canada's Turning Away Ship of Jews Fleeing Nazis," *New York Times*, November 7, 2018.

36. June Tangney, "Two Faces of Shame: The Roles of Shame and Guilt in Predicting Recidivism," *Psychological Science*, March 2014.

37. Joseph Goldstein, "An Afternoon with Joseph Goldstein," Dharma Seed website, April 25, 2005, https://dharmaseed.org/teacher/96/talk/42970/.

38. Brene Brown, "Listening to Shame," TED2012, Long Beach, CA, March 2012, https://www.ted.com/talks/brene_brown_listening_to_shame?language=en.

Chapter 4

1. Tal Eyal, Mary Steffel, and Nicholas Epley, "Perspective Mistaking: Accurately Understanding the Mind of Another Requires Getting Perspective, Not Taking Perspective," *Journal of Personality and Social Psychology* 111, no.4, 2018.

2. Leslie Jamison, *The Empathy Exams* (Minneapolis, MN: Greywolf Press, 2014).

3. Peter Wehner, "Seeing Trump Through a Glass, Darkly," *New York Times*, October 7, 2017.

4. Tom Coens and Mary Jenkins, "Why People Don't Get Feedback at Work," in *Abolishing Performance Appraisals: Why They Backfire and What to Do Instead* (San Francisco: Berrett-Koehler, 2000).

5. Gideon Nave et al., "Single Dose Testosterone Administration Impairs Cognitive Reflection in Men," *Psychological Science* 28, no.10, August 3, 2017.

6. "What Is Self Psychology?—An Introduction," Self Psychology Psychoanalysis website, http://www.selfpsychologypsychoanalysis.org/whatis.shtml.

7. Harville Hendrix, *Getting the Love You Want: A Guide for Couples* (New York: Henry Holt, 1998).

8. Martha Minow, *Between Vengeance and Forgiveness: Facing History After Genocide and Mass Violence* (Boston: Beacon Press, 1998).

9. Minow, 71.

10. Janice Love, *Southern Africa in World Politics: Local Aspirations and Global Entanglements* (Boulder, CO: Westview Press, 2005).

11. Richard Boothman, "Fifteen + One: What (I Think) I've Learned," address at MACRMI (Massachusetts Alliance for Communication and Resolution Following Medical Injury) CARe Forum, Waltham, MA, May 7, 2019.

12. Cris Beam, "I Did a Terrible Thing. How

Can I Apologize?" *New York Times*, June 30, 2018.

13. Brené Brown, *Dare to Lead: Brave Work. Tough Conversations. Whole Hearts.* (New York: Random House, 2018).

14. Brené Brown, *Daring Greatly: How the Courage to Be Vulnerable Transforms the Way We Live, Love, Parent and Lead* (New York: Penguin Random House, 2012).

15. Thomas Curran and Andrew Hill, "Perfectionism Is Increasing over Time: A Meta-Analysis of Birth Cohort Differences from 1989 to 2016," *Psychological Bulletin* 145, no.4, 2019.

16. Kenneth Jones and Tema Okun, "The Characteristics of White Supremacy Culture," *Dismantling Racism: A Workbook for Social Change Groups*, ChangeWork, 2001, http://www.dismantlingracism.org.

17. Winston Churchill, "Monday Motivation: Words of Wisdom to Get Your Week Started," *Telegraph*, October 10, 2016.

18. Kim Scott, *Radical Candor: How to Get What You Want by Saying What You Mean* (New York: St. Martin's Press, 2019).

19. Janelle Nanos, "The Negative Feedback Trap," *Boston Globe Magazine*, October 28, 2018.

20. Adrienne Maree Brown, "What Is/Isn't Transformative Justice?" *Adrienne Maree Brown* blog, July 9, 2015, http://adriennemareebrown.net/2015/07/09/what-isisnt-transformative-justice/.

21. Galway Kinnell, "Crying," *Mortal Acts and Mortal Words* (Boston: Houghton Mifflin, 1980).

22. Lisa Earle McLeod, "Why Avoiding Conflict Prolongs It," McLeod and More website, January 22, 2019, https://www.mcleodandmore.com/2019/01/22/why-avoiding-conflict-prolongs-it/.

23. "Victim Offender Panels," Centre for Justice and Reconciliation. http://restorativejustice.org/restorative-justice/about-restorative-justice/tutorial-intro-to-restorative-justice/lesson-3-programs/victim-offender-panels/#sthash.aynryHl2.dpbs.

Chapter 5

1. Avi Klein, "A Psychotherapist's Plea to Louis C.K.," *New York Times*, January 6, 2019.

2. Marcia Ingall, "Zuckerberg and the Terrible, Horrible, No-Good, Very Bad Apologies," *SorryWatch* blog, April 11, 2018, http://www.sorrywatch.com/?s=zuckerberg.

3. Daniel Ames and Susan Fiske, "Intent to Harm: Willful Acts Seem More Damaging," *Psychological Science*, 2013.

4. Pema Chodron, "The Answer to Anger and Aggression Is Patience," Lion's Roar: Buddhist Wisdom for Our Time website, March 1, 2005, https://www.lionsroar.com.

5. Kathryn Schulz, *Being Wrong: Adventures in the Margin of Error* (New York: HarperCollins, 2010).

6. Judith Glaser, "Your Brain Is Hooked on Being Right," *Harvard Business Review*, February 2, 2013.

7. Patricia Love and Steven Stosny, *How to Improve Your Marriage Without Talking About It* (New York: Broadway Books, 2007).

8. Darshak Sanghavi, "Medical Malpractice: Why Is It So Hard for Doctors to Apologize?" *Boston Globe*, January 27, 2013.

9. Guardian staff and agencies, "Biden Condemns 'White Man's Culture' as He Laments Role in Anita Hill Hearings," *Guardian*, March 26, 2019.

10. Matt Stevens, "Biden Declines to Apologize for Role in Thomas Hearing," *Boston Globe*, April 27, 2019.

11. Moira Donegan, "Anita Hill Deserves a Real Apology. Why Couldn't Joe Biden Offer One?" *Guardian*, April 26, 2019.

12. Robert Truog et al., *Talking with Patients and Families About Medical Error: A Guide for Education and Practice* (Baltimore, MD: Johns Hopkins University Press, 2011).

13. Carol Tavris and Elliot Aronson, *Mistakes Were Made (But Not by Me): Why We Justify Foolish Beliefs, Bad Decisions, and Hurtful Acts* (San Diego, CA: Harcourt, 2007).

14. Jack Bauer and Heidi Wayment, "The Psychology of the Quiet Ego," in *Decade of Behavior. Transcending Self-Interest: Psychological Explorations of the Quiet Ego*, ed. Heidi Wayment and Jack Bauer (Washington, DC: American Psychological Association, 2008).

15. Ruth Whippman, "Why 'Lean In'? It's Time for Men to 'Lean Out,'" *New York Times*, October 13, 2019.

16. Jim Collins, "Level 5 Leadership: The Triumph of Humility and Fierce Resolve," *Harvard Business Review*, July—August 2005.

17. Truog et al., *Talking with Patients*.

18. Former CEO of BIDMC Paul Levy, personal communication, April 23, 2019.

19. Michael Barbaro, host, "A High School Assault," *The Daily* podcast, September 20, 2018, https://www.nytimes.com/2018/09/20/podcasts/the-daily/kavanaugh-christine-blasey-ford-caitlin-flanagan-sexual-assault.html.

20. Lindsey Weber, "Celebrities Tap Their Apologies," *New York Times*, January 13, 2019.

21. Meghan Irons, "At Panel on Racial Terms, a Line Is Crossed," *Boston Globe*, February 8, 2019.

22. *Globe* Editorial Staff, "After UN Apology, Real Work in Haiti Begins," *Boston Globe*, December 5, 2016.

23. Adrian Walker, "UN Apology Hard-Earned," *Boston Globe*, December 5, 2016.

24. Donna Moriarty, "Stop Apologizing and Say These Things Instead," *Fast Company*, April 14, 2019.

25. Amy Dickinson, "Woman Regrets Inaction over Campus Abuse Allegation," *Boston Globe*, October 8, 2018.

26. Molly Howes, "The Power of a Good Apology," WBUR *Cognoscenti* blog, October 11, 2018, https://www.wbur.org/cognoscenti/2018/10/11/me-too-how-to-apologize-molly-howes.

27. Alicia Wittmeyer, "Eight Stories of Men's Regret," *New York Times*, October 18, 2018.

28. Nancy Updike, "Get a Spine," *This American Life*, May 10, 2019, https://www.thisamericanlife.org/674/transcript.

29. Peter DeMarco, "Losing Laura," *Boston Globe Magazine*, November 3, 2018.

30. Priyanka Dayal McClusky, "Hospital Leaders Apologize, Acknowledge Mistakes That Cost Laura Levis Her Life," *Boston Globe*, November 13, 2018.

Chapter 6

1. Brandi Miller, "White People Owe Us an Apology, but We Don't Owe Them Forgiveness," *HuffPost* (October 21, 2018).

2. Alice Liu, "Every Moment a Touchpoint for Building Trust," Wharton Work/Life Integration Project, May 14, 2014, http://worklife.wharton.upenn.edu/2014/05/every-moment-touchpoint-building-trust-doug-conant/.

3. Carolyn Hax, "Readers Discuss Recoupling Special Days," *Washington Post*, July 2018.

4. Jared Marcelle, "Meatball and Chain," *This American Life*, February 15, 2019, https://www.thisamericanlife.org/668/the-long-fuse/act-three-5.

5. Frank Scheck, " 'A Better Man': Film Review," *Hollywood Reporter*, May 8, 2017.

6. Arwa Mahdai, "Attiya Khan: Why I Confronted the Boyfriend Who Beat Me—and Made a Film About It," *Guardian*, November 15, 2017.

7. Doreen St. Felix, "After Abuse, the Possibility of 'A Better Man'", *New Yorker*, November 19, 2017.

8. Gary Chapman and Jennifer Thomas, *When Sorry Isn't Enough* (Chicago: Northfield Publishing, 2013).

9. James McAuley, "France Admits to Torture During Algerian War," *Boston Globe*, September 13, 2018.

10. Rachel Swarms, "Georgetown University Plans Steps to Atone for Slave Past," *New York Times*, September 1, 2016.

11. Susan Svrluga, " 'Make It Right': Descendants of Slaves Demand Restitution from Georgetown," *Washington Post*, January 17, 2018.

12. Tressie McMillan Cottom, "Georgetown's Slavery Announcement Is Remarkable. But It's Not Reparations," *Vox*, September 2, 2016, https://www.vox.com/2016/9/2/12773110/georgetown-slavery-admission-reparations.

13. Martin Pengelly, "Georgetown Students Vote to Pay Reparations for Slaves Sold by University," *Guardian*, April 15, 2019.

14. Juliet Isselbacher and Molly McCafferty, "Agassiz's Descendants Urge Harvard to Turn Over Slave Photos," *Harvard Crimson*, June 21, 2019.

15. Jill Filipovic, "Let Us Now Punish Famous Men," *Time*, May 21, 2018.

16. Jonathan Shay, *Achilles in Vietnam: Combat Trauma and the Undoing of Character* (New

York: Scribner, 1995).

17. Aaron Pratt Shepherd, "For Veterans, a Path to Healing 'Moral Injury,'" *New York Times*, December 9, 2017.

18. Robert Meagher and Douglas Pryer, eds., *War and Moral Injury: A Reader* (Eugene, OR: Cascade Books, 2018).

19. David Brooks, "The Case for Reparations: A Slow Convert to the Cause," *New York Times*, March 7, 2019.

20. Katrina Browne, *Traces of the Trade: A Story from the Deep North*, https://vimeo.com/ondemand/tracesofthetradea.

21. Ta-Nehisi Coates, "The Case for Reparations," *Atlantic*, June 2014.

22. Brooks, "The Case."

23. Patricia Cohen, "What Reparations for Slavery Might Look Like in 2019," *New York Times*, May 23, 2019.

24. Michael Eric Dyson, *Tears We Cannot Stop: A Sermon to White America* (New York: St. Martin's Press, 2017).

Chapter 7

1. Michael Miller, " 'I Hated This Man More Than My Rapists': Woman Confronts Football Coach 18 Years After Alleged Gang Rape," *Washington Post*, June 23, 2016.

2. Karen Given, "Brenda Tracy Fights Sexual Violence, One Locker Room at a Time," *Only a Game*, WBUR, January 23, 2016.

3. Richard Boothman, "Fifteen + One: What (I Think) I've Learned," address at MACRMI (Massachusetts Alliance for Communication and Resolution Following Medical Injury) CARe Forum, Waltham, MA, May 7, 2019.

4. Paul Levy, personal communication, April 23, 2019.

5. Communities for Restorative Justice website, https://www.c4rj.org.

6. Denise Pena and Lorie Brisbane, "Victims and Justice Reinvestment in Oregon," *National Survey on Victims' Views of Safety and Justice*, 2016.

7. Paul Guzzo, "Hulk Hogan Returns to the WWE After a Three-Year Suspension," *Tampa Bay Times*, July 16, 2018.

8. Molly Howes, "The Power of a Good Apology," WBUR *Cognoscenti* blog, October 11, 2018, https://www.wbur.org/cognoscenti/2018/10/11/me-too-how-to-apologize-molly-howes.

9. Kathryn Schulz, *Being Wrong: Adventures in the Margin of Error* (New York: HarperCollins, 2010), 14.

10. Elisabetta Povoledo, "Pope to Host Abuse Victims Individually, Seek Forgiveness," *Boston Globe*, April 26, 2018.

11. *Globe* Editors, "Pope Makes Good First Step on Clergy Abuse," *Boston Globe*, May 11, 2019.

Chapter 8

1. Esther Perel, *The State of Affairs: Rethinking*

Infidelity (New York: HarperCollins, 2017).

2. D. W. Winnicott, *Playing and Reality* (Abingdon-on-Thames: Routledge, 1991).

3. Rachel Howard, "Lent: Letter of Recommendation," *New York Times Magazine*, March 17, 2019.

4. Stephen Covey, *The 7 Habits of Highly Effective People* (New York: Free Press, 2004).

5. Belinda Luscombe, "World's Most Shocking Apology: Oprah to James Frey," *Time*, May 13, 2009.

6. Cris Beam, "I Did a Terrible Thing. How Can I Apologize?" *New York Times*, June 30, 2018.

7. Aaron Pratt Shepherd, "For Veterans, a Path to Healing 'Moral Injury,'" *New York Times*, December 9, 2017.

8. Arthur Brooks, "Our Culture of Contempt," *New York Times*, March 3, 2018.

9. "Michael Gulker: Conflict and Christian Leadership," interview by Faith and Leadership, Leadership Education at Duke University, January 22, 2019, https://faithandleadership. com/michael-gulker-conflict-and-christian-discipleship.

10. Kathryn Schulz, *Being Wrong: Adventures in the Margin of Error* (New York: HarperCollins, 2010).

11. Susan Fairchild, personal communication, February 12, 2019.

12. "Michael Gulker," interview.

13. Greg Taylor, "Fail Fast, Fail Often," Medium, October 17, 2018, www.medium. com/datadriveninvestor/in-silicon-valley-one-of-the-maxims-is-fail-fast-fail-often-4cacc447f30b.

14. Center for Teaching and Learning, Stanford University, "The Resilience Project," Student Learning Connection, accessed September 27, 2019, https://learningconnection.stanford.edu/resilience-project.

15. Harold Stevenson and James Stigler, *The Learning Gap* (New York: Summit, 1992).

Chapter 9

1. Eve Ensler, *The Apology* (New York: Bloomsbury Publishing, 2019).

2. Farah Stockman, "The Crucial Act of Forgiveness," *Boston Globe*, December 25, 2012.

3. Tim Herrera, "Let Go of Your Grudges. They're Doing You No Good," *New York Times*, May 19, 2019.

4. Renée Graham, "Forgiveness Is Strength," *Boston Globe*, January 1, 2017.

5. Alexander Pope, "An Essay on Criticism, Part II" (1711).

6. Anne Lamott, *Traveling Mercies: Some Thoughts on Faith* (New York: Penguin Random House, 2000).

7. Graham, "Forgiveness."

8. Van Jones, *The Redemption Project*, CNN, 2019, www.cnn.com/shows/redemption-

project-van-jones.

9. Paul Boese, "The Weekly Digest," *Droke House, Inc* 53, no. 8 (February 19, 1967).

10. Stephen Dubner, "How to Optimize Your Apology," *Freakonomics*, episode 353, October 11, 2018, http://freakonomics.com/podcast/apologies/.

11. Travis Anderson, "Hearing to Resume on BU Rape Case Plea Deal Left Judge 'Baffled,' " *Boston Globe*, April 10, 2018.

12. Fred Thys, "Former MIT Student Apologizes to Assault Victim for 'Inexcusable Behavior,'" WBUR *Edify*, April 10, 2018, https://wbur.org/edify/2018/04/10/samson-donick-plead-guilty-rape-case.

Chapter 10

1. *Alcoholics Anonymous (The Big Book)*, 4th ed. (New York: Alcoholics Anonymous World Service, 2001).

2. Kwame Anthony Appiah, "The Ethicist," *New York Times Magazine*, January 20, 2019.

3. Kwame Anthony Appiah, "The Ethicist," *New York Times Magazine*, December 16, 2018.

4. Carolyn Hax, "Tell Me About It: Knowing How to Respond to Overreactions," *Tampa Bay Times*, July 11, 2018.

옮긴이 박슬라

연세대학교에서 영문학과 심리학을 전공했으며, 현재 전문 번역가로 활동 중이다. 옮긴
책으로는『스틱!』『숫자는 거짓말을 한다』『내러티브 경제학』『페이크』『돈의 법칙』『인비저
블』『한니발 라이징』『패딩턴발 4시 50분』『칼리반의 전쟁』『다섯 번째 계절』등이 있다.

그때 이렇게 말했더라면

초판 1쇄 발행 2022년 4월 29일

지은이 몰리 하우스 **옮긴이** 박슬라

발행인 이재진 **단행본사업본부장** 신동해
책임편집 심슬기 **디자인** 표지 [★]규 ㅣ 본문 허현숙
마케팅 최혜진 이은미 **홍보** 최새롬
국제업무 김은정 **제작** 정석훈

브랜드 웅진지식하우스
주소 경기도 파주시 회동길 20
문의전화 031-956-7210(편집) 02-3670-1123(마케팅)
홈페이지 www.wjbooks.co.kr
페이스북 www.facebook.com/wjbook
포스트 post.naver.com/wj_booking
발행처 ㈜웅진씽크빅 **출판신고** 1980년 3월 29일 제406-2007-000046호

ISBN 978-89-01-25976-5 03180